高等继续教育财经类专业精品系列教材

U0656901

GUOJI QIYE GUANLI

国际企业管理

陈爱中　主编

东北财经大学出版社　大连
Dongbei University of Finance & Economics Press

图书在版编目（CIP）数据

国际企业管理 / 陈爱中主编． —大连：东北财经大学出版社，2025.2.
（高等继续教育财经类专业精品系列教材）．—ISBN 978-7-5654-5491-2

Ⅰ．F276.7

中国国家版本馆 CIP 数据核字第 2025RR4333 号

东北财经大学出版社出版

（大连市黑石礁尖山街 217 号　邮政编码　116025）

网　　址：http://www.dufep.cn

读者信箱：dufep@dufe.edu.cn

大连雪莲彩印有限公司印刷　　东北财经大学出版社发行

幅面尺寸：185mm×260mm　　字数：313千字　　印张：15.25
2025年2月第1版　　　　　　　2025年2月第1次印刷

责任编辑：张晓鹏　石建华　　　　　　责任校对：刘贤恩
封面设计：原　皓　　　　　　　　　　版式设计：原　皓

定价：30.00元

前　言

　　以习近平同志为核心的党中央坚定不移地实施科教兴国战略和人才强国战略，党的二十大报告对"办好人民满意的教育"作出部署，为我们在新时代、新征程中推动继续教育改革发展，提供了根本遵循。

　　为积极落实《教育部关于推进新时代普通高等学校学历继续教育改革的实施意见》，推动高等学历继续教育提质增效、内涵式发展，山东财经大学组织相关专家和一线教师，编写了这套高等继续教育财经类专业精品系列教材。

　　该系列教材的编写，依托学校雄厚的学科实力，紧密结合高等学历继续教育教学工作实际，突出优势，深入开展教学研究，不断凝练教育改革经验，及时进行内容更新，努力将教学成果固化到系列教材中，将具有学科前沿的新技术和新理论补充到教材中，将思政元素和创新元素融入教材中，较好地实现了教材系统性和科学性、创新性和实践性的有机结合。

　　该系列教材注重适应财经类专业教学改革和发展趋势，针对高等学历继续教育的特质，在内容上紧扣财经类专业课程设置和教学大纲，科学、系统地阐述财经类专业教学的基本内容，并以此为基础，建设完成了覆盖所有开设专业的线上课程，适用于经济、管理学科，尤其是经济学、会计学、金融学和工商管理等专业高等学历继续教育的教学，对指导和帮助学生获取专业基础知识和基本技能具有较强的针对性。该系列教材在提升高等学历继续教育财经类专业人才培养质量方面发挥着基础性作用，在使用范围和地域上，具有广泛的适应性。

　　《国际企业管理》是高等继续教育财经类专业精品系列教材之一。本教材共8章，第一章为全书的导论，重点解释国际企业的含义、特征及其产生、发展、演变过程，国际企业管理的特点。第二章和第三章研究国际企业的经营环境及跨文化管理问题，主要分析了国际企业面临的政治、经济、法律、技术环境及人际环境和文化环境。第四章阐述国际企业的组织管理，重点分析国际企业的组织结构设计及组织类型，每种组织类型的特点、优点、缺点及适用范围。第五章阐述国际企业的战略管理，具体涉及国际企业战略的制定、战略类型及分析和评价。第六章至第八章为国际企业管理职能的展开部分，重点内容包括国际企业对外直接投资的基本理论、国际技术转移、人力资源管理等。

　　编者认为，一部教材只是对过去教学经验的总结，本教材只是描绘了有关国际企业管理的基本轮廓，无法取代读者的实践和创新，也不能解决所有的管理问题。国际企业管理是一门应用性很强的学科，随着经济全球化的不断发展、我国市场经济体制的日益完善、对外开放力度的不断加大、共建"一带一路"倡议的不断推进、新旧动能转换的不断提升，国际与国内的各种环境因素都在不断发生新的变化，因此，读者在阅读本书时，要注意对照和运用最新的现实资料，做到具体问题具体分析。

本教材在编写过程中，直接或间接地借鉴了国内外论著、教科书中的一些素材，难以一一列举，在此对原作者一并致谢。

尽管编者在编写过程中做了很大努力，但是由于时间、水平所限，书中仍难免有不足之处，恳请各位专家和读者不吝赐教，对本书提出修改意见和建议，以便将来日臻完善。

陈爱中

2024 年 10 月

目 录

第一章

导 论

■ 学习目标

[知识目标]

1.国际企业的界定与类型；

2.国际企业的特征；

3.国际企业的产生与发展；

4.国际企业管理的学科性质；

5.国际企业管理的新理念。

[能力目标]

1.了解国际企业的产生与发展过程；

2.了解国际企业的发展趋势；

3.了解国际企业管理与一般企业管理的区别。

[素养目标]

掌握国际企业、跨国公司等基本概念，国际企业的类型、特征和国际经营的基本方式，帮助学生理解跨国公司在国际政治中的作用，拓展学生的全球视野，提升其跨文化交流能力。

■ 引导案例

海尔的出海战略：从国际化转向全球化

当前，中国品牌出海正在迎来一个新的阶段。越来越多的中国企业把海外市场提升到前所未有的战略高度。在很多领域，中国企业已经拥有了世界领先的技术和产业链，如智能设备、消费电子、新能源汽车、跨境电商。这些领域的领军企业将自己定义为全球性品牌，将国际市场作为业务的核心与重点。中国品牌出海开始进入3.0阶段，即中国品牌全球化阶段。

中国品牌走出去并不是难事，但取得成功并实现可持续发展，是一个长期过程，要面临多重考验，而学习、借鉴出海企业的成功经验有着重要意义。

1.海尔实施国际化战略的背景

中国家电企业的成功路径通常包括这样几个步骤：引进技术—提升质量—打造核心技术—打造品牌—品牌出海—品牌高端化。海尔的发展完整诠释了这一步骤。

海尔是通过引进技术发展起来的。1984年10月23日，青岛电冰箱总厂与联邦德国利勃海尔公司关于电冰箱技术和经济合作项目的协议在青岛正式签订。议定书中规定：利勃海尔公司先向青岛电冰箱总厂提供制造3种型号家用电冰箱的关键设备和技术，并派专家帮助安装设备，进行技术指导。青岛电冰箱总厂改组建立海尔集团。双方合同还约定，海尔可在德国商标上加注厂址在青岛，于是海尔引进"琴岛-利勃海尔"作为公司的商标，海尔的第一代商标由此诞生。

海尔的国际化战略经历了三个阶段：

第一阶段（1984—1991年）：名牌战略阶段。在该阶段，海尔主要聚焦于提高产品质量和核心竞争力。为唤醒员工的质量意识，厂长张瑞敏带头亲手砸毁了76台有质量问题的冰箱，并明确提出"创优质、夺金牌"的目标，制定了名牌战略。这一砸也砸出了初创海尔的家喻户晓。在这7年的时间里，海尔全力以赴，专注于冰箱这一产品。1988年，海尔荣获了中国冰箱行业历史上的第一枚质量金牌，标志着名牌战略的初步胜利。通过制造冰箱，海尔积累了丰富的管理经验，并形成了独特的"OEC"管理模式。此外，更重要的是，这一阶段海尔培养了一批专业人才，为海尔的未来发展奠定了坚实的基础。

第二阶段（1992—1998年）：多元化阶段。海尔在名牌战略取得成功的基础上，进行了新的战略创新和转移。海尔发挥其独特的企业文化优势，采用"休克鱼"的方式进行多元化扩张。这不仅使海尔从一个名牌产品发展成为全部系列家电名牌产品群，还增强了企业的整体实力。最终，海尔成功地成长为中国家电行业的第一品牌。

第三阶段（1998年至今）：国际化战略阶段。在国内家电行业还处于混乱竞争的阶段时，张瑞敏就提出了国际化战略，也就是"走出国门，与狼共舞"。在这一阶段，海尔的目标是提高其产品在国际市场上的竞争力，实现海尔的产品、品牌和企业文化在全球范围内扩张。海尔以此冲击世界500强，并致力于打造一个世界级的海尔品牌。

1999年4月30日，美国南卡罗来纳州迎来了一个重要的时刻——由海尔集团投资3 000万美元兴建的生产中心在此举行了奠基仪式。这不仅成为当时中国企业在美国最大的一笔投资，而且标志着海尔在国际化战略上迈出了重要的一步。仅仅一年之后，第一台带有"美国制造"标签的海尔冰箱就成功下线，开启了中国企业在美国本土生产冰箱的历史新篇章。海尔由此成为第一家在美国制造和销售产品的中国企业。

2001年，海尔集团以500万美元的价格在意大利并购了一家当地工厂。这次并购使海尔在欧洲大陆开启了家电生产的征程，再次展示了海尔争创世界名牌的决心。2001年，根据欧洲消费市场调查研究权威机构Euromonitor（欧洲透视）发布的统计公告，在全球冰箱品牌排名中，海尔位列第二；而在全球洗衣机品牌排名中，海尔则位列第三。

从海尔国际化早期的成果看，1998年海尔集团销售收入为108亿元，其中出口6 000万美元；1999年销售收入为212亿元，出口1.38亿美元；2000年销售收入为406亿元，出口2.8亿美元；2001年销售收入为600亿元，出口4.2亿美元。上述数据证明海尔的国际化战略取得了显著成绩。

海尔在国际化的进程中根据世界经济形势的不断变化，制定出了"三化原则"——流程再造化、结构网络化、竞争全球化。

（1）流程再造化。1999年，海尔进行了"以信息流为中心，带动企业业务流程再造"的革命，形成了企业内外部网络相连的结构，实现了与用户的零距离。在组织结构上，其改变了以往不利于沟通的金字塔式的垂直结构，形成了以订单为中心、以市场链为纽带的扁平式结构，提高了企业对市场的反应速度，增强了组织的柔性。海尔通过业务流程再造与国际化企业进一步接轨。

（2）结构网络化。海尔在全球主要经济区域都搭建了有竞争力的贸易网络、设计网络、制造网络和营销网络，构筑起了国际化企业发展的框架。为了整合全球技术资源，海尔与跨国大公司建立技术联盟，实现资源共享，这使得海尔可以更快、更好地进入基础技术和核心技术领域。海尔在海外营销的网络包括一般客户、海尔经销商、合作伙伴三种。海尔产品成功地进入世界大型连锁集团，其国际化销售网络已经初步形成。

（3）竞争全球化。海尔产品在很多国家都已成为主流品牌。海尔产品的质量和信誉已经征服了世界上最为挑剔的消费者，在世界范围内都获得了较高的美誉度。

2. 海尔全球化品牌战略的三大举措

2005年，海尔开始实施全球化品牌战略。对海尔来说，国际化和全球化的区别在于：国际化是以中国为基地向全球扩展；而全球化则是让已经本土化的海尔深入当地市场，整合全球资源，以创建当地主流用户认可的本土化品牌。这无疑是一条更为艰难和复杂的道路。然而，事实证明，海尔的"全球创牌"行动为其业务转型提供了新的机遇。

从1989年批量出口到2015年实现海外市场的盈亏平衡，海尔走了26年，从盈亏平衡到2021年利润率超过代工，又过了6年。但正因为以品牌来组织生产网络和商业网络，海尔比代工企业能更快速地进入本地制造网络的核心位置，并逐渐掌握了关键资源与核心技术。

2016年，全球大型家用电器品牌零售量数据显示，海尔大型家用电器2016年零售量占全球市场的10.3%，居全球第一。从2009年的5.1%到2016年的10.3%，连续8年全球第一，并且在冰箱、洗衣机、冷柜和酒柜四个细分门类里，海尔也毫无争议地荣膺单项冠军。

海尔在实施全球化战略过程中，主要采取了以下三方面举措：

（1）坚持自主创牌。当其他品牌埋头中国制造、贴牌出口时，海尔率先在美国建厂，坚持以自主品牌出口海外。通过坚持"自主创牌"，海尔成功打造出全球化生产体系，再通过海外整合，不断完善品牌矩阵，全面推出日系、美系、欧系等多个主流品牌。如今，海尔坐拥美国 GE Appliances、新西兰 Fisher & Paykel、卡萨帝、Leader、日本 AQUA 等品牌，形成了"世界第一家电品牌集群"，给全球消费者带来了不同层次的家电产品。

（2）与并购品牌实现共赢。2016年，海尔完成收购 GEA。GEA 是美国领先的家电公司，大家电销售在北美市场份额位居第一，同时拥有一流的物流分销能力和强大的零售网络。不同于传统企业并购的全盘接管，海尔此次利用"轻度整合"的方式给予 GEA 在管理和经营方面充分的自主权。GEA 不仅可以继续保留自己的品牌，其管理层、产品战略、美国生产基地也都得以保留。可以看出，海尔其实更追求基于双方共同愿景与战略的协同发展，也就是所谓的"双赢"局面，而这也是海尔在互联网转型探索中始终秉持的合作理念。

（3）坚定推进"当地化"。企业实施国际化战略时要考虑一个最基本的问题：是全球化还是当地化？所谓全球化，是指企业针对全球设计、生产产品，不考虑或较少考虑地方差异，这是国际化发展的高级阶段。而"当地化"则重视当地特殊的消费需求，强调针对当地市场设计和营销产品，其最大的优势在于提供满足地方需求差异的产品。张瑞敏说："海尔的观念是思路全球化、行动本土化。"

目前，海尔在全球的竞争战略正是当地化战略。围绕用户需求，海尔一直在打造新产品，世界成了海尔的试验田：在欧洲，针对多雨潮湿的特点，推出了大容量除菌干衣机；在印度，根据用户的素食文化特点，推出了不弯腰的冰箱；在巴基斯坦，针对当地用户要存放大量肉类的需求，研发出一次可放入12头羊的冷柜；在非洲，针对当地经常停电的情况，推出停电以后可以100小时持续不化冻的冷柜；在俄罗斯，推出了从零下30℃到零上60℃都可以制热制冷的空调；在日本，针对人均居住面积较小的情况，推出了3门超窄冰箱、宽度仅50厘米的前开门式冷柜等精致轻薄型产品。

目前，海尔在全球拥有35个工业园、138个制造中心、126个营销中心，销售网络遍布全球200多个国家和地区。海尔已成了真正意义上的全球品牌，并在持续扩大自己的海外版图。

海尔智家财报显示，2022年，海尔智家实现营收2 435.14亿元，同比增长7.2%。其中，海外收入首次超过国内，实现营收1 254.24亿元，逆势增长10.3%。在美洲家电业发货量增长-6%的背景下，海尔智家营收增长9.0%；在欧洲行业销量增长-8.9%的背景下，海尔智家营收增长16.7%；在南亚，在印度市场无明显增长、巴基斯坦家电市场容量增长下滑10%的背景下，海尔智家营收增长16.1%；在东南亚，在泰国家电行业大幅下滑、马来西亚下滑2%的背景下，海尔智家营收增长9.3%。

3.海尔的生态品牌战略

海尔对品牌有着非常独到的认知。张瑞敏在2023中国品牌国际化论坛上表示，品牌发挥的是"三器"作用：品牌在市场上一定卖得多、卖得快、卖得赚，是企业发展的加速器；品牌一定由用户定义，要以用户为师，品牌是互动器；品牌的终极目标是成为进化器，不断进化出终身用户。这种认知是成就海尔全球品牌的根本原因。

2019年，海尔进入全面实施"生态品牌战略"的新阶段。在这一阶段，海尔以物联网生态为主要方向，旨在打造出一个日益复杂的生态系统。海尔不仅关注产品的生产和销售，更致力于为用户提供一种全新的生活方式，创造出一种涵盖家电、家居、娱乐、健康等多个领域的生态体验。

目前，海尔智家旗下拥有海尔、卡萨帝、Leader、GE Appliances、Candy、Fisher&Paykel和AQUA七大品牌，构成了强大的品牌矩阵。通过持续的技术创新和品牌塑造，海尔智家正在成为全球家电行业的领导者和推动者。目前，海尔生态体系中的企业正在不断发展壮大，已经孕育出了海尔生物、盈康生命、雷神科技等7家上市公司。这些公司在各自的领域中都具有显著的影响力和竞争力，为海尔品牌的整体发展提供了有力支撑。

海尔很擅长利用体育赛事与海外用户互动，提升品牌的知名度与美誉度。例如，海尔赞助沙特阿拉伯2023年达喀尔拉力赛，与2022年在匈牙利布达佩斯举办的世界游泳锦标赛进行了深度合作，更是连续4年成为菲律宾篮球联赛的官方合作伙伴。海尔同时也利用国际社交媒体来进行全球品牌的传播：海尔全球官方Facebook账号创建于2019年11月，目前粉丝数量为1 166万；X（原Twitter）账号创建于2021年1月，目前粉丝数量为3 428；Instagram账号创建于2018年4月，当前粉丝数量为5 118。

从2023年8月的传播数据看，在中国出海品牌新媒体传播力百强榜中，海尔的综合指数排名为76。其中，在Facebook上排名为第65位，在X（原Twitter）上为第89位，在Instagram上为第83位。总体来看，海尔对国际社交媒体的重视和利用程度还有待提升。

资料来源　佚名. 海尔的出海战略：从国际化转向全球化「走出去智库」[EB/OL]. [2024-10-03]. https://baijiahao.baidu.com/s?id=1811859205342017027&wfr=spider&for=pc.

20世纪90年代后期，中国企业的海外直接投资进入了一个蓬勃发展阶段，形成了一批新的跨国公司，其中最有代表性的就是海尔集团。海尔集团从1998年开始重点实施国际化发展战略，目前，海尔在美国、欧洲、南亚、东盟、中非等地实行跨国经营，已成为全球颇具影响力的国际企业，国际化经营也给海尔带来了丰厚的利润。

20世纪以来，尤其是第二次世界大战之后，随着经济全球化进程的加快，国际企业作为跨国经营的国际性经济组织迅猛发展。国际企业的形成和发展，是经济全球化的必然结果，而且在全球范围内的生产经营活动，又推动着世界经济的发展和全球化的进程。国际企业在当代世界经济中的重要地位和作用令人瞩目。系统、深入地考察和研究国际企业及其特征，分析研究国际企业的产生与发展、经营的国际化模式及其在世界经济中的地位和影响，对适应世界经济的发展趋势、推动我国企业的国际化经营、促使其积极参与国际市场竞争，具有十分重要的理论和实践意义。

作为学习的开始，大家必然会产生这样一些问题：国际商务活动为什么会发生？对一个企业来讲，进行跨国经营有哪些好处？与我们所熟悉的国内经营相比，跨国经营有什么不同？在本章，我们将回答上述问题，并给出一些重要的定义；解释近几十年来国际商务活动迅猛发展的基本原因，并介绍国际企业经营活动的基本形式，阐述企业国际化的阶段性问题。

第一节　国际企业的界定、类型与特征

一、国际企业的界定

国际企业最早出现于19世纪60年代中期，经过近160年的发展演变，它已经成为当今经济社会一种巨大的经济力量。

国际企业的其他名称很多，比较常见的有多国公司或多国企业、跨国公司或跨国企业、全球公司或企业、超国家公司或企业等。虽然国际企业的名称多种多样，内涵和外延也可能不尽相同，但本质上都是指同一类型的企业，在本书中我们一律采用国际企业的提法。

关于国际企业的定义，仁者见仁，智者见智。英国经济学家邓宁（Dunning）认为，国际或多国的生产企业的概念，简单地说就是在一个以上的国家拥有或者控制生产设施的企业；哈佛大学教授科尔奈认为，国际企业就是拥有许多同时在不同国家从事经营的子公司的企业组织；国际法学会认为，国际企业是由位于一国的决策中心和位于一国以上的营业中心所组成的企业；我国的一些学者认为，凡以本国为基地，通过对外直接投资，在其他国家设立分支机构或子公司，从事国际化生产和经营活动的组织，就是国际企业等。目前，国际上最具权威的关于国际企业的定义是由联合国经济及社会理事会给出的。联合国经济及社会理事会在1973年提交的《世界发展中的多国公司》报告中提出：从广义上说，国际企业是指在两个或两个以上国家里控制有工厂、矿山、销售机构和其他资产的所有企业。这个定义非常广泛，它不仅包括发达国家的大型国际企业，也包括发展中国家、社会主义国家各种类型的国际企业。

尽管对国际企业的定义存在很多争论，但本书认为可以通过以下三个标准界定国际企业：

（一）结构性标准

结构性标准是指作为一个国际性企业，它在跨国程度、所有权性质、组织形式以及决策和控制方面等必须达到一定的标准。具体来说，其包括以下内容：

1.跨国程度

这是结构性标准中最为重要的方面。一般认为，一个企业只有在两个或两个以上的国家开展生产和经营活动才能算是国际企业。美国的瓦茨教授认为，只要企业有25%以上的股份资本投在生产性子公司，而这些子公司又分布在6个或更多的国家，这样的企业便属于国际企业。

2.所有权性质

经济合作与发展组织（OECD）认为，国际企业所有权通常包括属于私人的、国有的或公私合营的企业或其他实体。

3.组织形式

国际企业的第三个结构性标准是其组织形式，如合资、合营、有限责任公司等。至于跨国界情况下设立子公司还是分支机构的问题，一般情况下，取决于纳税的考虑和业务活动的性质。

4.决策和控制

国际企业对其在国外企业的控制权，并不意味着一定要拥有这些企业的全部或多数股权，在许多情况下，持有少数股权就够了；相反，有时即使拥有百分之百的股权，对企业仍无控制权，因为有些子公司的活动，其关键方面受到当地或第三方所强加的合同的支配。

（二）营业实绩标准

营业实绩标准是指作为一个跨国经营的企业，它的国外经营活动（财产、销售、雇员人数、产值和收益）必须占到一定的百分比才算是"国际性"的。这个百分比究竟多大，是界定国际企业的标准。一般认为，以25%作为分界点，能达到25%或以上的，则认定为国际企业。

（三）行为特性标准

行为特性标准是指任何一个国际企业都应有全球性的战略目标和设想，但并不意味着一定要在全球各地经营。它们的总部设在某地，但其业务范围和机构都应是全球性的。企业的最高决策机构根据企业的全球目标捕捉最佳机会，追求全球范围内的最大限度利润，而不仅仅考虑某一子公司的盈亏得失。

由此，本书认为，国际企业是指面向全球进行战略目标规划，在两个或两个以上的国家开展生产和经营活动，且国外经营活动（财产、销售、雇员人数、产值和收益）达到一定的百分比，最终追求全球范围内利润最大化的跨国性企业。

二、国际企业的类型

按不同的标准进行划分，国际企业可以有多种类型。

（一）按分工和组织结构进行划分

1.水平型

水平型国际企业是指母公司和子公司之间没有严格的专业分工，基本上生产同种产品，经营同类业务。这种国际企业主要利用各国的有利条件，通过内部转移技术、商标、专利等无形资产，加强母公司与子公司的合作，扩大经济规模。

2.垂直型

垂直型国际企业是指母公司与子公司之间实行专业分工，制造不同的产品，经营不同的业务，但其生产过程是相互联系和衔接的。垂直型又可分为两种：一种是母公司与子公司属同一行业，只是生产和经营不同加工程度或不同工序的产品；另一种是母公司与子公司生产和经营不同行业的相互有关的产品，是一种跨行业的国际企业，主要涉及有关原材料及初级产品生产和加工的行业。

3.混合型

混合型国际企业的母公司与子公司生产、经营的产品不仅跨行业，而且相互间毫不相关，范围很广。

（二）按经营的内容进行划分

1.资源型

资源型国际企业直接投资于资源所在国以获取本国所短缺的各种资源和原材料。

2.制造型

制造型国际企业主要从事加工制造业，开始时以加工装配为主，随着当地工业化程度的提高，投资转向资本货物部门和中间产品部门。

3.服务型

服务型国际企业是提供技术、管理、金融、保险、咨询等服务的国际企业。

（三）按经营的价值取向进行划分

1.母国取向型（Ethnocentric，直译为"民族中心"）

母国取向型国际企业以母国为中心进行决策，经营中也优先考虑母国企业的利益，在东道国直接套用母国的经营方式；虽然也雇用当地员工，但当地企业的主管仍由母国企业派遣，对母国员工的评价和信任要高于当地员工。以母国为导向的跨国经营在短期内对企业是有益的，因为它结构简单，母公司与海外子公司进行专门知识的交流比较便利，对派驻国外子公司的高级管理人员也拥有控制权。但以母国为导向的跨国经营有两个明显的缺陷：对国外市场的商业机会可能缺乏足够的认识；对来自国外竞争对手的潜在竞争压力认识不够，许多企业由于持有不在当地生产制造就不构成竞争的观点而深受其苦。

2.东道国取向型（Polycentric，直译为"多元中心"）

东道国取向型国际企业的决策权逐步分散和下放给东道国的子公司，不再集中于母国总部，经营中既考虑母国的利益，也兼顾国外当地企业的要求；考核国外企业的经营业绩时，已转向以当地的环境和条件为依据。东道国导向的主要代价包括重复建设，以及由于生产适合东道国市场需求的产品可能使母国企业的特定优势得不到充分利用等。东道国导向的主要风险是由于过于强调当地的消费传统和市场增长水平而导致企业的全球扩张速度延缓；主要利益是可以充分开发当地市场而获得更多的当地市场份额，在新产品开发方面会有更多的主动性，有助于充分调动当地管理人员的积极性。

3.世界取向型（Geocentric，直译为"全球中心"）

世界取向型国际企业从全球竞争的角度出发进行决策。在经营中，母国企业与国外企业的相互依存和配合协作大大加强；不论是母国企业还是国外企业，都必须服从全球范围内的整体利益，故考核业绩的标准也面向全球，对母国员工和东道国当地员工同等重视；当地员工人数增多，地位也有所提高。通常，只有当企业的价值和战略是"世界导向"时，企业才可以说是真正的跨国公司。当然，"世界导向"必然会导致企业的能力和资源过于分散，而且会产生许多人力资源管理与开发方面的问题。

（四）按企业积极参与国际分工的地理导向进行划分

1. 内向型

内向型国际企业通过进口、作为许可证交易的受约人、购买技术专利、在国内与外国公司建立合资企业、成为国外跨国公司的分支机构、成立国外企业的全资子公司（或被国外企业并购）等方式，开展国际化经营。

2. 外向型

外向型国际企业通过出口、出让技术专利、向外国公司发放许可证、在国外与外国企业建立合资企业、收购外国企业、兼并国外企业、进行国际战略联盟等方式，开展国际化经营。

通常，"走向世界"并不是地理意义上的。越来越多的企业发现，它们所面对的国际竞争并不是在遥远的异国他乡，而是在它们的"后院"，就在它们生长、发展的本地市场。改革开放40多年来，数百亿美元的外资涌入中国，在中国直接生产产品并销售，这既给中国经济带来了巨大的活力，也给技术和管理相对落后、受旧体制约束较大的许多原来的国有骨干企业造成了巨大的压力。对这类企业来说，走向世界在很大程度上意味着如何在本地市场迎接世界竞争的问题。因此，"走向世界"可以分为外向型和内向型两类，或者说分为走向世界的"外向道路"和"内向道路"（见表1-1）。例如，上海汽车厂和德国大众公司合营，在上海生产桑塔纳轿车；北京的首都钢铁公司投资3.12亿美元去秘鲁开采铁矿，就分别是"内向型"和"外向型"走向世界的例子。

表1-1 　　　　　　　　"走向世界"的"外向"角度和"内向"角度

	外 向	内 向
贸易形式	出口	进口
技术转让形式	技术出让	购买技术专利
合资合营	国外合营公司	国内合营公司
独立跨国投资	在国外建分公司或兼并国外企业	成为国外跨国公司的国内分公司

国际企业在经营国际化的进程中，内向国际化是其外向国际化的必要基础和条件。这是因为：①技术、设备进口及合资企业的建立是企业跨国经营的前期准备；②内向国际化的方式、速度、规模影响外向国际化的方式和发展速度；③内向国际化的经验积累直接影响企业跨国经营的成功率；④企业内向国际化对外向国际化的影响并不限于企业跨国经营的初期，而是贯穿于企业国际化的全过程；⑤企业的外向国际化也会在一定程度上影响其内向国际化的深度和广度。

三、国际企业的特征

尽管国际企业的实体名称不一，它们的分支机构设在不同国家，但作为现代国际性企业，都具有以下共同特征：

（1）在众多国家从事生产经营，以共同的所有权为纽带而相互联结。国际企业在两个或两个以上的国家或地区开展生产经营活动，大型国际企业通常在20个以上的国家开展业务。在经营形式上，国际企业以对外直接投资为主，而经营的范围则十分广泛，涉及许多领域。国际企业的跨国生产经营活动是通过设在国外的众多分支机构或子公司进行的。这些子公司以股权为纽带互相联结，构成国际企业的网状组织。近十几年来，国际企业越来越多地采用非股权的形式进行经营，如采取专利权许可形式，进行各种合同安排、经济合作，提供或出租工厂、承包加工等；国际企业不进行直接投资或不再保留股权，而是以承包商、代理商或经销商的身份获得产品或收益。

（2）企业的跨国程度是由跨国指数决定的。跨国指数是三个比率的平均数，即国外资产/总资产、国外销售额/总销售额、国外雇员/员工总数。世界上最大的100家跨国公司的平均跨国指数由1990年的51%上升到1997年的55%，1998年下降为54%（下降的主要原因在于将跨国公用事业公司和电信公司统计了进来，而这些公司的跨国指数平均仅有37%）。2024年，受全球经济增长放缓、国际需求不振以及贸易保护等因素的影响，各国企业的跨国经营发展都面临着挑战，企业跨国经营指数出现不同程度的下降。2024年中国跨国公司100大的平均跨国指数为15.35%，较上年下降了0.55个百分点；同期世界跨国公司100大跨国指数为49.21%，同比下降了2.64个百分点；发展中国家100大跨国指数也下降了3.4个百分点。相比较而言，我国大企业的跨国经营表现相对较好。

来自国内市场规模比较小的国家的国际企业，通常具有更大的动力进行国际扩张，因此，具有很高的跨国指数。道理很简单，企业规模扩张需要有一个基本的市场规模作为支撑，而国内市场规模小的企业必然要把对外市场扩张作为自己的主要目标之一，如瑞士、瑞典、加拿大、荷兰等国家一些行业的国际化程度非常高，其中，食品和饮料行业具有更高的跨国程度。

（3）规模庞大，依赖共同的资源组合。规模大有利于国际企业降低产品成本，获得规模经济效益。国际企业凭借雄厚的资金，从事研究和开发活动，并利用遍布全球的公司网络收集信息，作为决策参考。它们依赖共同的资源组合，如货币的信用、信息系统以及商标和专利等。国际企业往往依赖专业化生产，使用第一个地方的廉价劳动力、第二个地方的廉价原材料、第三个地方的市场和第四个地方的资金等。它们以世界为工厂，以各国为车间，充分利用世界各地的技术、资源、劳动力和市场优势，以全球化发展的战略眼光，将公司的生产和经营活动建立在全球基础上，利用国际分工和资源的全球性配置，建立起庞大的全球生产网络体系，使经济全球化在深度和广度上都能得到拓展与加强。

（4）具有寡头独占性质。大型国际企业凭借先进的技术，多样化的产品，雄厚的资金、规模优势，较高的商业信誉和驰名品牌，以及遍布全球的广告宣传和机构网络，在其开展经营活动的市场中处于寡头垄断的地位。其他企业若要与国际企业展开竞争，打入其经营领域，是很困难的。

（5）实行全球经营战略。所谓全球经营战略，是指国际企业在开展国际生产经营活动时，必须以世界市场为目标来制定经营战略，谋求在全球范围内最大限度地获取利润。国际企业有一个中央决策体系，制定共同的政策，这些政策反映了企业的全球战略目标，并在各子公司的日常经营活动中得以贯彻。国际企业在制定其经营战略时，往往从全局的角度出发，考虑公司在全世界的总体利益，而不计较某一国外子公司的盈亏得失；不但考虑公司的现在，而且考虑整个公司未来的发展。

（6）实行高度的内部分工。国际企业设立在世界各地的子公司、分公司及其他经营单位，实行内部专业化生产和国际分工，且彼此进行内部交易，利用国与国之间比较成本上的差异，获取比较利益。许多国际企业还通过转移价格来达到获取高额利润和转移风险的目的。科技成果国际转移的内部化在国际企业中也较为普遍，这样既可以避开外部市场的阻碍和高成本，占据科技制高点，也可以凭借先进技术的优势，迅速对市场作出反应，在企业内部合理安排产品的生产和分配。

拓展阅读1-1 ▪▪ **沃尔玛公司**

沃尔玛公司由美国零售业的传奇人物山姆·沃尔顿于1962年在阿肯色州成立。经过数十年的发展，沃尔玛公司已经成为世界最大的私人雇主和连锁零售商，多次荣登《财富》世界500强榜首及当选最具价值品牌。

目前，沃尔玛在全球27个国家开设了超过10 000家商场，下设69个品牌，全球员工总数220多万人，每周光临沃尔玛的顾客2亿人次。2011财年（2010年2月1日至2011年1月31日）销售额达4 190亿美元，比2010财年增长3.4%。2011财年，沃尔玛公司和沃尔玛基金会慈善捐赠资金累计达3.19亿美元，物资累计超过4.8亿美元。2010年，沃尔玛公司再次荣登《财富》世界500强榜首，并在《财富》杂志"2010年最受赞赏企业"调查的零售企业中排名第一。2024财年，沃尔玛全球营收达到6 480亿美元。

沃尔玛于1996年进入中国，在深圳开设了第一家沃尔玛购物广场和山姆会员商店。目前，沃尔玛在中国经营多种业态和品牌，包括购物广场、山姆会员商店、社区店等。

沃尔玛在中国的经营始终坚持本地采购，目前，沃尔玛（中国）与近2万家供应商建立了合作关系，销售的产品中本地产品超过95%；同时，沃尔玛（中国）注重人才本土化，鼓励人才多元化，特别是培养和发展女性员工及管理人员。目前，沃尔玛（中国）超过99.9%的员工来自中国本土，商场总经理100%由中国本土人才担任，女性员工占比超过60%，管理团队约50%为女性。公司还成立了"沃尔玛女性及包容领导力发展委员会"，以加速推动女性的职业发展。

2019—2023年，沃尔玛一直位列《财富》世界500强排行榜第1位。

资料来源　作者根据相关资料整理.

第二节　国际企业的产生与发展

产业革命后，资本的国际化运动经历了商品资本国际化、货币资本国际化和生产资本国际化三个阶段；相应地，企业经营国际化也遵循着商品出口—劳务出口—直接投资这样的发展过程。这不仅是企业减少风险、获得稳定发展的需要，也是企业适应国际市场所必然经历的阶段。一个企业在进入国际市场时，将面对与本国不同的外部环境，需要花费大量的时间和精力去研究和分析外部环境与本国环境的差异，以适应外部环境，降低经营风险。因此，企业经营国际化必然要经历一个渐进的、逐步参与和发展的过程。资本的国际化运动进入生产资本国际化阶段后，不仅使生产力要素实现了国际化，而且生产过程及组织形式也实现了国际化。国际企业正是在这样的历史背景下产生和发展起来的。

一、国际企业的产生

企业跨国经营的萌芽可以追溯到公元16世纪末17世纪初英国的特许公司（Chartered Company）。特许公司是由英国王室赋予某种特权的垄断性公司。当时的特许公司已经有相当的规模，业务拓展至海外殖民地。近代的跨国经营始于德国的拜耳化学公司。1865年，该公司投资购买了美国纽约州奥尔巴尼苯胺工厂的股票，不久后又把它吞并为自己的工厂，由此拉开了企业经营国际化的序幕。此后，诺贝尔公司、帝国化学工业公司、联合利华公司、爱迪生电气公司、雀巢公司、杜邦公司等先后开始跨国生产和跨国销售。

第一次世界大战前的资本主义自由竞争时期，是国际企业的产生和形成时期。这一时期众多企业都开始跨国经营，进行海外投资，设立海外制造厂及销售机构，包括美国的美孚石油公司、福特汽车公司、通用电气公司、西屋电气公司以及欧洲的西门子公司、巴斯夫公司、英荷壳牌公司等。此后，国际企业迅速发展，规模不断扩大，并因兼并其他公司而使得自身的资本越来越雄厚，开始大规模地进行国际投资。其中，最有代表性的便是美国的美孚石油公司，它是当时最典型的托拉斯。一些大托拉斯企业开始大量输出资本，从而进一步发展成跨国公司。这些公司采取直接参与管理国外被投资企业的方式，不仅拥有对国外企业的所有权，而且拥有对国外企业经营活动的实际控制权，即股权安排。直接投资通常以子公司或分公司的形式存在，直接投资在资本输出中所占的比重较小，资本输出大多是间接投资，生产资本还未实现国际化。

二、国际企业的发展

国际企业诞生于19世纪中期，成长于第二次世界大战之后。关税及贸易总协定（GATT）大大促进了世界范围内的贸易自由化和企业经营国际化。在20世纪60年代之前，国际企业几乎全是西方发达国家的大型垄断性企业。60年代以后，发展中国家的国际企业开始出现并迅速发展。20世纪80年代以来，随着新技术革命的出现、国际分工的深化和经济全球化趋势的增强，企业经营国际化的发展势头更为迅猛。

如上所述，由于国际商务经营环境中存在着巨大的风险，国际性经营活动中也存在着企业参与程度深浅不一、经营方式不同的情形，因此，一个企业在其国际化进程中，会为了获得丰厚的利润，避免可能存在的经营风险，而采取逐步的、有层次的方法，分阶段地参与到跨国经营的活动中去，这被称为国际企业发展的阶段性。国际企业的发展一般要经过两个主要阶段（国际化和全球化）和四个环节（过程），如图1-1所示。

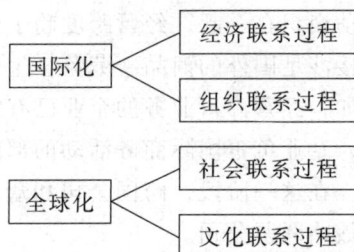

```
                    ┌──────────────┐
            ┌───────│  经济联系过程  │
  ┌──────┐  │       └──────────────┘
  │国际化│──┤       ┌──────────────┐
  └──────┘  └───────│  组织联系过程  │
                    └──────────────┘
                    ┌──────────────┐
            ┌───────│  社会联系过程  │
  ┌──────┐  │       └──────────────┘
  │全球化│──┤       ┌──────────────┐
  └──────┘  └───────│  文化联系过程  │
                    └──────────────┘
```

图1-1 企业国际化的发展阶段

企业的"国际化"和"全球化"并非同义词。国际化是指国与国之间的企业在经济、贸易等方面的联系和交往，有一定的政治含义。企业国际化在企业管理人员的观念中有着很强的民族意识。全球化则是将整个世界视为无国界的，货物、劳务、资金、人员、技术、信息等在其中自由流动。在当今资本必须有效、充分地加以利用的国际环境中，国别之间的界线相对于企业来说越来越不明显，人们很少关心资本的民族性。对消费者来说，只要所购商品能满足他们的具体需要，原产地问题就变得无关紧要，即消费者不会太关心产品的国别。

（一）企业国际化经营

企业国际化是一个渐进的发展过程。一般认为，企业国际化的基本进程是：商品进出口—劳务进出口—投资活动。这一进程是企业规避风险、获得稳定收入的需要，也是企业适应国际市场进而参与国际市场竞争所必须经历的过程。

第一环节：经济联系过程。经济联系过程从19世纪开始，至今仍在继续。在这一环节中，以传统的商品进出口贸易、对销贸易等为主的国际贸易成为各国之间经济交往的主要方式，企业的主要组织形式为外贸公司。在一个企业为谋求更大的销售额、追求新的资源而开始进行跨国经营的时候，它的经营活动往往限于间接的进出口贸易，甚至依靠一些进出口公司来安排经营活动。

第二环节：组织联系过程。其主要出现在20世纪50年代到70年代，现在仍在发展中。第二次世界大战后，世界进入了直接国际化大生产的新阶段，许多企业在进出口贸易的基础上开始独立地安排一些国际商务活动，主动、直接地寻求贸易伙伴，到国外投资，建立生产型企业，形成本国母公司和国外诸多子公司的网络，大量交易在公司内部进行，从而使各国之间的经济交往通过企业这种组织上的渗透加以巩固。

（二）企业全球化经营

实行全球化经营的企业在海外进行投资时不仅会给本国返回利润，而且要对东道国或所在地区有所贡献。在管理机制上，公司总部更加强调与海外子公司实行双轨沟通、协调管理。全球化是大势所趋，任何国家、企业和个人都不可能回避。

第三环节：社会联系过程。这一环节从20世纪70年代开始，至今仍在发展。在这一阶段，国际企业成为国际经济生活的主体，发达资本主义国家的老牌国际企业逐渐向全球公司发展，发展中国家的国际企业也在数量和规模上不断发展、壮大，成为国际经济中一支不可低估的力量。企业经营更加多元化，贸易、生产、科研、运输、保险、金融、仓储等业务活动交织在一起，经营跨度趋于全球化。此阶段最明显的特点是：企业的经营活动已直接涉足国外的商品、劳务、生产、销售环节，并在国外设立了常设的代表或机构。例如，经营出口业务的企业已有常驻国外的代表或贸易代办处。从企业的组织形式来看，企业负责国际商务活动的部门已建立了专门的机构，负责处理相应的国际商务事务。在这一阶段，跨国公司和众多的国际企业除了进行合资和合作外，还组成了新型的战略联盟公司。

第四环节：文化联系过程。国际企业在世界各地投资建厂，雇用当地和其他国家的人员，进行跨文化管理，必然会给东道国的社会风俗、文化传统、价值观念等带来影响，促进各国之间文化上的交流和联系。在此阶段，企业已将自己的战略目标从国内移向国外，国内经营活动的重要性也随着企业国际化程度的加深而减弱，企业已不再只是面向国内、附带开展一些国际商务活动的企业，而是成为以全球经济活动为出发点、在广阔的国际市场上寻求全球最佳经营效益的跨国公司。为适应这些变化和复杂的经营环境，企业的商务活动由比较单一的经营形式发展成多种形式，组织机构也相应地发生了巨大的变化，以便领导和控制已在全球许多国家和地区开展商务活动的子公司。

表1-2是对企业介入国际商务活动各个环节特征的小结。它简明扼要地介绍了企业国际化进程中的各个环节在经营形式、经营目标、组织形式等方面的特点。

参照以上标准不难发现，我国在跨国经营活动方面开展较早并取得成功的一些企业，如中国中化（原中国化工集团有限公司）、首都钢铁集团、海尔集团等，都可以被认为是我国跨国经营的先锋。但如果按照企业国际化的环节细分，中国中化、海尔集团应处在企业国际化的第三环节，与第四环节国际经营的特征相比，最大的差异就在于它们还未能从全球市场的角度进行战略性思考，还未能从全球目标的角度进行资源配置和经营安排。而首都钢铁集团只能被认为是处于第二环节的公司，虽然它已在

表1-2　　　　　　　　　　　企业国际化发展四个环节的基本特征

	第一环节	第二环节	第三环节	第四环节
与国外市场接触情况	间接地被动地	直接地主动地	直接地主动地	直接地主动地
国际性经营的地点	国内	国内	国内和国际	国内和国际
公司的经营方针	国内	国内	首先考虑国内	国际
国际性经营活动的种类	商品和劳务贸易	商品和劳务贸易	贸易合同、国外投资	贸易合同、国外投资
组织结构	传统的国内结构	国际处	国际部门	全球性组织结构

一些国家建立了自己的原料基地、生产厂家甚至研发部门，但其内向型的特点十分突出，基本上还只是服务于国内市场。

三、国际企业的发展趋势

在国际化过程中，现代企业逐渐显露出战略全球化、规模大型化和组织股份化等发展趋势。

（一）企业战略的全球化

全球战略是指跨国企业在全球范围内实行资源的最优化配置，以期达到长期的总体效益最优化，即在变化的国际经营环境中，为求得长期生存和发展而作出的总体的、长远的谋略。全球战略是一个以变革为实质内容的概念，以全球化、长远性、纲领性、抗争性、风险性为特征。世界各地的跨国企业越来越注意从全球的角度进行战略思考，抓住全球性机遇，合理安排有限的资源，制定全球战略目标，替代仅从一个国家或地区的目标角度出发而确定的局部性战略。决策者不受民族和国家的限制，考虑世界市场和世界资源的分配，而不斤斤计较一个国家的市场和资源，以更广阔的视野看待企业的生产、贸易、投资的组织以及技术的开发和转移。各国企业越来越认识到经营战略全球化是社会分工国际化的必然要求，这样可以带动和促进产品在更广阔的国际市场上销售，有利于打破国与国之间的贸易壁垒，更迅速、更准确地掌握世界市场的动态。

（二）企业规模的大型化

国际竞争是经济实力的较量，国家经济实力的竞争分解到最后应是企业之间的国际竞争，这就必然要求企业大型化和国际化。美国的埃克森美孚公司、通用汽车公司、IBM公司，日本的丰田汽车公司、松下电器公司，韩国的三星电子公司等实际上代表着"国家队"，对一国经济有举足轻重的作用。发达国家的一些著名跨国企业往往通过跨国垂直一体化、横向一体化和综合一体化的途径壮大实力，回避风险，取得规模经济效益，从而走向国际化，并在此基础上建立和逐步推行全球战略。这些巨型公司集资金优势、技术优势、产品优势、人才优势于一身，又得到本国政府的支持，在国际市场上具有很强的竞争优势，甚至在整个世界经济和特定经济技术领域中也具有举足轻重的地位。值得一提的是，第二次世界大战后，在国际经济中出现了宏观（国家）和微观（企业）逆反的现象，有的跨国企业的营业收入甚至超过了以国家为单位的GDP，使其在世界经济系统中成为超越主权国家的权力主体。例如，沃尔玛公司是世界上最有影响力的企业之一，它如果是国家，以2024年的营收为准，在世界财富排行榜上应该排在瑞典和爱尔兰之前，居世界第20位左右。从跨国经营的实践看，企业国际化和大型化之间客观上存在着某种必然的联系。有意思的是，一些后来居上的发展中国家和地区的著名跨国企业也深知规模经济的好处，从而有大型化的趋向。这些公司具有相当的规模，在国际上，随着其市场价值和竞争性的增强，其知名度也在逐步提高。

（三）企业组织的股份化

与企业大规模经营相联系，跨国企业通常都实行公司制，以股份制形式将分散的资金集中起来。在发达国家，所有者的出资方式呈现出五个特征：①出资者股权一定程度的分散化，几乎没有单个出资者持有一半以上的股份，持10%以上股份的也很少见。②出资者的人格化，即出资者以企业法人形式体现的人格化，特别是在日本，法人资产占公司资产的75%以上，法人资产占资产的绝大部分比重。③出资方式的契约性，即通过符合法律的规范方式出资，行使权利，获取收益，如通过母子、子孙公司持股等。④最终所有者出资方式的间接性，即绝大多数投资者是通过几个或多层次的法人层层持股，从而"最终"拥有"末端"企业资产的。如美国的洛克菲勒财团有1 000多亿美元的资产，并不是说洛克菲勒家族有这么多钱，事实上，洛克菲勒家族只有几十亿美元的资产，但它通过子公司、孙公司层层控股，所支配的资金达到1 000多亿美元。⑤法人股份资产既具有流动性，又具有一定的长期稳定性。这些特征既是科技进步、国际分工、世界经济一体化发展的客观要求，也是各国企业进一步实现全球性、多元化经营的必然趋势。

第三节　国际企业管理的新理念

一、国际企业管理及其学科性质

国际企业管理是顺应企业国际化、经济全球化的趋势而建立和发展起来的一个新专业。它借助社会学、人类学、政治经济学、国际经济、国际贸易、国际商法、工商管理及计算机和网络等学科的理论（如图1-2所示），在过去的数十年中逐渐形成了一个完整的体系，成为管理门类（一级学科）工商管理（二级学科）下面的一个独立分支。

計算机和网络　社会学　人类学

工商管理　国际企业
管理学　政治经济学

国际商法　国际经济
国际贸易

图1-2 国际企业管理学科体系

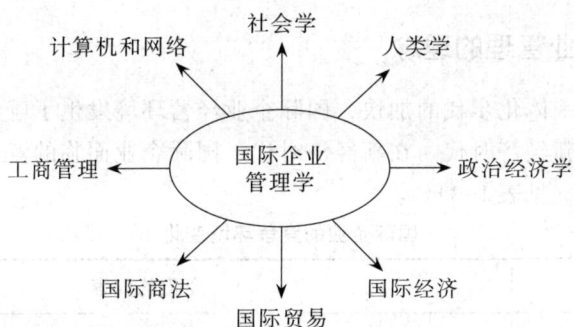

每门学科都有自己的研究对象和研究方向。国际企业管理专业的研究重点在于国际企业经济活动过程中的各种管理关系及其发展和变化规律。这些规律相互影响又相互制约，其关系变化直接或间接地决定着管理关系的发展变化，具有一定的规律性。研究和掌握这些客观规律，可以使国际企业以最少的耗费和投入，实现有形和无形商品的流通，获取最佳的社会效益和经济效益。

国际企业管理专业的设置，经历了一个从管理学与经济学分设到国际企业管理由一般企业管理中独立出来的过程。20世纪中叶以来，随着国际工商业的蓬勃发展，开展国际工商业活动的企业数量迅速增长，大批企业在世界范围内开展跨国经营活动，成为国际经济舞台上的主角。国际化经营的实践要求对企业管理的研究和培训有相应的发展，于是，一个新的专业——国际企业管理诞生了。

国际企业管理不同于一般的企业管理，也不只是一般企业管理专业的简单延伸和发展，它具有相对的独立性：第一，国际企业面临的环境不同。一般来说，国际环境比国内环境更为复杂，包含更多的不可控因素。第二，国际企业承担的风险不同。开展国际工商业活动的企业除了要承担国内企业应承担的风险外，还要承担因跨国经营可能招致的其他风险，如汇率风险、政治风险、远途运输风险等。第三，国际企业采用的管理方式不同。由于国家间存在着政治、法律和文化等方面的差异，在国内适用的管理方式在海外企业就不一定适用。因此，从事国际化经营的企业在人事、财务、营销和生产诸方面应根据各国的具体情况采用相应的管理方式、决策程序和策略手段。

国际企业管理专业的产生是世界经济发展的必然结果。该专业的设置以及培养的从事国际化经营和管理的专门人才，对中国企业走向国际经济舞台、开展国际化经营具有重要意义。目前，中国企业参与国际工商业活动的深度、广度和复杂程度都是改革开放前所无法比拟的。随着改革开放的进一步深入和社会主义市场经济的建立，以及中国会计制度逐渐与国际惯例接轨，在今后一段时期内，中国将有一大批大中型企业走向国际经济舞台，实行国际化经营，为开拓国际市场、利用国外资源、加速社会主义现代化建设服务。

二、有关国际企业管理的理念

随着全球经济一体化步伐的加快，国际企业经营环境发生了巨大变化，从过去的工业经济时代进入新经济时代。在新经济时代，国际企业面临的竞争格局、管理重心正在发生新的变化（见表1-3）。

表1-3 国际企业的竞争环境变化

变化项目	变化的内容
竞争焦点	从成本优势的竞争发展到个性化服务的竞争
竞争主体	从单个企业转向整条价值链
竞争资源	从传统的人、财、物竞争发展到知识、信息竞争
管理核心	从生产管理转到供应链管理
管理出发点	从以产品为中心转到以客户为中心
管理性质	从离散管理发展到集约管理
管理范围	从"大而全"发展到业务外包

国际企业为了适应以上的环境变化，不断提出新的经营理念，采用一些新的管理方式和方法，具体体现在以下方面：

（一）实施企业重建，重新塑造企业

20世纪90年代，美国和其他工业发达国家兴起了一场轰轰烈烈的企业再造运动。这场运动被视为企业管理的一场革命。据1994年年底的一项调查，在欧美的6 000多家大型企业中，有70%的企业正在实施企业重建计划，其余未实施的企业，也有半数正在酝酿中；亚洲的一些公司也开始重新审视企业的业务流程、组织体制、效率和竞争力问题。企业再造是从根本上对原有的企业基本理念和业务流程进行重新考虑和重新设计，以期在衡量绩效的重要指标（如成本、质量、服务和效率等）方面实现跳跃式的改善。企业再造的技术基础是信息网络对企业内部各部门、各岗位的普遍覆盖，它使员工通过网络可以获得企业内与自己业务相关的所有信息，减少了报表、数据在不同职能部门之间的流转与延续，缩短了整个生产周期，减少了管理人员，提高了工作效率；同时，还有助于形成每个员工在自己的岗位上了解全局、关心全局的新局面。

（二）倡导管理创新，注重个性化发展

管理的方式、方法在一定的社会条件下是相对稳定的，但由于管理对象的复杂多变，因此要不断地进行观念创新、战略创新、组织创新、市场创新，把创新渗透于管理过程中。具体来说，就是实现国际企业在管理思想、手段、方法上有新意，在管理水平上有新的提高，在管理效果上有新的变化，使得企业的每个管理者都成为创新者，每个企业都有自己的特性。实践证明，成功的国际性企业一定是一个有个性化特征的企业，是能够创造出新产品和独具特色的经营方式的企业。

（三）更加注重全球化战略

为了在国内外市场扩大投资和提高竞争力，国际性大企业更多地站在全球角度来制定经营战略，进行国际化经营，以获取国际竞争优势：第一，面向全球开发与配置资源。企业在资本、劳动力、技术等经营性资源的开发与配置上，开始从以国内为主逐步转向在全球范围内统筹考虑和合理配置。第二，积极开展国际协调型研究开发。一方面，更加重视国内企业的研发，不断提高技术水平；另一方面，积极建立国际协调型研究机构，提高技术竞争力。第三，积极建立适合国际分工与协作的、全球范围的高效生产体制。第四，建立和完善国际营销网络。国际性大企业更加重视营销人才的培训，进一步完善国际营销网络，从而能够准确、迅速地占领市场，提高市场占有率。

（四）丰富管理内涵，实行目标多元化

管理科学的发展是一个不断满足管理客观需求的过程，在这个过程中，管理的内涵不断地丰富，使企业管理由单一生产型管理向生产经营型管理转变，再由生产经营型管理向资本运营型管理转变。管理目标也由单一目标向多元化管理目标转变。国际企业管理已不仅仅是为企业所有者实现利益最大化服务，而是拓展出新的内容，即为国际企业的所有利益相关者服务。

（五）跨国多文化管理

管理活动与不同的文化相结合，形成了不同的管理哲学和管理风格。一般认为，美国是以法为中心的管理，强调尊重规则和秩序、追求卓越的特征使它一直处于创新管理的领先地位。日本是以理为中心的管理，注重后来居上，善于对他人成功的管理模式进行改进，追求功利而牺牲道义，追求群体利益而牺牲个人利益。中国是以情为特质的管理，注重发挥人的内在潜力和积极性，强调管理的人和效应，侧重人的作用和价值实现，对制度管理和条例管理比较松懈，在人际关系方面缺乏理性精神。不同文化的影响使国际企业的经营行为更加全球化，要求超越文化、习惯、法律的差异来建立对国际企业行之有效的行为准则，在管理文化上取长补短、相互融合。

（六）柔性化管理

柔性化管理，是促进各种非正式信息交流，加强上下级之间的信息沟通和情感联系，创造一种和谐的环境氛围，及时、可靠地掌握和引导事态发展情况，并促使员工参与企业管理活动的一种管理方法。这种方法是依据企业的共同价值观、文化和精神而进行的重视人员作用的人格化管理，因此也称软管理。柔性化管理在管理方式上趋于松散、民主，上下级关系不再如过去那样等级森严，而是日趋平等。在这种趋势下，员工参与管理的意识增强，更有利于激发员工的积极性和创造性，发挥员工的睿智和才干。同时，员工实行自我管理，并通过自我管理产生组织目标取向的个体行为，使得个人目标与企业整体目标趋于一致，保证企业总体目标的实现。

（七）要求组建弹性组织，强调综合效能

由于国际企业组织规模的日益庞大和复杂化，组织之间、组织内部各部门之间的关系不可避免地会出现许多纠缠不清的问题，这就需要管理人员运用模糊技术和原则，妥善地处理好各种关系。另外，管理活动的相互交织、渗透，以及环境的复杂多变，要求组织具有更大的弹性，各类专业人员相互配合协作，以提高整体的综合效能。而过去以专业分工为基础设立的职能部门，虽然管理工作的专业化水平较高，但却存在部门间相互割裂、难以协调的问题。因此，需要突破部门分工的严格界限，为实现某一特定目标和任务进行员工的重新组合，建立跨职能的机动组织，以增强国际企业的活力和系统综合实力。

（八）由产品驱动到顾客驱动

使顾客满意是企业管理的首要目标，也是国际企业经营成功的关键所在。企业管理不能只停留在开发新产品、提供良好服务上，而应将顾客满意作为企业经营决策的驱动力和一切活动的出发点。因此，现在越来越多的国际企业已开始将激励机制和奖励制度建立在顾客需要满足程度的基础上，将产品驱动——关心价格和产品质量转变为顾客驱动——关注顾客价值。现在许多企业都建立了顾客信息管理系统，以了解和掌握顾客需要的变化，以便及时采取有效对策。

（九）环保意识增强，实行绿色管理

早在1994年3月，美国商务部就把环境保护的相关产品列为重点出口产品之一，并规定环境保护产业享受出口免税；日本政府也推出了以"21世纪新地球"为主题的绿色管理计划。可见，各发达国家都非常重视环境保护产业，将其视为"朝阳工程"和最有希望的"输出产业"。西方国家的各大公司也在倡导并实行以环境保护为目的的"绿色管理"。随着生态环境的日益恶化和环境保护呼声的不断高涨，人们的价值观念、行为方式以及消费心理都发生了重大变化，出现了重视环保、崇尚自然、追求健康的新时尚。因此，环境保护必将成为国际贸易竞争的新热点，绿色营销也将成为国际企业营销的重点。

同步案例1-1 **松下电器的跨国经营**

松下电器公司的创始人"电器大王"松下幸之助，16岁开始在大阪电灯公司当内线工，赚日工资，由于身体不太好，生活很贫困。1917年，即在他23岁时辞去电灯公司的工作，在猪饲野的一间小房里开始制造插座。1918年搬至大开町，并挂上了"松下电器器具制作"的标牌，掀开了松下电器发展的历史。当时，公司只有两台小型压力机，除他本人外，员工只有妻子和内弟，生产的产品开始时除两种插座外只有电风扇的绝缘盘。1922年，在原工厂附近建成了新工厂和总店；1933年，又在门真建成新的总店和工厂群，产品品种约20个；1935年，改组为松下电器产业公司，由个人经营变为股份公司，总公司下设9个子公司。第二次世界大战期间，受军方命令转为以军需品为中心的生产体制，战争结束后改为民用生产。二战后，盟军最高司令官总司令部认为松下是财阀家族，于是冻结了公司全部资产，1947年解除了这个指令，松下才得以正常营业。80年代末，松下电器产品已达1.4万种，年销售额数百亿美元，在1990年7月30日美国《财富》杂志刊登的全球500家大企业中排名第12

位，被称为"电器王国"。

一、二战后松下电器跨国经营的新发展

二战后，因受盟军最高司令官总司令部指令而脱离松下集团的松下电器贸易，1951年8月又重新置于松下电器产业公司之下，并开始积极开拓国际市场，向东南亚、中东和南美洲等地派遣人员，以求拓展出口渠道。由于出口的恢复和发展，松下电器贸易的经营情况日益好转，并于1954年实现了战后的第一次分红。1953年，松下电器在纽约设立办事处，并于1959年将其改为设在当地的销售公司——美国松下电器。1962年，松下电器在联邦德国设立汉堡松下电器，之后在许多国家设立销售公司或驻在员事务所。此外，截至1963年，松下电器的国外代理店已超过100家，基本上是一个国家有一个代理店。为了通过代理店扩大松下电器产品在国外市场的地盘，松下电器保证每个代理店都能获得适当的利润。

松下电器20世纪50年代出口的产品大都是收音机，1962年开始大幅度增加电视机和录音机的出口，之后电冰箱、录像机、摄像机、电子计算机等产品的出口也顺利增长；出口市场由原来的东南亚、美国逐步扩展到全世界。出口额1958年为32亿日元，1971年达到1 754亿日元，在日本电器机械公司的出口额中名列榜首。进入70年代，松下电器的出口额每年都以20%～30%的速度增长；80年代末期，国外销售额年均约为100亿美元。

二战后，松下电器在国外建立的第一个生产公司是1961年在泰国成立的纳雄纳尔泰国公司，建设资金为1.4亿日元，由松下电器和当地的合资者共同承担。这位泰国合伙人10多年前做过松下电器代理店的老板，由他担任总经理，是因为他在泰国是很有威望的人。但是，由于他初次经营制造业，做事又过于慎重，公司没有得到预期的迅速发展。后来，他突然去世，由其女儿任总经理，以此为契机，松下电器决定对其经营给予全面援助，生产才得以迅速发展。

1962年，松下电器在中国台湾地区建立分公司。截至1988年，台湾地区的生产公司已达101个，员工约5万名，年生产额达30多亿美元，在世界上供应的商品中，台湾松下电器的销售额占30%。

为适应商品出口和国外建立公司的需要，松下电器贸易于20世纪50年代末建立出口事业总部和国际总部。前者专门从事商品出口业务，后者则是推动包括技术、资本输出在内的国外活动的统辖部门。松下电器根据其"全球局部化计划"，为适应本国以外的北美、欧洲和亚洲三大市场的需要，于1988年10月分别在美国新泽西州和英国伦敦附近建立了区域总部，1989年4月又在新加坡建立了区域总部。同机构设置有密切关系的还有人员派出，尽管松下电器在国外的经营活动主要委托当地人进行，但派出少量本国人员是必不可少的。由于国外活动的扩展，派出人数也相当可观，80年代初已超过500人。松下电器派出人员时首先尊重个人的意愿，特别是新建生产公司，从建设工厂入手，没有5年时间是做不出什么业绩的，如果是负责人的话至少也需要六七年。

此外，松下电器于1971年在美国纽约证券交易所上市。上市以后，其股票交易日趋活跃。纽约证券交易所是世界上最大的证券交易所，上市标准严格，只限于世界上的超一流公司，当时日本在该证券交易所上市的股票只有包括松下电器在内的两家公司，因而这对松下电器提高在世界上的知名度和跨国经营活动极为有利。

二、松下电器跨国经营的基本指导方针

1.出口不能牺牲血本

松下电器接到国外订单后，首先会进行产品成本核算，必须保证得到适当利润，绝不做牺牲血本的出口。这一理念不论在什么样的竞争环境下都要遵守。客户在因商品价格高而不愿订货时，他们便细致地分析产品成本为什么高，尽量找出降低成本的途径。这样，不仅可以与对方达成订货协议，而且能够促使自己改善经营管理，不断进步。如果经过努力，产品成本仍然居高不下，松下电器绝不迁就客户，以免接受订货而牺牲利润。松下电器为拓展产品销路和扩大出口，除接受国外订货外，更重要的是积极发展国外的代理店和销售公司。国外销售渠道多数是以当地的销售公司和代理店为中心建立的，这些销售公司和代理店也必须遵循上述原则。松下电器对消费者的售后服务也是极为认真和完善的，这项任务主要是通过代理店完成的。

2.繁荣所在国经济与谋取利润、扩大市场相结合

二战后，松下电器以全球为市场，在努力增加出口的同时，积极在国外建立生产公司。20世纪70年代，它建立的国外生产公司主要在发展中国家。松下电器反复强调，在发展中国家建立生产公司是为了繁荣所在国经济，只有发展中国家经济得到发展，而且只有其购买力有所提高，才能购买更多和更高级的电器产品，松下才能得到更多的利润。公司管理层认为，松下电器在发展中国家投资设厂，不仅对发展中国家的经济有利，而且对自己也有好处。从20世纪80年代起，日本的出口贸易迅速发展，导致与其他发达国家之间的贸易不平衡，美国、欧洲等地区开始采取保护主义措施，限制日本商品的进入。其中，电器商品是很重要的一种。松下电器为回避贸易摩擦，绕开保护主义堡垒，开始在美、欧大量投资建厂。公司的管理层认为，在这些发达国家建立生产公司，有利于缓和矛盾，巩固其产品的市场占有率；同时，可以增加当地的就业机会，发展当地经济，增加与当地人民的友好往来。当某个国家要求在其国内建立生产公司或松下电器想进入某个国家时，松下电器便对这个国家的国情、民情、市场情况和外资政策等进行详细的调查研究，并且寻找理想的合伙人。只有这些情况都被认为合适时，松下电器才会下决心在这个国家建立生产公司。如果条件不充分，松下电器认为经营是不会取得成功的，它自己和所在国都要蒙受损失，它就不会在这样的国家建立生产公司。

3.国外生产公司的经营必须以当地人为主

松下电器在发展中国家建立的生产公司，不论自己的出资比例多大，都将其视为所在国企业，建立当地的经营部门，经营负责人由当地人担任，使得其在当地能独立经营。当然，建厂初期松下电器要派遣人员，但他们的任务以经营指导和培养人才作为重点。在培养了当地干部后，只留下少数日本人。例如，中国台湾地区的松下电器20世纪70年代末已发展成为有3 400名员工的企业，公司的经营很出色，能够大量出

口产品。其300多个管理岗位都是由当地人担任的，松下电器的派遣人员仅留下10名，除常务董事和常务理事各1名为日本人外，其余的日本人都担任顾问性职务。

三、国外生产公司产品的选择

（1）生产力所能及的产品。松下电器在同菲律宾的企业合资重建精密电子设备公司时，原拟同时生产收音机、立体声音响和电视机。但是，考虑到员工人数少、技术力量薄弱和资金不足等因素，决定放弃生产收音机，只限定于生产立体声音响和电视机。

（2）生产容易制造的产品。在同泰国合资者兴建纳雄纳尔泰国公司时，由于公司完全是新建的，员工都是新招的，因此松下电器决定开始时只生产干电池。其管理层在谈到为什么从干电池着手时说，因为干电池这种产品不论在哪个国家都是必需品，容易销售，尤其是干电池和质量的关系，只要有非常先进的自动化机器，即使是非熟练工，也能保证一定的质量；在短期内就能完成员工培训，使公司迅速投产；随着员工素质的提高，可以逐步生产高新技术产品。事实正是如此，后来该公司生产出了收音机、电视机和电风扇等。

（3）生产国际市场上畅销的产品。松下电器在发展中国家和地区兴办公司时，其产品除供应当地市场外，还注意国际上的需要，生产国际市场上的抢手货。如中国台湾地区的松下电器选择生产电视机等产品，不仅在当地的销量急剧增长，而且大量向美国出口。新加坡松下电器选择生产电冰箱用的压缩机，除供应当地市场外，还向国际市场出口。

（4）生产冲破国际上贸易保护主义的产品。进入20世纪70年代，国际上贸易保护主义抬头，尤其是阻止日本产品进入的势头很强，日本直接出口产品的困难日益增加。于是，松下电器利用国外生产公司制造的产品，打破关税和非关税壁垒的限制，进入奉行贸易保护主义的国家的市场。波多黎各松下电器生产收音机、彩色电视机和立体声音响等，就是为了毫无障碍地向美国市场供货。

四、广泛开展技术革新

松下电器（包括其前身）始终重视通过开展技术革新来开发新产品、提高产品质量和制造先进设备装备自己。这是其能够生存和发展壮大的基本原因，也是在跨国经营中不断取得成功的重要因素。松下电器在二战后恢复正常营业不久就意识到，要想在电器领域站住脚，必须向国外学习并引进新技术。松下电器还特别强调，必须在消化吸收这些技术的基础上，积极发展自己的技术。因此从1952年开始，在引进国外技术的同时，松下电器推动自身技术部门的发展，并于1953年在大阪门真建立中央研究所。该所是一个综合性研究所，不仅指导各子公司新产品的开发，为适应用户的要求，还建有专门的机器制造厂。以建立这个中央研究所为契机，松下电器的技术革新开始正规化，成为新的电气化时代的推动力。松下电器自1962年开始着手建设新中央研究所，该研究所1963年5月完成第一期工程，1968年1月全部建成。它同不断充实的技术人员队伍相结合，成为"技术的松下电器"的原动力。由此，松下电器不断推出具有世界领先水平的研发成果。在电子以外的领域，松下电器也相继取得划时代的研发成果。如在新的电池领域，有比过去使用寿命高2倍的高性能干电池和高7倍的强碱干电池，有相当于过去成本 1/10 的陶瓷太阳能电池、银电池、燃料电池等。在新照明领域，有继水银灯之后的钠灯、卤素灯等。松下电器在坚持技术开发中枢设在日本的同时，为适应国外市场的具体情况，还在国外建立技术开发机构。如在中国台湾地区设立的松下电器技术开发公司，着重研究认识模式，开发汉文处理机，并从 1987 年开始设计逻辑集成电路。

五、跨国营销

实现国际化不是轻而易举的事情，对电子行业来说尤其艰苦。在文化、语言、货币、地区、时区以及政治和经济制度截然不同的环境里做生意，显然会遇到种种庞杂情形。如果说哪家公司应著书立说介绍自己如何胜利地向外移植高等制作技巧的话，那一定是松下电器。归结起来，松下电器的跨国经营秘诀主要有以下几点：(1) 具有集研发、生产和销售于一体的完全经营体制。(2) 供给各东道国所喜好及需要的产品，一直是松下电器国际化的方针。(3) 不吝于向海外子公司投资及传授最先进的制作技巧。(4) 入境随俗，尊重各国和各地区的文化、风俗和语言，创造良好的合作环境。

松下电器海外生产公司的特点是秉承松下电器的经营观运行，尽量贴近当地居民的生活习俗和文化等，真正做到入境随俗。松下电器奇特的国际化营销策略使其在海外取得了辉煌的成就。

资料来源　王勇. 中外企业管理经典案例 [M]. 北京：党建读物出版社，2006. 作者有删改.

讨论：

(1) 试分析松下电器跨国经营成功的原因。

(2) 松下电器的跨国经营对中国公司的跨国经营有何借鉴？

本章小结

国际企业是指开展国际范围内的产品、技术、劳务、信息、资金等经营活动的企业。

国际商务是两国或多国涉足的全部商业交易活动的总称。

跨国公司的不同定义和称谓反映了跨国公司的复杂形态。实际上，跨国公司就是跨越国界开展商务活动的企业。由于开展国际商务活动的企业不一定都是跨国公司，因此本书用国际企业进行概括，这不仅符合研究的要求，也符合我国各种文献中名称使用的惯例。

按不同的标准划分，国际企业有多种类型。虽然国际企业的实体名称不一，它们的分支机构设在不同国家，但作为现代国际性企业，都具有一些共同的特征。

企业进行国际性经营的基本动机是：扩大销售、获取资源和实现经营的多元化。

国际企业在经营过程中可以选择的经营方式主要有商品进出口、劳务进出口和投资活动三大类。其中，劳务进出口包括交钥匙工程、特许经营、管理合同、许可协议等方式。

国际企业诞生于 19 世纪中期，成长于第二次世界大战之后。国际企业的发展一般要经过两个主要阶段（国际化和全球化）和四个环节（过程）。在国际化过程中，现代企业逐渐显露出战略全球化、规模大型化和组织股份化等发展趋势。

全球化和一体化是当今世界经济发展的重要特征，是世界经济发展中并行不悖的两股潮流，两者既密切相关，又各不相同。

经济全球化既为发展中国家经济的进一步发展提供了有利的契机，也使发展中国家的经济面临一定的冲击和挑战。

国际企业管理是顺应企业国际化、经济全球化的需要而建立和发展起来的一个新专业。在过去的数十年中逐渐形成了一个完整的体系，现已成为管理门类（一级学科）、工商管理（二级学科）下面的一个独立分支。

国际企业管理不同于一般的企业管理，也不只是一般企业管理的简单延伸和发展，它具有相对的独立性。

当人类进入21世纪之后，国际企业又出现了一些新的发展趋势：企业兼并、强强联合，研究与开发合作更趋国际化，对发展中国家的资本输出进一步加强。此外，跨国联盟成为国际企业发展的新趋势，全球性公司正在兴起。

国际企业为了适应竞争环境的变化，不断提出新的经营理念，采用一些新的管理方式和方法。其具体表现为：实施企业重建，重新塑造企业；倡导管理创新，注重个性化发展；注重全球化战略；丰富管理内涵，实行目标多元化；跨国多文化管理；柔性化管理；要求组建弹性组织，强调综合效能；企业管理由产品驱动到顾客驱动；环保意识增强，实行绿色管理。

复习思考题

1. 什么是国际商务、国际企业及跨国公司？
2. 如何理解跨国公司的各种定义？
3. 国际企业与国内经营企业的区别是什么？
4. 国际企业经营的基本动机之一是获取国外的资源，那么东道国从中可以获得什么样的好处？为什么有些国家并不欢迎国际企业的投资？
5. 国际企业开展的商务活动主要有哪些类型？
6. 企业国际化的发展阶段有哪些？
7. 为什么国际企业管理不同于一般企业管理？
8. 简述当前国际企业发展的新趋势。
9. 在新经济时代，国际企业面对的发展环境有哪些变化？
10. 在新经济时代，国际企业新的经营理念有哪些？

第二章

国际企业的经营环境

学习目标

[知识目标]

1.国际企业的经营环境及其特征；

2.了解国际政治环境、国际经济环境、国际法律环境和国际技术环境。

[能力目标]

1.了解国际企业经营环境的基本内容；

2.了解国际企业经营环境的特征；

3.了解国际企业经营所处环境的不确定性。

[素养目标]

掌握国际政治环境和国际经济环境的构成要素及其与国际企业经营之间的关系，培养学生的全球视野，使他们能够理解不同国家之间的经济联系和相互影响。同时，强调国家在国际经济中的角色和责任，增强学生的国家意识和民族自豪感。

引导案例

三星集团国际化

三星集团是一家韩国跨国企业，成立于1938年。它的跨国经营经历了出口贸易、低价扩张和高端品牌三个发展阶段。在出口贸易阶段（20世纪30年代至70年代末），三星采取了零星出口、独立代理出口和建立海外销售机构三种模式，并通过为日本企业生产，学习国际化经营和管理经验。尤其是通过OEM方式贴牌使用三洋电器的商标生产黑白电视机，早在1978年，三星电子生产的黑白电视机的数量就已超过日本松下，成为世界第一。为了打进美国市场，三星选择了低档产品市场，依靠大的零售商建立起来的营销网络来实现规模销售。在低价扩张阶段（即80年代至90年代中期），三星生产和销售低价、低技术含量的产品参与国际竞争。为了加快海外投资设厂的步伐，其先后在美国、欧洲和亚洲其他国家建设了自己的生产基地。韩国政府也通过财政、金融等手段鼓励本国企业向外扩张，在信贷、税收和保险制度等方面给予优惠。有关资料显示，20世纪80年代，韩国企业对外直接投资的40%是靠政府支持筹措资金实现的。到1995年，三星集团已拥有6个海外生产基地，包括墨西哥、匈牙利、英国、土耳其、泰国和中国。其中，在墨西哥生产的产品主要销往美国。在高端品牌阶段（即1997年以后），三星实现了从单纯模仿他人技术的低端产品制造商逐步向一个拥有自己核心技术的创新领导者转变，尤其是1997年亚洲金融危机，促成了三星的根本转变。这次转变主要体现在营销、技术和竞争理念等层面上。

首先，在美国市场上，三星决定摒弃以往的低价策略，采用高价位政策。三星认识到，由于美国在全球市场的领导地位，美国市场对品牌塑造具有强大的示范效应，只有在美国获得成功，三星才能成为世界顶级品牌。为此，三星走了三步棋：第一，与55家广告代理商合作，发起统一的广告战；第二，为了和品牌形象一致，三星把DVD、电视机等产品从沃尔玛等超市撤出，摆到有品牌特色的商店的货架上；第三，加入奥运会行动计划，成为奥运会全球合作伙伴，和柯达等知名企业"同台"。2002年，三星品牌价值增长度居全球第一，增长30%。

其次，加大投入进行数字技术研发，打造出了包括液晶显示屏、超薄笔记本电脑在内的一系列高精尖技术产品。2001年，三星的发明专利数在全球排名第五，排在索尼、日立等大公司的前面。而且，三星总是力争将最先进的产品在竞争开始之前就摆上零售架。三星推出了第一款珍珠白色的手机、第一款挂在脖子上的手机。与其他公司不同的是，三星一直自主化生产，没有采用外包形式，这使得它可以及时调整产品线，满足消费者的需要。三星逐渐从标准化产品的规模制造商转向以研发和自主化生产为基础的潮流制造者。

随着全球竞争格局的改变，三星国际化的战略重点也发生了转移。三星注意到，在新一轮经济全球化的进程中，整个东亚地区正在形成一个超国家的经济体。三星对中国这一特殊市场尤其关注。2000年以来，由于中国加入世界贸易组织和市场开放孕育的巨大商机，三星开始在中国加大投资和市场开拓力度。三星在中国推出了完整的生产线，仔细选择商品，然后通过强大的营销体系来拓展市场；三星集中精力"攻克"中国十大重点城市，而不是平均用力。2001年，三星电子在中国实现2.28亿美元利润。到2003年，三星中国总部下属生产企业近30家，总投资额近24亿美元，在中国的销售额达到97亿美元，占三星在全球大约370亿美元销售额的26%。其中，在中国市场上内销的部分达到65亿美元，占中国销售额的67%。截至2006年年底，三星旗下30多家公司中已有20家在中国投资，包含三星电子、三星SDI、三星SDS、三星电机等。

2011年的全球企业市值中三星为1 500亿美元；2020年7月，三星名列福布斯2020全球品牌价值100强第8位；2021年9月，三星位列2021年《亚洲品牌500强》

排行榜第6位。

资料来源 作者根据三星官网相关信息整理，有删改.

从引导案例可以看出，三星的成功，主要是经营者能正确认识和应对各国的政治、经济、法律、社会文化等经营环境。国际企业进行跨国经营，面对的是和母国环境差异较大的国际经营环境，因此，企业想在跨国经营中取得成功，就必须充分研究相关的经营环境。

第一节　国际企业的经营环境及其特征

一、国际企业的经营环境

开展国际企业的经营，首先需要了解和熟悉国际商务环境。国际企业的经营环境，是指存在于国际企业经营过程中的不可控制的因素和力量，这些因素和力量是影响企业国际商务活动及其目标实现的外部条件。企业管理理论告诉我们，企业经营决策的根本目的是谋求企业外部环境、企业内部条件、企业经营目标三者之间的动态平衡。这三个综合性因素互相促进、互相制约、互为因果，又经常独自变化。在这三个因素中，企业的外部环境是最为重要、最为活跃的因素，也是企业最难驾驭的因素。企业的经营决策归根到底是要适应外部环境的变化，并根据外部环境的变化调整企业自身的条件，必要时，还要顺应环境的变化调整公司的经营目标，以实现三者之间的动态平衡。因此，企业经营决策所要解决的根本问题是如何维持这三者之间的平衡。

与在本国的经营决策相比，国际企业的经营决策也面临着相似的外部环境，如图2-1所示。但与国内经营活动中仅有一种语言、一种货币，基本相同的文化背景、政治经济制度和法律环境相比，国际企业将会遇到复杂得多的情况：语言障碍、文化差异、法律差别、政治和经济制度等的不同。这些独特的外部环境不仅决定了国际企业的经营管理工作与仅在自己国家经营企业的明显差别，而且决定了国际企业经营管理人员工作的重点必然是解决外部环境变化所带来的问题。

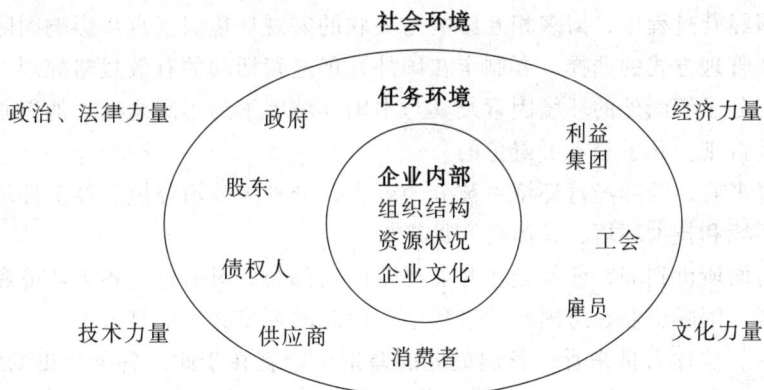

图2-1　国际企业管理环境

企业环境总体上可分为两大类：内部环境和外部环境。内部环境由组织结构、资源状况和企业文化因素构成。外部环境也就是通常所说的企业经营环境，根据各种环境因素对企业业绩影响程度的不同，企业经营环境可分为两大类：社会环境（Social Environment）和任务（或工作）环境（Risk Environment）。社会环境又称为一般环境或宏观环境，是指可能对企业的活动产生影响但其影响的相关性却不清楚的各种要素，一般包括经济、政治、法律、文化和技术等要素。任务环境是指对企业目标的实现有直接影响的那些外部环境因素，包括企业的竞争地位、产业和市场状况，以及供应商、贷款人和劳动力市场等。

从环境的特性看，企业的经营环境一般具有较强的刚性（技术名词，是对材料受到外力作用后变形状况的描述，变形越小，意味着材料的刚性越强），这也意味着企业的经营管理人员面对企业外部环境的变化，其改变外部环境的能力是极其有限的。一般来说，主要的应对措施是顺应环境的变化，在变化中寻找机遇。在经营环境中，刚性最强的是社会环境，这是因为，面对政治、法律、经济、技术、社会文化力量的变化，企业的经营管理人员一般是难以把握和控制的；而面对任务环境的变化，企业的经营管理人员往往存在把握和控制的空间，但把握和控制特别是改变其要素的状况需要一定的时间。

从地域空间来看，国际经营环境由母国环境、东道国环境和国际环境三部分组成：（1）母国环境。它由本国的社会环境和任务环境因素构成，这些因素不仅影响国内经营，也影响海外业务。母国的经济、政治和社会状况促使本国政府制定鼓励或限制对外投资或出口的措施。对国际企业而言，母国的环境研究也主要集中在母国对国际企业的鼓励与限制政策上。（2）东道国环境（目标国环境）。它是指企业在国外市场经营时在当地所面对的各种环境因素的总和。东道国环境除了与母国环境差异很大之外，另一个特点是难以评价和预测。这就要求国际企业的经营者们认真研究东道国环境，以避免或减少经营风险。（3）国际环境。研究国际环境，不能简单地局限于一国（母国或东道国）环境，必须考虑比一国环境更大的国际经营环境。国际企业面临的国际经营环境涉及多方面的因素。

在跨国经营过程中，诸多相互影响与关联的宏观环境因素直接影响国际企业国际经营绩效及管理方式的选择。要制定在国外开展经营活动的有效战略规划，企业管理者首先要充分了解国外的环境因素及其与本国环境因素的不同之处。他们必须进行必要的调整；否则，几乎是不可避免的。

从内容来看，国际经营环境可被分为五类，分别为政治环境、经济环境、法律环境、文化环境和技术环境，具体内容见表2-1。

正如前面所讲到的，任何企业开展经营活动都会面对前述的各类环境和构成环境的各类要素，国际企业在跨国经营过程中所面对的环境必然更复杂。

从政治、法律力量来看，各国最大的差别可能就在于此。各国历史的渊源不同，文化上的差别和经济状况的差异，决定了各国政治制度的不同、立法基础的差别。比如，当今世界有发达国家与发展中国家的划分，也有第一世界、第二世界和第三世界

表 2-1　　　　　　　　　　　　　　　　国际企业经营的环境因素

类别	具体内容
政治环境	□政治体制与政府形式 □政治意识形态 □政治与政府的稳定性 □政府对贸易和外国投资的政策 □对外政策与关系
经济环境	□经济发展水平 □人口 □人均收入 □GDP □货币金融政策 □竞争的特点 □汇率 □利率 □产业结构 □工资水平 □通货膨胀率 □气候 □自然资源 □社会基础设施 □人口教育水平 □种族构成
法律环境	□法律传统 □法律系统的有效性 □影响公司经营的法律系统——外贸、金融、税收、知识产权、雇佣关系、 　环境保护等 □与外国政府及国际组织之间签订的条约
文化环境	□习俗、规范、价值观和信念 □语言 □态度与动机 □宗教信仰
技术环境	□研发投入与能力 □产业的技术装备水平 □新技术的应用能力 □世界级专利数量 □专业技术人员在人口中的比重

的区别，这些划分本身就是依据各国对当今世界认识的不同、采用不同的划分标准得到的结果，是不同的政治立场和态度的产物。政治是经济的集中反映，政治制度的不同必然会对如何选择合作伙伴、如何解决经济纠纷、如何选择竞争手段产生影响。比如，中美之间政治制度的巨大差异导致了多次的贸易纠纷（甚至多次差一点进入相互制裁的境地），就是一个很好的实例。法律主要体现了一个国家希望规范人们行为的意志，它的最大特征就是具有强制性，且强烈体现了国家利益和统治阶级意志，由此，人们在开展国际经营活动时，就会体会到法律的力量及其对国际商务的影响。简单地讲，法律制度会影响国际商务活动的开展，进而会影响开展商务活动的双方的权利和义务。

从经济力量来看，各国发展水平的差异、各国经济政策的不同基本决定了经济活动开展的空间和形式。比如，在发达国家或经济较为发达的国家和地区，市场的作用会强一些，政府的干预会少一些；而在经济发展较差的国家和地区，市场的作用会弱一些，政府的干预会多一些。市场的作用往往体现了一个规律，即"看不见的手"起作用，而政府的干预往往是统治阶级意志的一种反映。所以，在不同的经济制度下，经营方式会受到不同的影响，在跨国经营形式的选择上也会有明显的不同。

从文化力量来看，文化是人们的价值观念，是人们待人接物的规范，或是人们判断事物的标准。由此可见，在跨国经营的过程中，各国、各民族之间的文化差异必然会对国际商务活动产生巨大的影响。

从技术力量来看，技术已成为当今世界各国、各企业核心竞争力最为重要的因素，也是企业跨国经营过程中能够超越国与国之间重大差异的主要竞争力量。从目前的情况来看，拥有现代技术的主要是发达国家，因此，在国际商务活动中，具有高附加值的高科技产品主要还是来自发达国家的企业。比如，曾经有过这样的报道，为换取一架空中客车，中国需要出口1亿双鞋。这1：100 000 000的比例关系就充分说明了技术在当今的国际商务活动中具有巨大的和不可替代的作用。

综上所述，与仅在一个国家开展经营活动相比，开展国际商务活动的企业会面对差异更大、情况更为复杂的经营环境，如图2-2所示。这也就决定了开展国际商务活动的企业在制定经营决策时所面对的风险更大，也需要更为高超的经营管理水平。

二、国际企业经营环境的特征

与国内企业所依存的环境相比，国际企业面对的经营环境更为特殊、复杂，呈现出如下特征：

（一）客观性

环境作为企业外在的、不以管理者意志为转移的因素，对企业经营活动的影响具有强制性和不可控性。一般说来，经营管理部门无法摆脱和控制经营环境，特别是宏

国际环境

| 企业的外部环境
（A企业所在国） | 国际政治环境
国际经济秩序
国际贸易规则
国际金融交易 | 企业的外部环境
（B企业所在国） |

企业内部
（A企业）

A企业与B企业
之间开展商务活动

企业内部
（B企业）

联合国
世界银行
世界贸易组织
区域经济组织

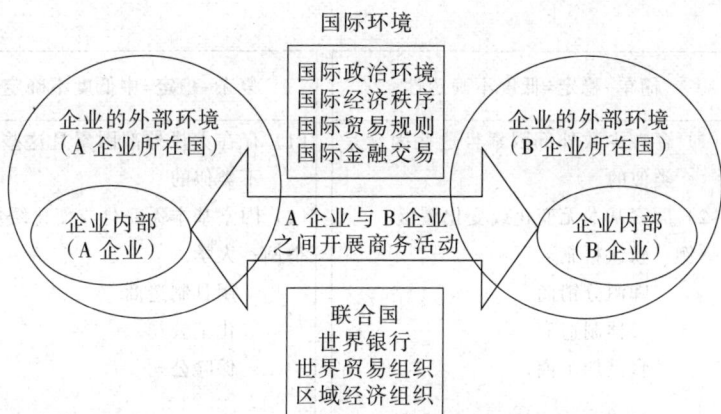

图2-2　国际企业（A与B）开展商务活动的经营环境

观环境，企业难以按自身的意愿随意改变它，如人口因素、政治和法律因素、社会文化因素等。但是，企业可以主动适应环境的变化和要求，制定并不断调整市场营销策略。在社会发展与环境变化的过程中，适者生存，不适者淘汰；同样，在企业与环境的关系中，这个规律也完全适用。企业善于适应环境，就能生存和发展；否则，就难免被淘汰。

（二）差异性

不同的国家或地区之间宏观环境具有较大的差异。各国历史渊源不同，文化的差别和经济状况的差异，决定了各国政治制度的不同和立法基础的差别。不同的企业，其微观环境也千差万别。正是由于存在跨国经营环境的差异，企业为适应不同的环境及其变化，必须采取各有特点和有针对性的经营策略。环境的差异性也表现为同一环境的变化对不同企业有不同的影响。

（三）相关性

外部环境诸因素之间相互影响、相互制约。某一因素的变化会带动其他因素的相互变化，形成新的营销环境。例如，宏观环境中的政治、法律因素或经济政策的变动，会影响一个行业竞争者加入的多少，从而形成不同的竞争格局。又如，市场需求不仅受消费者收入水平、爱好以及社会文化等因素的影响，而且政治、法律因素往往也会成为决定性影响因素。再如，各个环境因素之间有时存在矛盾，像某些地方的消费者有购买家电的需求，但如果当地电力供应不正常，无疑会成为扩展家电市场的制约因素。

（四）不确定性

国际企业面对的外部环境是企业赖以生存和发展的社会基础，其生产经营活动不是孤立进行的，而是与外部环境有着各种各样错综复杂的关系。政府的政策与计划控制强度制约着企业的行为取向，市场环境也影响着企业行为。随着世界经济一体化进程的不断加快以及全球范围内产业结构的调整和升级，企业所处的环境逐渐呈现出不确定性。这种不确定性体现在环境的不稳定和复杂性两个方面，如图2-3

所示。

简单+稳定=低度不确定性	复杂+稳定=中低度不确定性
（1）存在少数外部因素且这些因素是类似的 （2）因素基本无变化或变化缓慢 举例：软饮料瓶装厂 　　　啤酒分销商 　　　容器制造商 　　　食品加工商	（1）存在大量外部因素且这些因素是不类似的 （2）因素基本无变化或变化缓慢 举例：大学 　　　用具制造商 　　　化工公司 　　　保险公司
简单+不稳定=中高度不确定性	复杂+不稳定=高度不确定性
（1）存在少数外部因素且这些因素是类似的 （2）因素变化频繁且不可预期 举例：化妆品生产商 　　　时装生产商 　　　音像品生产商 　　　玩具制造商	（1）存在大量外部因素且这些因素是不类似的 （2）因素变化频繁且不可预期 举例：计算机公司 　　　航空公司 　　　电信企业 　　　网络服务商

（左侧纵轴：环境变化，分为"稳定"和"不稳定"）
（底部横轴：环境复杂性，简单　　复杂）

图2-3　企业所处环境的不确定性

第二节　国际政治环境

不同国家、地区的政治环境不同，国际企业母国的政治环境有可能与其他国家和地区的政治环境存在很大的差别。政治环境因素历来被认为是对国际商务活动影响最大、破坏性最强的因素。比如，2001年9月11日在美国发生的恐怖事件不仅对美国的经济活动造成了巨大破坏，也对全球的经济发展产生了较大的负面影响。因此可以说，国际政治环境会对大多数国际企业的活动产生影响和制约作用。例如，中国的企业如果在美国开展业务活动，就必须了解和熟悉美国的政治制度及经济制度，按照美国市场经济的规则和方法开展经营。

一、国际政治环境的内涵

国际政治环境是国际企业在不同国家开展经营活动所面对的社会制度、政治体制、经济政策等方面影响因素的总和。目前，世界上有190多个主权国家，这些国家实行不同的社会制度，由不同的政党领导，在不同的时期执行不同的经济政策。即使社会制度相同的国家，其政治环境也有巨大的差异。在一定程度上可以说，政治环境是国际企业面对的最重要的环境。如果说经济环境是影响国际企业经营能否营利的环境，那么政治环境则是决定是否允许企业开展经营活动的环境。

政治环境的构成因素很多，就一个国家大的政治环境而言，主要有社会制度、执政党的性质、政治的稳定性和国民的政治倾向四个因素，对国际企业的经营有较大的政治影响。

（一）社会制度

实行不同社会制度的国家对国际企业的根本态度是不完全相同的，如对国际企业自由经营的态度，对国际企业的经营范围，对合资企业、合作企业的控股程度等，都有不同程度的鼓励或限制措施。根据社会意识形态的不同，现代社会制度主要分为社会主义和资本主义两种形式。目前，一些西方学者根据社会主义国家市场经济取向改革的进行和资本主义国家对经济干预的加强，一直在强调这两种社会制度的融合。但应该说，社会主义国家经济体制改革和资本主义国家采取更多的措施干预经济过程，并没有从根本上改变两种社会制度的性质。不同社会制度对国际企业的影响仍有很大差别，而且这种影响的不同仍然广泛存在。

（二）执政党的性质

在社会制度不变的情况下，各国对国际企业的态度取决于执政党的性质。在社会制度相同的各个国家，由于其执政党的性质不同，对社会、经济发展过程的认识存在较大差别，因此，对国际企业的政策也会有很大的不同。比如，有些政党实行贸易自由化政策，而有些政党则倾向于实行贸易保护主义。在多党轮流执政的国家，执政党的性质经常发生变化，各党派政治主张不同、利益追求不同，导致其在执政期间执行的政策会发生较大的变化，从而对国际企业形成不同的政治环境，并产生不同的影响。从同是实行资本主义制度的发达国家（如英国、美国和法国）来看，政治环境同执政党性质的关系非常明显。在英国，工党和保守党轮流执政，工党政府倾向于限制外资企业在英国的发展，对进口则实行关税限制措施；而保守党则在一定程度上鼓励外国资本进入英国。在美国，民主党和共和党轮流执政，民主党强调最惠国待遇和"人权"问题不可分离，而共和党则倾向于政治问题和经济问题分开考虑。法国的人民运动联盟和社会党在国有化和民营化方面的经济政策也存在很大分歧。可见，执政党的性质对国际企业的经营环境有着重大影响。

（三）政治的稳定性

政治的稳定性直接影响企业经营战略的长期性。在考察一国的政治稳定性时，应特别注意政权的更迭、政府政策的稳定性和政治冲突三个方面。

1.政权的更迭

执政党的更迭通常会引起政治环境的变化，如果这种变化并不过激，那么国际企业只需调整其经营方针即可；但是，如果变化剧烈，那就无法进行有效调整。例如，缅甸政府对外来投资的限制十分严格，但是其法规含义明确且相对稳定，因此，许多国际公司都来申请投资；相反，秘鲁政府对外来投资持欢迎态度，但是有关政策却变化无常，所以，许多外国公司不愿去该国投资。

2.政府政策的稳定性

东道国政府政策的稳定性和连续性，也是决定跨国经营状况的重要因素。如果东道国政府的政策变化是渐进且可以预见的，国际企业就有足够的时间进行调整和适应；如果东道国政府的政策经常发生剧烈的变化，就会导致跨国经营的困难。

3.政治冲突

政权更迭、政党对立、民族对立、宗教对立、文化分裂等，会使东道国发生战争、政变、动乱、恐怖活动和罢工等政治冲突。各种政治冲突会给国际企业的经营带来不利影响，这需要引起国际企业的足够重视。

（四）国民的政治民族倾向

国民的政治民族倾向作为国家存在的基础，必然影响国家各种政策的制定，从而对国际企业产生影响。这一点在发达国家和发展中国家以及存在历史隔阂的国家之间表现得尤为突出。发展中国家的国民出于对自身利益的考虑和保护民族工业的愿望，往往倾向于对发达国家的国际企业采取各种限制措施，甚至采取国有化的极端措施；而存在历史隔阂的国家间的国民则倾向于限制对方的资本流入本国，或对已在本国建立的对方企业采取冷淡的态度。这种国民情绪是国际企业必须考虑的一个环境因素。

二、国际企业与政府的关系

一般而言，政治环境的各种因素是通过影响政府政策而对国际企业经营过程产生影响的。因此，国际企业在各种政治环境下有效开展经营的一个重要方面就是要处理好企业与东道国政府之间的关系。其中，最重要的是要处理好企业与东道国政府的目标冲突问题。

各国政府在一定时期内有其各自的社会经济发展目标，国际企业也有自身的经营目标。一般情况下，国际企业的经营目标会影响政府的社会经济发展目标。各国政府与国际企业之间的目标，一般情况下是相互适应的，但在有些情况下，二者会发生冲突，有时甚至是严重冲突。这种目标冲突在某些情况下，可以通过协商加以解决或缓和，在有些情况下则是不可调和的。当目标冲突达到一定程度时，东道国政府就会采取各种措施对国际企业的经营进行干预。

对政府来说，其社会经济发展目标主要有促进经济增长、实现充分就业、保持物价稳定、实现国际收支平衡、合理分配国民收入、引进先进技术等。此外，还有发展民族经济、保障国家安全等。国际企业在东道国开展投资和经营活动的目标主要有：获得满意的投资回报、利用东道国的资源、开发东道国市场等。东道国政府与国际企业产生目标冲突的根本原因在于二者制定目标的依据存在差异。各国政府是根据其社会经济发展的需要制定经济发展目标的，而国际企业的这些目标是根据其全球化经营战略制定的，因此，国际企业的目标和它为实现目标所采取的一些经营措施就可能与东道国政府的目标相冲突。比如，国际企业为了实现其全球经营目标，会在全球范围内对其投资进行重新配置,减少或撤出在一些国家的投资;或者为了保持竞争优势而采取一些不利于增加就业的技术措施。这些都会影响东道国政府的目标。当目标矛盾无法调和时,冲突就不可避免。

国际企业与各国政府之间的冲突由来已久,但20世纪70年代以来,这种冲突有加剧的趋势。据分析,美国国际企业与各国政府的冲突事件几乎有一半是在70年代后期发生的。冲突主要集中在与石油相关的工业、采矿和加工业、制造业和银行保险业,4项合计占美国国际企业全部冲突的78%。冲突主要发生在美国国际企业与拉丁美洲国家之间,占总数的45%。这与美国国际企业在拉丁美洲投资的规模比较大有关。

企业国际冲突的另一个特点是,冲突大部分发生在发达国家,而不是发生在发展中国家。表2-2是托马斯·N.格拉德温和英戈·沃尔特在1969—1978年间针对650个社会冲突事件所整理的资料,从表中可以看出,国际企业与各国政府间的冲突的原因主要有人权问题、争议支付、劳动关系、环境污染、经济情况等。根据他们的统计,在1969—1978年间发生的650个冲突事件中,大部分均发生在发达国家,如美国和欧洲各国。比如,在北美洲,因人权问题发生冲突的占81%,因劳动关系发生冲突的占79%,因经济情况/财务发生冲突的占78%,因有争议的支付发生冲突的占76%,因环境污染发生冲突的占70%;在欧洲因上述原因发生冲突所占的比例分别为19%、19%、6%、3%和23%。

表2-2 国际企业与各国政府间的冲突问题 单位:%

冲突问题	北美洲	欧洲	拉丁美洲	亚洲和大洋洲	非洲	中东
恐怖行动	28	40	24	4	0	4
人权	81	19	0	0	0	0
政治	40	8	28	8	8	8
有争议的支付	76	3	13	8	0	0
买卖	61	33	2	2	2	0
劳动关系	79	19	0	2	0	0
环境污染	70	23	1	5	1	0
技术	41	36	9	14	0	0
经济情况/财务	78	6	7	4	1	4

当前,国际企业与各国政府间的关系的一个新特点是,越来越多的发达国家对国际企业在本国的经营活动加以限制。比如,加拿大设立了外国投资审查机构,要求外国投资必须符合加拿大的工业和经济政策;必须能提高生产率和工业效率;必须能增加就业;加拿大人必须进入董事会并担任重要职务;必须能增加出口等。

三、政治风险和政府干预

政治环境直接作用于国际企业的有两个方面:一是政治风险,二是政府干预。政治风险是指由于东道国政治形势发生变化而对国际企业的生产经营活动产生消极影响的可能性,政府干预则是东道国政府采取直接措施干预国际企业的经营活动。政治风险和政府干预对国际企业有着重要影响。国际企业在进入国际市场前,必须对东道国的政治情况和政策进行深入的了解,并据此采取有效措施,尽量减少政治风险,适应政府的干预措施。

(一)政治风险

对国际企业而言,构成政治风险的因素包括:东道国发生政治独立事件、政治体制改变、社会稳定状况改变、发生战争或武装冲突,以及形成新的国际政治经济同盟等。这些因素中的任何一个一旦发生,都会对国际企业产生直接的重大影响。而且,对国际企业来说,政治风险具有突发性和不可抗拒性的特点。国际企业不可能完全规避这种风险,只能采取措施降低这种风险对企业的影响程度。企业对政治风险的防范,大致可以采取以下几种措施:

1.对政治风险进行管理

对政治风险进行管理可以分为三个时期:(1)投资前期,偏重投资的可行性研究,即根据调查材料,分析各种影响因素,评估投资前的政治风险,作出投资决策。(2)投资中期,根据经营过程中出现的种种影响投资安全和收益的事件及因素,随时进行调整,以取得预期目标。这种调整包括投资分散化、共同投资、投资方式调整、当地化、经营政策调整等。(3)投资后期,根据生产经营中威胁自身安全的风险因素,主动撤回投资,尽可能地收回资本和利润。

2.保险

对国有化风险、战争风险、转移风险等政治风险往往可以投保。国际企业按规定投保后,万一发生风险并给投资人造成损失,保险机构就要按合同支付保险金。这样的保险机构有美国的海外私人投资公司(OPIC)、英国的出口信贷担保局(ECGD)、中国人民保险公司(PICC)等。一些私人保险机构,如英国的劳埃德保险集团(Lloyd's)、美国的纽约保险交易所(NYIE)也涉足这方面的业务。

3.国际金融机构和外国政府参与

利用某些国际金融机构和外国政府支持或参与企业经营,一定程度上可以求得企业自身的安全。比如,来自国际金融公司的贷款和证券会提供一定程度的保险,有利于防范连续性的政治风险。

4.技术垄断

如果国际企业垄断技术,当产品处于衰退期时,国际企业可将技术和产品转让给当地生产者,从而放弃它们在当地市场的统治地位;同时,企业又会引进新技术、新产品,继续保持或增强其垄断地位。

5.投资协定

有些国际企业在一开始即与合伙人在投资协定中规定双方地位有秩序变化的程序。比如，安第斯共同体国家的投资协定出于投资者和东道国之间可能变化的关系的考虑，要求在规定年限内，有计划地减少外国投资者的所有权。这种投资协定有利于企业事先对政治风险进行评估，并采取相应的防范措施。

（二）政府干预

东道国政府采取一些政策、措施对国际企业进行干预，是国际企业经常面对的一种客观情况。按照对国际企业影响的范围和程度，政府干预一般分为以下几种类型：

1.价格控制

当东道国面临发生或已经发生严重的通货膨胀时，政府往往会对一些重要的产品和物资实行价格控制，如采取最高限价措施。这种措施会直接影响国际企业的产品销售和盈利状况。

2.关税壁垒

东道国政府为了减少商品进口或调整商品进口结构，会对进口商品采取关税控制措施，如对某些限制进口的商品征收较高的关税。关税提高，会增加国际企业的成本，从而影响企业的经营。

3.进口限制

进口限制又称贸易壁垒或非关税壁垒，是东道国政府在法律或行政上对进口商品的种类和数量进行的限制。进口限制不仅会影响国际企业通过商品出口进入国际市场，而且会迫使已在东道国进行直接投资的国际企业采用当地的配套产品。目前，资本主义国家实行的非关税壁垒有900多种，国际企业必须对这些进口限制政策有详细的了解，以便有效地作出投资决策，顺利开展营销活动。

4.外汇管制

外汇管制就是东道国政府对所有贸易和非贸易外汇收入及支出进行控制，这种情况经常发生在东道国出现国际收支赤字或外汇短缺的时候。外汇管制的措施主要包括两项：一是所有贸易和非贸易外汇收入必须以官方价格出售给东道国中央银行；二是所有贸易和非贸易外汇支出必须经过东道国外汇管制机构的批准。外汇管制不仅影响国际企业投资利润的汇出，而且直接影响国际企业的经营活动。

5.国有化政策

国有化政策是国际企业在国际经营中可能遇到的最大的政治风险。它可以分为没收和征用两种情况：没收是指东道国将外国投资企业的资产或外国企业在合资企业中的股份收归国有；征用就是东道国在接管外国企业时给予一定程度的补偿。无论哪一种形式，国有化政策都会对国际企业产生重大影响。作为一种最激烈的管制措施，东道国政府一般不会轻易采取国有化政策。只有当东道国政府感觉国际企业的经营范围和规模严重控制本国经济或对本国经济主权构成威胁，或者东道国与母国发生严重的政治分歧或武装冲突时，才会采取国有化政策。历史上比较典型的国有化事件有：1951年伊朗政府将英波石油公司（以英国政府为主体）收归国有，1962年巴西政府接收美国电信公司在本国的投资事业等。为了避免国有化的不利影响，国际企业通常会采取一些防范措施，如对涉外投资进行保险；在投资前，就经营过程的有关方面与东道国政府达成协议，包括允诺在若干年后将企业有偿或无偿交给东道国，提高产品的技术含量和生产过程的工艺水平，充分考虑当地就业的需要，充分利用当地的资本。当国有化发生后，国际企业还可以通过母国政府寻求保护。

第三节　国际经济环境

国际经济环境对国际企业具有重要意义：一方面，国际企业经营需具备的各种条件要在国际经济环境中得以满足；另一方面，国际企业生产的产品的价值要在国际经济环境中得以实现。可以说，没有国际经济环境，就不可能有国际企业。

简单地说，国际经济环境就是国际上各种经济要素和变量的总和。它可以从两个方面进行分析：一是从单个国家角度看待的国际经济环境，可以简称为国家经济环境；二是就世界经济整体而言的国际经济环境，简称世界经济环境。

一、国家经济环境

国家经济环境是指东道国的经济发展水平和当前的经济形势、市场容量、生产要素的质量和供应状况、各种服务体系的完善程度等经济因素。它是投资者在投资接受国所面对的经济影响因素和制约因素，是投资者选择东道国时首先要考虑的因素。国家经济环境的构成因素众多、内容复杂，这里主要讨论东道国的经济发展水平、自然资源情况、金融环境三个方面，至于人口及就业情况、基础设施、居民收入和消费水平等，都包括在经济发展水平之中。

（一）经济发展水平

东道国的经济发展水平对投资国的投资决策有重要影响。国家的经济发展水平不同，对原材料的供应、机械设备的选择和消费品的需求也就不同，对直接投资项目的选择就有所差别。例如，发展中国家通常处于工业化发展时期，一般对机械设备等资产性投资有较大的需求，而对一般消费品则往往采取限制的政策；而发达国家工业化水平高，技术、资本密集型产业优势明显，发展中国家在这些方面同发达国家的竞争往往处于不利地位。可见，经济发展水平对投资决策是非常重要的。

衡量一个国家的经济发展水平，可以看这个国家所处的经济发展阶段。根据著名发展经济学家罗斯托在《经济成长的阶段》一书中的分析，一个国家的经济发展一般要经历五个不同的阶段：第一阶段为传统社会阶段。这一阶段经济发展水平很低，主要表现为国民经济以农业为主，国家经济活动以资源开发为主；生产方式以手工为主，缺乏对提高生产力有重大作用的现代科学技术；国民教育落后，劳动者素质较低，劳动生产率、国民收入不高，购买力不强，消费需求以基本生活需要为主；基本建设投资不足，实现工业化所需要的基本设施不完善。第二阶段为起飞前夕阶段。这一阶段是起飞前的过渡阶段，现代科学技术开始使用，农业和工业生产、交通、通信、能源等基础设施开始建立；教育和健康保健事业开始发展，劳动者素质不断提高。第三阶段为起飞阶段。在这一阶段，国民经济以较快的速度增长，生产方式现代化推动工业化进程加快，从而对机械设备等投资品有较大的需求；随着教育水平的提高，劳动者素质不断提高，人力资源得到充分的开发和利用；大规模的经济建设，使基础设施得以完善；劳动生产率的提高，增加了居民的收入，促进了消费水平的迅速提高。第四阶段为成熟阶段。这是国民经济快速、稳定增长的阶段。经济活动的各个方面全面持续增长，先进的科学技术在生产过程中得到广泛应用；尤其重要的是，在这一阶段，企业及其经济活动全面进入世界经济舞台，开始全方位地参与国际竞争。第五阶段为高消费阶段。在这一阶段，改善和提高居民的生活质量成为社会关注的首要目标。第三产业迅速发展，社会服务十分发达，公共设施和社会福利日益完善。随着人均收入的提高，人们开始大量消费，特别是耐用品和社会服务成为消费热点。

罗斯托认为，在上述五个阶段中，处于前三个阶段的国家是不发达国家或发展中国家，人均收入为300～500美元；处于后两个阶段的国家为发达国家。显然，国际企业在处于不同阶段的国家中所面对的经济环境是截然不同的，其投资决策也会有很大的变化。

（二）自然资源状况

企业跨国经营需要考虑自然资源的影响。自然资源状况包括不同国家的地理位置、面积、气候条件等。

1.地理位置

地理位置对跨国经营产生的影响，首先体现在运输成本和通信费用上。东道国如果与母公司距离较远，不但控制和协调子公司的生产经营活动较难，而且运输成本和通信费用也会大幅度增加。其次，地理位置还会影响国际企业的资源配置和战略布局。许多大型跨国公司把世界各国按地理位置划分为不同的战略性区域，如亚太地区、欧洲地区、北美洲地区等，以确定不同地区直接投资的地点、规模和所要经营的产品，从而提高跨国经营的效率。例如，在我国南部地区投资建立子公司，市场覆盖面可以扩大到东南亚地区。

2.气候条件

气候条件包括气温、湿度、雨量等。不同类型的跨国经营活动会对气候条件提出不同要求。例如，巧克力食品在较高温度下容易融化，在气温较高地区生产这种产品，必须采用冷藏设备储存和运输。此外，在进行跨国经营时，国际企业还应根据东道国的气候条件，设计和开发适宜产品，否则有可能导致经营的失败。

开发和利用东道国的自然资源，是国际企业对外直接投资的主要目的之一。据统计，在美国和日本等发达国家的对外直接投资中，属于自然资源开发的项目占总数的1/4以上。对国际企业而言，拥有一定品种和数量的自然资源是其开展生产经营活动的基本前提，所以，东道国的自然资源状况就成为影响国际企业对外直接投资决策的一个重要因素。

对国际企业而言，东道国的自然资源状况主要包括以下三方面：一是自然资源的拥有情况，包括已探明的自然资源的蕴藏情况和分布情况；二是自然资源的可开采性，包括自然资源开采的技术可行性和经济合理性；三是自然资源的已开发利用程度，其中，要重点考虑其他国家参与东道国自然资源开发利用的情况。

（三）金融环境

东道国的金融状况是影响国际企业对外直接投资的又一个重要因素。东道国的金融状况对国际企业对外直接投资决策的影响，除了资金配套能力外，最重要的是考虑东道国的通货膨胀情况，因为通货膨胀直接影响国际企业海外生产经营活动的正常进行。

一般来说，东道国的通货膨胀对国际企业的影响主要体现在两个方面：一是对东道国市场需求的影响，二是对国际企业生产经营活动的影响。从市场需求方面看，通货膨胀一方面会导致东道国某些居民的实际购买力下降，从而减少对企业产品的需求；另一方面可能会刺激东道国的需求，促使东道国居民提前消费，使东道国进入消费早熟期，从而增加对企业产品的需求。国际企业适应由此引起的市场需求的关键，一是开发适销对路的产品；二是要积极引导并创造市场需求。从生产经营过程看，通货膨胀一方面会导致原材料价格大幅度上涨，提高企业的生产成本；另一方面会使企业销售收入的实际价值大幅度降低。对此，国际企业可以从两个方面采取措施克服其影响：一是随着成本的上升而提高产品销售价格，以补偿通货膨胀造成的损失，但这又会反过来影响其产品的市场需求；二是将收入及时兑换成稳定的货币，避免或减少通货膨胀造成的损失。这些措施可以在一定程度上避免或减少通货膨胀对国际企业的影响。但是，如果东道国的通货膨胀达到非常高的程度，国际企业应避免进入该市场。

二、世界经济环境

（一）世界货币制度

世界货币制度是国际社会关于各个国家货币兑换标准的制度安排。世界货币制度的形成经历了一个相当长的历史过程，先后经历了金本位制、布雷顿森林体系和浮动汇率制三个阶段。

1.金本位制

世界货币制度首先是从金本位制（Gold Standard）开始的，金本位制形成于19世纪70年代末，当时资本主义国家普遍采用金本位制。金本位制是以黄金为本位货币的一种制度。金本位制规定，各国应以黄金表示其货币价值，并以此确定各国货币的交换比率；各国不能限制黄金的自由流入和流出；各国发行的纸币应受黄金准备数量的限制。第一次世界大战后，金本位制在各国发生了变化。除美国继续实行金本位制以外，英国和法国都改变了纸币与黄金之间可以自由兑换的原则，规定纸币不能随意兑换黄金。如果用纸币兑换黄金，每次最少要兑换净重400盎司的金块（英国的规定），于是，形成了金块本位制（Gold Bullion Standard）。而西方许多国家则严格限制黄金兑换，以外汇作为主要兑换工具，形成了金汇兑本位制（Gold Exchange Standard），又叫虚金本位制。随着20世纪30年代因经济危机而引发的金融危机波及全世界，一些国家先后放弃了金本位制。

2.布雷顿森林体系

为了恢复由于金本位制崩溃而遭到破坏的国际货币秩序以及调整二战后国际金融和贸易关系，维护世界经济的稳定和发展，1944年7月，在美国新罕布什尔州的布雷顿森林召开了由44个国家参加的"联合国家货币金融会议"（简称"布雷顿森林会议"），签订了《布雷顿森林协议》。根据协议建立了一个永久性的国际货币机构——国际货币基金组织，在该组织内部确立了一个以美元为中心的国际货币体系，即布雷顿森林体系。

根据《布雷顿森林协议》，稳定汇率是国际货币基金组织的主要宗旨。布雷顿森林体系通过国际货币基金组织来运转，美元兑换黄金和各国实行固定汇率制是这个体系的基础。协议规定：第一，国际货币基金组织的成员国必须认缴份额，其中，黄金占25%，本国货币占75%。份额大小根据各个成员国的相对经济实力及其在世界贸易和金融中的重要性来确定。第二，美元与黄金直接挂钩，其他国家的通货直接或间接地用美元来表示，即以美元的含金量作为规定各国货币平价的标准。第三，以1934年美国规定的35美元折合一盎司黄金的比价作为黄金的国际官价。第四，各国货币平价与美元的汇率只能在1%的范围内波动，如果汇率波动超过1%但小于10%，则要在国际货币基金组织备案，超过10%则必须经过国际货币基金组织的同意。第五，各个成员国必须与国际货币基金组织达成协议，规定该国的货币平价。通过这种制度安排，形成了一个以美元为中心的国际货币平价体系，这样就可以相应地决定任何两种货币的交换比率。可见，这种货币体系克服了金本位制缺乏弹性汇率的缺陷，而把固定汇率和弹性汇率相结合。然而，正是这种弹性汇率在实际执行中出现了许多问题。一些国家出于对本国利益的考虑，当出现国际收支严重逆差时，不肯作出调整汇率的安排，从而引起国际货币危机。同时，一些国家内部出现了外汇黑市买卖，扰乱了国内金融市场秩序。这些情况使国际货币平价体系受到了严重干扰。1971年8月，由于出现了严重的国际收支逆差，美国政府用美元兑换黄金，并对进口商品征收10%的附加税，这实际上是允许美元对其他货币的比价向下浮动。美国的这一举动，使国际货币市场陷入一片混乱之中。其他国家纷纷效仿，实行本国货币对美元的大幅浮动，于是，国际货币平价体系瓦解了。

3.浮动汇率制

鉴于各主要资本主义国家都实行了货币对美元的浮动，1978年4月1日，国际货币基金组织通过的《国际货币基金协定第二次修正案》生效，把浮动汇率合法化，形成了浮动汇率制。

浮动汇率制在一定程度上可以说是一种没有货币制度的货币制度。因为所有国家都可以自由调整货币汇率，也就失去了统一的货币体系。浮动分为自由浮动和管理浮动。自由浮动也叫清洁浮动，是指在没有政府干预情况下的浮动。管理浮动也叫肮脏浮动，是指政府公开或隐蔽地干预金融市场，使汇率向有利于本国的方向浮动。实际上，自由浮动是不存在的，各国政府都会直接或间接地对金融市场实行一定的干预，以减轻汇率波动对本国贸易和国际收支的影响。

从世界货币制度发展的过程可以看出，不论是实行固定汇率制，还是实行浮动汇率制，都会给国际企业的经营带来一定的影响。浮动汇率制使国际企业面对的是一个动荡的外汇市场环境。

（二）外汇市场

如果说世界货币制度是国际货币关系的宏观方面，那么，外汇市场就是国际货币关系的微观方面。外汇是指几种外币之间的交换。外汇市场是指外币交换的金融体系。外汇市场的核心是外汇牌价。

外汇牌价是一种货币用另一种货币表示的价格，也叫外汇行市或汇率。外汇牌价有多种表示方法：第一，一种货币可以用多种货币表示其价格，如人民币可以用美元、英镑或日元等不同货币表示其价格。第二，外汇牌价有直接和间接两种标价法。直接标价法是以单位外币为标准折算一定数额的本国货币，间接标价法是以单位本国货币为标准折算一定数额的外币。对汇率变化方向的判断，首先要明确外汇标价方法。采用直接标价法，折合本国货币数额增加，就叫作本国货币外汇汇率降低，说明外币上涨，本币跌落；反之，就是本国货币外汇汇率上涨。间接标价法的含义则相反。第三，外汇牌价有外汇买入价和外汇卖出价两种。外汇买入价是银行买进外汇的价格，外汇卖出价是银行卖出外汇的价格。此外，外汇牌价还有即期外汇牌价和远期外汇牌价之分。

从另一个角度看，外汇市场也是一个由公司、银行和外汇经纪人构成的系统。银行是外汇买卖的中心。外汇经纪人则是接洽外汇买卖、在银行和客户之间充当中间人的汇兑商人。公司进入外汇市场有两个目的：一是利用外汇市场的货币交易避免或减少由于汇率变动造成的损失；二是利用汇率变动进行投机。由于国际企业的生产经营活动至少涉及两个国家的货币，所以，外汇市场汇率的变化会直接影响国际企业的生产经营活动和经济利益。因此，外汇市场是国际企业不能回避的一个经济环境因素。

（三）国际金融市场

国际金融市场是企业和银行之间开展资金融通的场所以及资金融通关系的总和。金融市场有狭义和广义之分。狭义的金融市场是指短期的货币市场，主要包括短期信贷市场、短期证券市场、贴现市场，又称货币市场或短期资金市场；广义的金融市场是指由长期资金的供给和需求所形成的市场，如证券市场，又称资本市场或长期资金市场。

金融市场按银行业务主客体的不同，可以分为国内金融市场、在岸金融市场和离岸（或境外）金融市场。国内金融市场主要办理本国贷款者、投资者和本国筹资者之间的国内业务。在岸金融市场主要办理本国贷款者、投资者和外国筹资者之间的业务以及外国贷款者、投资者和本国筹资者之间的业务。离岸金融市场主要办理外国贷款者、投资者和外国筹资者之间的业务。离岸金融市场是一种由市场所在国的非居民使用外国货币从事境外交易，并且交易活动既不受所使用货币发行国的管制，也不受市场所在国国内金融体系的有关法律管辖的金融市场，是一种真正意义上的国际金融市场。

国际金融市场对国际企业的对外直接投资活动具有重要意义。能否充分、有效地利用国际金融市场筹措企业发展所需要的资金，对国际企业是十分重要的，也是国际企业适应性的一种表现。目前，世界大型国际企业都在国际金融市场上积极开展融资业务，扩大资金来源，增强经济实力。所以，国际金融市场是国际企业谋求自身发展的一个极好的国际经济环境因素。

（四）欧洲市场

欧洲市场不是一种普通意义上的商品市场，而是一种具有全球影响的地区性金融市场。欧洲市场是在某一货币发行国以外从事该货币储存和贷放业务而不受政府管制的金融市场。它包括欧洲债券市场和欧洲货币市场两部分。

1.欧洲债券市场

欧洲债券市场是不在任何国家登记的国际债券市场，也是一种境外债券市场。它有以下几个特点：第一，不受任何政府管制。在欧洲债券市场发行债券不受政府管制，无须登记，没有存款保证金和存款保险，也无须向所在国税务当局申报收入。第二，债券不在面值货币国家的债券市场发行。一般来说，在欧洲债券市场发行债券要涉及三个国家：债券发行人所属国；债券面值货币所属国；债券发行市场则是第三国的金融市场，如我国在伦敦金融市场发行面值为美元的债券。第三，以债券发行人的信誉为担保。欧洲债券是由借款人直接发行、可以流通的长期债务证券，债券通常没有担保，完全以借款人的信誉为保证。所以，它一般要求借款人有较高的信用地位和较高的投资回报率。第四，债券为不记名债券。债券持有人无须登记，而凭息票取得利息。

可见，欧洲债券市场对那些急需扩大资金来源而又不愿受国内债券市场管制的借款人来说，是一个较好的融资市场。

2.欧洲货币市场

欧洲货币市场是欧洲市场的核心，它于1957年诞生于英国伦敦，后来不断向世界各地扩展。目前，亚洲、非洲、拉丁美洲及东欧一些国家和地区都有欧洲货币交易中心。欧洲货币市场的经营主体是欧洲银行。欧洲银行就是从事欧洲货币经营的银行，它可以是任何国籍的银行。欧洲货币市场是欧洲银行接受非居民存入的除其本国货币以外的其他国家货币存款，并对非居民提供外币贷款的市场。银行在发行国以外进行存贷的货币称为欧洲货币，欧洲美元是最重要的欧洲货币。欧洲货币最显著的特点是这些货币在货币发行国境外存入银行，所以不受该国货币当局的管制。

与欧洲债券市场不同，在欧洲货币市场上，投资者只持有对欧洲银行的债权，银行则把投资者的存款借给最后借款人，投资者与最后借款人之间没有直接的债权、债务关系。欧洲货币市场的主要业务是通过银行存款和贷款调剂资金供求。国际企业可以在欧洲货币市场上筹集大型工程项目所需的资金。

（五）国际经济组织

目前，世界上有许多国际组织，这些国际组织在解决不同主权国家之间的矛盾、避免冲突、寻求国际合作方面起到了重要作用。国际组织一般有三种类型：第一类是论坛型国际组织。这类国际组织一般是成员国之间讨论共同关心的问题的机构，不具有执行决议的权威性，如联合国的一般会议和安全理事会、石油输出国组织、国际清算银行、经济合作与发展组织等。第二类是独立权威型国际组织。这类国际组织一般是由多个国家组成的、独立的、具有权威性的管理机构，主要履行单个国家无法完成的职能，如国际货币基金组织、世界银行、美洲开发银行、亚洲开发银行、非洲开发银行等。第三类是多国联合型国际组织。这类国际组织是把成员国的部分政治、经济活动联合起来开展的组织，如欧盟、欧洲货币体系等。

在众多国际组织中，与经济活动有关的国际经济组织占绝大部分，这些国际经济组织对国际企业的经营环境有着重要影响。比如世界上的各类开发银行，包括世界银行集团（由国际复兴开发银行、国际开发协会和国际金融公司等构成）、美洲开发银行、亚洲开发银行、非洲开发银行等，它们向成员国各类企业、公司发放贷款和进行证券投资。一些金融机构如国际金融公司专门向发展中国家的私人企业投资或贷款，鼓励国际私人资本流向发展中国家。这些国际经济组织对国际企业开展对外直接投资和国际经营活动有着重要影响，构成了国际企业重要的经济环境。

第四节 国际法律环境

国际法律环境是制约和影响国际企业经营管理活动的又一重要因素。国际企业的经营管理活动不仅要受国际通行的法律和法规的制约，还要受各国法律和法规的影响，有时，还要受本国法律和法规对在海外投资和国际化经营的限制。国际法律环境包括诸多因素。中国加入世界贸易组织后，我国的国际企业还面临着世界贸易组织有关国际货物贸易、国际服务贸易和知识产权等方面的法律和法规的约束；而各国特有的法律和法规也可以包含在这几个大的类别中。

一、国际货物贸易

关税和配额是国际企业进入他国最主要的贸易障碍。多数国家为了保护本国的经济利益，会对他国的产品征收不同程度的关税或实行配额制。例如，在中国加入世界贸易组织之前，欧盟、阿根廷、墨西哥、捷克、土耳其等地区（国家）就对中国出口的工业品实行配额限制。

世界贸易组织致力于消除和减少关税及配额。中国入世后承诺5年内消除和削减关税，其他与中国有贸易关系的世界贸易组织成员方也将最晚在5年内取消对中国工业品的进口配额限制。然而，世界贸易组织并不能完全避免成员方利用关税和配额限制他国企业的国际经营活动。例如，竭力主张在全球推行自由贸易的美国，在其国内钢铁业陷入经营困境时，于2002年3月5日决定对10种进口钢铁产品实施为期3年的关税配额限制或征收高达8%～30%的关税。美国的这一决定自然遭到了欧盟以及韩国、中国、俄罗斯、日本和巴西等受害国的一致谴责和强烈反对。

除了关税和配额外，对在一定经济领域的海外投资及国际经营采用法律和法规的形式进行限制也是各国普遍采用的一种做法。有些国家会完全禁止外商进入某些特定的领域，或者只允许采用合资经营的方式进入某些经济领域。各国制定的相关法律和法规，如对外贸易法、海关法、进出口商品检验法、外资企业法、商标法、广告法、专利法、产品质量法、环保法等能够有效地约束和影响国际企业的经营管理活动。例如，法国规定外国公司出口到法国的所有产品都必须有法文标签、说明书和质量保证书等；欧盟对食品和药品进口有严格的规定，如中国出口到欧洲的茶叶正是因为受欧盟法律和法规的限制，即因其农药残存量不符合欧盟标准而在2024年一年内被4次警告的。

这里应当特别注意的是，许多国家特别是发达的工业国越来越多地采用提高产品质量标准等手段，来限制来自其他国家企业的经营活动，以防止它们可能对本国经济带来的消极影响。例如，中国出口到欧盟的酱油1998年为1.6万吨，产值800万美元。1999年，欧盟则以中国酱油中含有的可能致癌的三氯丙醇的量超过欧盟的标准为由全面禁止从中国进口酱油。2001年，美国加利福尼亚州法院引用食用水的重金属含量标准，判定中国117种中草药有毒，强令在这些中草药销售时贴上有毒标签作为警示，否则将课以高额罚款。此外，美国和当时的欧共体在肉类的健康标准上一直存在贸易争端。1988年，欧共体禁止使用荷尔蒙刺激生长的肉类进口，然而，美国4/5的牛肉是使用荷尔蒙刺激生长的。美方认为，这种关于健康标准的规定是没有根据的，科学上并没有证据证明使用荷尔蒙刺激生长的肉类对人体有害，事实上欧共体相关机构的检验也得出了同样的结论。政府对进口产品制定和实施技术的统一标准，提出健康和安全的最低标准的要求，以及制定保护环境的标准等，都是合理的和必要的。但是当前越来越多的国家将这些标准作为限制进口的措施和手段，使其变成贸易保护主义的工具。中国在与其他国家打交道的过程中，也应该合理运用这些手段以保护本国经济和人民生活不受损害。

在当代国际商务活动中，倾销与反倾销也成为国家间限制和制约国际经营活动的重要手段之一。一国为了迅速占领他国市场，会采用低于成本的价格进入他国市场，这种倾销式的国际经营方式理应受到反倾销制裁。但是国际上实施贸易保护主义、滥用反倾销工具限制他国国际企业经营的事件有增无减，这必须引起国际企业及母国政府的高度重视。中国是世界上滥用反倾销的严重受害者之一。据统计，1995—2023年这28年间，全球各国针对中国的反倾销调查共有1 614起，其中有298起来自印度。一些发达国家不承认中国是市场经济体系，它们以第三国生产产品的成本来衡量中国产品的生产成本，以达到运用反倾销工具制裁中国的目的。中国的企业应该按照世界贸易组织的规则积极进行反倾销应诉，最大限度地保护自己的利益；放弃应诉，只能使自己陷入困境，遭受巨大损失。例如，作为中国浓缩苹果汁最大的出口市场的美国，曾对包括中国在内的几个国家的浓缩苹果汁提出反倾销诉讼，计划对中国浓缩苹果汁征收91.84%的反倾销税。山东烟台北方安德利果汁股份有限公司联合了国内10家企业，聘请了有丰富反倾销办案经验的美国律师积极应诉，结果是应诉的11家中国企业的最高税率降到54.55%，平均税率为28.71%，安德利公司为零税率；而放弃应诉的另外30余家中国企业，只得忍痛退出了美国市场。

二、国际服务贸易

国际企业依靠资金、技术和信息上的巨大优势以及在全球范围内配置资源的能力，在服务贸易领域占据主导地位。目前，国际企业垄断了全球90%的国际技术贸易，与国际企业经营有关的知识产权交易额和国际性经营服务（包括教育、培训、金融、保险、通信、法律、数据处理、经营咨询、信息服务等）的出口额已占世界服务出口额的一半左右。

《服务贸易总协定》（GATS）是世界贸易组织除了《关税及贸易总协定》（GATT）外的又一个重要的法规文件。世界贸易组织的最惠国待遇原则和透明度原则反对成员国之间的歧视和差别对待政策，要求各成员国政府公开其服务贸易的法律和法规，逐步开放服务贸易业。服务贸易包括法律、会计、税收、电信、保险、银行与金融、零售、旅游、运输、医疗、教育、房地产、管理咨询、维修、租赁、视听、环境、设计和计算机服务等众多领域。

近几年，在全球经济不景气的大背景下，国际企业开始了新一轮全球产业布局的调整。伴随着制造业的国际转移，服务业向新兴市场国家转移的趋势也渐趋明显，成为新的发展热点。这一热潮涉及软件、电信、金融服务、管理咨询等多个行业，转移的工作岗位动辄成千上万，业务金额数以亿美元计。微软、英特尔、思科、IBM、通用电气等大型国际企业都是这一国际服务业转移潮流的发起者和主体。从具体的表现形式看，服务业国际转移主要有以下三种方式：

（一）项目外包

项目外包的核心理念是"做你做得最好的，其余的让别人去做"。为进一步提高效率、降低成本，国际企业或是将一些原属于企业内部的职能部门转移出去成为独立的经营单位，或是取消使用原来由企业内部提供的资源或服务，转而使用由企业外部更专业化的单位提供的资源或服务，在国际服务贸易领域表现为企业把非核心辅助性业务委托给国外其他公司。目前，项目外包已经广泛应用于产品制造、IT服务、人力资源管理、金融、保险、会计服务、法律服务等多个领域。近年来，伴随着经济全球化的深入发展，国际项目外包市场迅速扩张，已由单个项目发展成为一个规模巨大的市场。

（二）国际企业业务离岸化

近年来，国际企业相继把一部分服务业务，如电话客户服务、金融保险、人力资源管理、后勤保障、IT服务等，转移到成本相对低廉、人员素质相对较高的国家和地区。例如，作为《财富》全球500强企业之一的跨国公司，埃森哲是全球领先的企业绩效提升专家，凭借丰富的行业经验、广泛的全球资源和在本土市场的成功实践，埃森哲帮助客户明确战略，优化流程，集成系统，引进创新，提高整体竞争优势。2006—2010 年，埃森哲的业务迅速增长，包括美国、欧洲、亚太地区都在增长，所以公司在布拉格、马尼拉、孟买等地建设共享中心支持各大洲的业务。这一阶段，埃森哲建立了成形化、持久化的财务运营模式，共享中心以更优化的成本支持业务在全球的快速扩张。

（三）服务业外商直接投资

当前，对外直接投资成为拓展服务贸易的最理想形式。由于服务的无形性和不可储存性，将国际上的消费者定位服务转为消费国内部的生产者定位服务，有利于服务提供者批量生产，降低成本和价格，取得规模效益。一些与国际企业有战略合作关系的服务企业，为给国际企业在新兴市场国家开展业务提供配套服务而将服务业进行国际转移，或者是服务企业为了开拓东道国市场和开展国际服务贸易而进行服务业国际转移。世界银行的统计数据表明，在多数工业化国家，服务业的外国直接投资占这些国家外国直接投资存量的一半以上。20 世纪 70 年代初，服务业只占全球外商直接投资总量的 1/4，1990 年这一比重达到 50.1%，此后一直保持在一半以上的份额。

然而，各国对服务贸易领域的国际经营通常都有很多限制，特别是对一国经济和国家安全有重要意义的服务行业。即使是发达的工业国，在一些服务领域目前也只是做到了有限的开放。例如，在教育服务方面，目前 166 个世界贸易组织成员中只有 40多个国家（地区）同意开放教育市场，而且其中 30 多个国家（地区），如西欧、加拿大、日本、美国等发达国家（地区），只是在成人教育与技术培训等领域开放了它们的教育市场。中国在加入世界贸易组织前对外资进入银行、保险、电信、医疗等服务行业有严格的限制；加入世界贸易组织后，这些行业虽然会逐步开放，但在一些重要的服务贸易领域采取的也是有限的开放政策。国际企业在进入他国服务行业时，必须弄清相关的法律和法规以及该领域的开放程度。

三、知识产权

《与贸易有关的知识产权协定》是世界贸易组织的三大法律文件之一，在乌拉圭回合中首次被加入 GATT-WTO 体系中。这表明知识产权已经成为制约和影响国际商务活动的重要法律环境因素之一。

知识产权包括版权、商标权和专利等。它对国际企业的经营主要有两方面的影响：一方面，它会对国际企业到缺乏知识产权法律保护的国家或行业投资和设厂产生影响；另一方面，违反知识产权法律规定的国际企业会受到相关国家的制裁。例如，2023 年 9 月，国家海外知识产权纠纷应对指导中心宁波分中心在海外商标风险监测中发现，印度尼西亚有一家企业在本国已经申请了与宁波某化妆品包装用品有限公司高度相似的商标。中心工作人员第一时间将信息告知宁波该企业。该企业得知消息后，快速组织公司市场部调研，同时宁波分中心工作人员也进一步对商标注册档案深挖查询。最终发现，已申请类似商标的持有人，是这家宁波企业在印度尼西亚的经销合作商。

2023年11月，经过深入、细致的沟通与协商，印度尼西亚合作商同意将商标权转让给宁波企业。该企业根据中心提供的建议，迅速启动办理了商标转让手续，确保了整个过程的合法性和有效性。该企业对有效文件进行了公证，并向印度尼西亚知识产权局提交了商标转让手续。

当今时代，保护知识产权已成为各国政府的普遍共识。作为无形资产，知识产权是公司经营活动的主要资源，是公司市场竞争力的表现。保护公司的知识产权就是保护公司的经营资源和竞争力。但在不同国家，知识产权保护法的内容却有很大的不同。在实施判例法的国家，知识产权所有者是通过"使用"界定的；而在实施成文法的国家，知识产权所有者则是通过"注册"确定的。例如，麦当劳的商标就曾经被日本一家公司抢先在日本注册，虽然麦当劳公司认为这是一种"侵权"行为，但根据日本的法律，这却属于合法行为。麦当劳为重新夺回其商标在日本的使用权，花费了大量金钱用于打官司，最后经日本最高法院判决，麦当劳用钱从日本公司"买"回了自己的商标。表2-3罗列了一些国家专利法的主要特征。

表2-3 一些国家专利法的主要特征

国家	专利法内容
日本	提倡技术共享，专利申请公开，专利申请人以"注册者"界定，专利4~6年内正式批准，专利有效期20年
美国	保护个体发明者，专利申请人以"发明者"界定，专利申请保密，专利申请最长24个月批准，实用专利有效期17年，设计专利有效期14年
德国	专利申请人以"注册者"界定，专利有效期10年
沙特阿拉伯	只有本国公司才被接受专利注册，专利所有人以"注册者"界定
印度	专利有效期14年，禁止申请食品和药品专利，专利申请人以"注册者"界定
澳大利亚	专利所有人以"发明者"界定
巴西	专利所有人以"注册者"界定，发明专利有效期15年，工业设计专利有效期10年

拓展阅读2-1

2023年12月19日，据中国侨网援引泰国头条新闻消息，泰国多家媒体报道，泰国皇家50R集团（50R Group）向法院正式提交诉讼材料，要求法庭判决中国瑞幸咖啡赔偿其经济损失100亿泰铢（约合人民币20.46亿元），法院对此已立案受理。

根据报道，泰国皇家50R集团在提交给法院的文件中表示，其在2020年就已经向泰国商务部合法注册了瑞幸商标，一切都依照泰国法律规则和程序办理，并获准使用该商标经营销售茶和咖啡等饮料的咖啡店业务。但后来中国瑞幸咖啡却向泰国中央知识产权和国际贸易法院提出了违反事实真相的诉讼，指控50R集团恶意注册商标，对此初级法庭判决被告败诉。但50R集团认为判决不公，向法庭提交了反驳材料，且已在2023年12月1日获得胜诉。

泰国皇家50R集团的控告书还表示，之前在法庭还没做最终判决时，中国瑞幸就已多次强迫原告停止使用该商标，并且多次强制扣押对方的财产，造成其受到严重的经济损失。50R集团还为打官司花费了大量费用，对此，要求法庭判决中国瑞幸咖啡给予其总计100亿泰铢的赔偿。

资料显示，泰国皇家50R集团主要从事零售、新能源、旅游业、房地产、餐饮业等业务，其下属子公司泰国瑞幸咖啡有限公司拥有的瑞幸品牌商标在泰国合法注册，现已在泰国发展经营了十几家瑞幸咖啡店。

值得一提的是，2022年8月，瑞幸咖啡曾发布声明称："泰假"！瑞幸咖啡没有在泰国开店。在泰国的瑞幸门店是仿冒门店。

中国瑞幸咖啡门店数量领先，成为其他品牌发展的榜样

瑞幸咖啡是中国本土连锁现磨咖啡品牌龙头，是中国唯一的万店咖啡品牌。瑞幸咖啡成立于2017年，仅用不到两年就完成了品牌创立到纳斯达克上市，成为全球最快的IPO公司。但2020年2月，浑水发布瑞幸咖啡做空报告，指责瑞幸财务造假。同年4月，瑞幸承认财务造假。此后，瑞幸咖啡经历了多轮改革与调整，2022年，大钲资本成为公司控股股东，瑞幸顺利完成债务重组，经营数据稳步向上。2023年6月，瑞幸的连锁门店数量破万。

瑞幸在咖啡行业的竞争优势主要体现在规模端、产品端和营销端。规模方面，瑞幸有着先发优势，实现了对优势点位的早期占领。极海品牌监测数据显示，咖啡连锁品牌的门店总数方面，瑞幸咖啡以12 153家门店遥遥领先，是唯一的万店品牌，除星巴克咖啡、库迪咖啡、幸运咖之外，其他咖啡品牌门店数量均未超过1 000家。

总的来看，在全球经济一体化环境下，企业面对的国内外市场竞争更趋激烈，没有知识产权，企业寸步难行。因此，保护知识产权成为企业发展的关键。泰国瑞幸向中国瑞幸索赔20多亿元的案例再次提醒我们，企业在海外市场务必加强对知识产权的保护，以避免类似纠纷的发生。只有在知识产权得到有效保护的前提下，企业才能在全球竞争中立于不败之地。

资料来源 佚名．盗版太猖狂！泰国瑞幸向中国瑞幸索赔20亿，法院竟判了「附中国知识产权服务行业市场分析」[EB/OL]．[2023-12-20]．https://baijiahao.baidu.com/s?id=1785763268704351096&wfr=spider&for=pc.有删减．

第五节 国际技术环境

人类自从进入蒸汽时代以来，就无时无刻不感受到技术革命带来的冲击，尤其是当代技术革命给人们的思想观念、生存条件、工作方式等带来了难以预料的变化。在当代纷繁复杂的技术革命中，技术发展呈现出如下几个特点：

一、技术思想科学化

首先，技术思想是以科学为先导的，现代科学构成了现代技术的知识基础，现代技术的发展过程是以基础科学发展的自然规律为指导，经过技术科学探索得到某种类别的技术规律和技术理论，进而在工程科学指导下创造出的全新的、特定的技术实体。可见，现代技术是知识密集型技术，不再是由经验寻找途径。其次，技术与科学相互渗透、同化，现代技术的发展在很大程度上以科学发展为前提，科学走在技术的前面，成为起先导作用的力量。最后，科学方法向技术化发展，科学研究形成了一套系统方法、控制论方法及信息论等科学方法，它们指导、规范着技术革命及其发展。

二、技术构成复合化

现代技术是对多种科学知识的综合利用，是多种技术渗透、交叉、综合的多元复合体。科技的发展决定了社会需求的多元化，反过来，社会需求的多元化、复杂化又推动着技术的多元发展。当今时代，任何一门独立的科学和技术都难以满足社会的多元化需求，只有多种科学知识和技术相互依存、相互交叉联系而组成一个技术体系，才能满足社会需求。20世纪40年代以来出现的高度综合性的技术，如计算机技术、加速器技术、原子能技术、空间技术、遗传工程技术等都是横跨多种学科和综合多种不同类型技术的高技术。比如，复印机上的静电复印技术，就应用了半导体光电技术、电磁感应技术、光学技术、传感器技术、微电子技术、自动控制技术、塑料加工技术、机械加工技术、计算机技术等多种技术的知识。

三、技术变革加速化

技术革命加速化是现代技术发展的量的特征。它表现为重大技术变革的频率不断提高，技术从发明到应用的周期大大缩短，同类技术更新换代的速度大大加快。比如，1946年研制出的第一台计算机，到现在已经更新到第4代，速度提高了上万倍；同时，价格却大幅下降，特别是微机中核心芯片CPU基本上每隔18个月就更新一次，使得同类微机产品从20世纪80年代初的8088发展到现在的酷睿Ultra系列，中间升级换代20余次。

技术日新月异的变化是当代国际环境发展的重要特征之一。技术的变化不仅影响着企业的决策与经营，也改变着企业的管理理念与方法。新技术的出现能使一个行业或一个企业的传统优势地位发生变化；技术的变化能够改变企业的生产方式、组织形式以及沟通方式，从而使企业更新管理观念，采用新的管理方法。在国际竞争中，许多国家与企业把技术作为获得和保持竞争优势最重要的途径。它们凭借技术优势，一方面加快对国内市场的开拓，另一方面努力将这种技术优势国际化，以保持自己在国际竞争中的优势地位。为了尽可能地保持和延续这种优势竞争地位，它们往往采取技术垄断或其他各种技术保护性措施。

四、技术革新的竞争日趋激烈

美国在科技方面居于世界领先地位，近20年来，美国最早发展PC网络系统及互联网技术，从而促进了美国新经济的发展。欧洲、日本也不甘落后，如日本将力量集中于发展数字化家用电器及多媒体PC上，以提供给家庭市场；欧洲各国也投入巨额资金发展信息产业及新技术，从而使技术革新形成激烈竞争的格局。

国际技术环境是企业所面临的对国际化经营产生影响和制约作用的各种技术因素的总和。技术与企业的产品设计、生产制造、销售密切相关，技术的发展对国际企业来说，既是机遇又是挑战。技术环境包括一个国家或地区的基础技术环境和应用技术环境。前者涉及技术的开发和研究环境，后者为技术的应用环境。国际企业在重视新技术的研究与开发的同时，在国际化经营中还特别强调应用技术的开发或获取，重视技术的商业化问题。

国际企业获取应用技术的主要方式：一是本土开发。国际企业充分利用本国现有人力资源、实验设备和资金以及成熟的市场等方面的优势开发应用技术；在掌握了新的应用技术后，将其推广到国外的分支机构，实现技术优势的国际化。二是在国外建立研究所和实验室，以便利用当地的资源优势，降低开发成本，更好地把技术开发与满足国际化需求结合起来。三是引进技术和实行技术转让，以便能够较快地提高产品性能、劳动生产率和产品的竞争力，在更大程度上发挥所拥有的技术的作用，回收技术开发费用。

国际企业在评估国际技术环境时，一是要评估自己的技术，二是要评估竞争对手的技术，三是要预测技术发展的趋势。对国际技术环境的预测可以采用定性预测法（如专家预测法、德尔菲法）和定量预测法（如时序预测法和因果预测法等）。

同步案例2-1　　字节跳动加速 TikTok 员工海外迁移，全球布局加速

近期，一则关于字节跳动加速将TikTok员工迁至海外的消息引发了业界的广泛关注。据多位字节跳动员工透露，自2023年11月起，TikTok在国内的前后端开发、数据、算法等岗位的员工陆续接到转岗至海外工作的通知。这一战略调整不仅体现了字节跳动在全球扩张的雄心，也反映了中国互联网企业出海的新趋势。

对于这一人事调整，TikTok员工面临的选择是接受转岗至海外，享受比国内多一倍左右的薪资包和两年租房补贴；或者留在国内。随着TikTok业务在国内工作岗位的大幅缩减，未来的职业发展前景不明朗。这一策略既体现了字节跳动对海外市场的重视，也显示了其在国内市场调整战略的决心。

字节跳动作为全球知名的互联网企业，其旗下产品TikTok已成为全球最受欢迎的短视频平台之一。此次将员工迁至海外，无疑是为了更好地服务全球用户，提升平台的国际化水平。同时，这也意味着中国互联网企业正逐步从国内市场向海外市场拓展，积极参与全球竞争。

天眼查数据显示，字节跳动在全球范围内拥有数家子公司，涉及广告、人工智能、娱乐等多个领域。其在海外市场的拓展早已开始，并取得了显著成果。随着此次TikTok员工海外迁移计划的实施，字节跳动在全球的影响力将进一步提升。

对那些选择留在国内的员工来说，他们面对的挑战也是显而易见的。随着TikTok在国内市场的战略调整，他们需要重新思考自己的职业规划和发展路径。而对整个互联网行业而言，这也意味着未来的竞争将更加激烈和多元化。

总之，字节跳动加速将TikTok员工迁至海外，既体现了其全球化的战略视野，也反映了中国互联网企业出海的新趋势。这一变革将对员工个人、企业乃至整个行业产生深远影响。随着中国互联网企业的全球化步伐加快，未来我们有望看到更多具有国际竞争力的中国互联网企业崛起。

资料来源　佚名．字节跳动加速TikTok员工海外迁移，全球布局加速［EB/OL］．［2024-01-21］．https://www.sohu.com/a/753372800_120639872.

讨论问题：

（1）字节跳动目前所面临的外部环境是怎样的？

（2）字节跳动海外布局的原因有哪些？

本章小结

国际企业的经营环境，是指存在于国际企业经营过程中的不可控制的因素和力量，这些因素和力量是影响企业国际商务活动及其目标实现的外部条件。从地域空间来看，国际经营环境由母国环境、东道国环境和国际环境三部分组成。从内容构成来看，国际经营环境可分为五个类别，即政治环境、经济环境、法律环境、文化环境和技术环境。

国际企业的经营环境具有客观性、差异性、相关性和不确定性四个特征。

企业跨国经营比仅在一个国家经营要复杂得多，如何科学地进行分析、决策取得经营上的成功，是从事国际性经营的管理人员必须随时考虑的问题。

国际政治环境是国际企业在不同国家开展经营活动所面对的社会制度、政治体制、经济政策等方面影响因素的总和。从某种程度上说，政治环境是国际企业面对的最重要的环境。政治环境主要包括社会制度、执政党的性质和整个社会的民族政治倾向三个因素，对国际企业的经营有较大的影响。

政治环境直接作用于国际企业包括两个方面：一是政治风险，二是政府干预。因此，国际企业在进入国际市场前，必须对东道国的政治情况和政策进行深入的了解，并采取相应措施，尽量减少政治风险，适应东道国政府的干预措施。

国际经济环境可以从国家经济环境和世界经济环境两个方面进行分析。国家经济环境的构成因素众多、内容复杂，如东道国的经济发展水平、资源状况和金融环境等；世界经济环境包括世界货币制度、外汇市场、国际金融市场、欧洲市场、多国组织等，这是国际企业在任何国家开展对外直接投资活动时都必须考虑的经济因素。

国际法律环境主要包括国际货物贸易、国际服务贸易和知识产权三方面的法律和法规。

国际技术环境包括一个国家或地区的基础技术环境和应用技术环境。国际企业重视新技术的研究与开发的同时，在国际化经营中还特别强调应用技术的开发或获取，以及技术的商业化问题。

复习思考题

1.简述国际经营环境的基本内容和特征。

2.为什么在国际化经营过程中，对企业经营环境的分析是一项十分重要的管理工作？

3.什么是政治风险和政府干预？东道国政府干预的类型有哪些？

4.试分析国家经济环境对国际企业经营的影响。

5.试分析国际货物贸易法律、法规对国际企业经营的影响。

6.国际技术环境的构成因素有哪些？如何评估国际技术环境？

第三章

国际企业的跨文化管理

■ 学习目标

[知识目标]

1. 了解文化与管理的关系；

2. 掌握人际环境与文化环境；

3. 了解国际企业文化管理；

4. 了解文化差异与跨国经营管理；

5. 了解国际企业的冲突与整合。

[能力目标]

1. 理解文化的含义及文化对管理的影响；

2. 理解人际环境与文化环境的构成要素；

3. 了解企业文化的内涵及功能；

4. 了解适应文化与跨文化管理的主要内容。

[素养目标]

掌握国际企业文化整合、国际企业文化管理的策略、国际企业文化冲突的主要表现形式等内容，引导学生树立跨文化沟通意识，坚定文化自信，传播并推动中华优秀传统文化。

■ 引导案例

林肯电气公司国际扩张的惨痛教训

唐纳德曾经是林肯电气公司的董事，该公司是一家主要的弧焊产品制造商。他第一次听说这家公司是在1992年7月1日，就在当天短短的24分钟之内，林肯电气公司就在欧洲蒙受了巨大的经济损失，这意味着公司可能无法发放美国员工期待已久的年终奖了。由于奖金制度是生产上取得成功的关键环节和有效保障，而且奖金大概占了美国员工年薪的一半，因此，与公司在欧洲仅仅是一次让人泄气的表现相比，不能如期发放奖金才是其更大的威胁。自从林肯电气公司成立75周年以来，这似乎预示着其要被迫发布巨额亏损报警信息了。

林肯电气公司的总部在美国俄亥俄州克利夫兰市，20世纪80年代，该公司大肆扩张，花了3.25亿美元用于收购国外公司。在唐纳德看来，既不了解所收购的国外公司的企业文化，也不了解这些公司所在地的文化，是造成公司这次重大经济损失的关键所在。

第一个问题是，公司没有认识到，奖金制度不能激励欧洲的员工，因为他们很反感为了自己的年终奖去和同事竞争，他们的工资数目是由工会领导和雇用他们的公司协商决定的。所以，他们不会认同多劳多得、少劳少得的收入分配制度。

第二个问题是，林肯电气公司了解到，非欧洲国家生产的产品不能轻易打入欧洲市场，因为欧洲人的文化传统是青睐欧洲本土生产的产品。

第三个问题是，最近收购的欧洲公司的管理层只愿意和总公司的高层人士接触，而不屑于和从俄亥俄州调去的、比自己职位低的人员沟通。这类有关地位尊卑的问题主要出现在德国，因其文化中等级观念很深。

第四个问题是，在德国、法国和其他欧洲国家，通常在夏季都有一个月的假期，所以在那段时间生产会慢下来，但是，俄亥俄州并不习惯这样。

第五个问题是，林肯电气公司的董事会里没有一个人有国际管理的经验或者在国外生活的经历，公司的首席执行官竟然连护照都没有！一次，当他需要紧急前往欧洲时才发现了这个问题。公司上下惊恐不已，大家忙成一团，赶紧替他办理护照。唐纳德最后终于明白了，不进军欧洲市场是不可能使公司重新振作起来的，他立即着手处理这些问题，并带动其他管理者一起学习关于欧洲文化的一些知识。

林肯电气公司的美国籍员工在全面了解了公司在欧洲面临的经济困境之后，纷纷联合起来，帮助公司渡过难关。他们的努力没有白费，公司终于转危为安；同时，公司的董事会和各位董事也都得到一次惨痛的教训，那就是：要在海外谋求发展，就必须首先了解当地的文化。

资料来源　瓦尔纳，比默. 跨文化沟通［M］. 高增安，马永红，孔令翠，译. 3版. 北京：机械工业出版社，2006：10.

从引导案例可以看出，当企业进行跨国经营时，所面对的是与母国文化完全不同的文化，以及在很大程度上由这种文化差异所决定的跨国经营环境。因此，跨国经营要取得成功，不仅要求国际企业拥有先进的技术和较强的经营管理能力，还必须克服由不同国家、不同地区、不同企业的文化差异所带来的消极影响，消除文化方面的障碍，实施有效的跨文化管理。

传统上，学者和执业者们都假定管理具有普遍性。有一种趋势，即把在本国行之有效的管理概念和方法移植到其他国家和文化中去。但是，现在我们都知道，对实践活动和跨文化的研究表明：这种管理具有普遍适用性的假定，至少在跨文化范围内是不成立的。尽管经济的无国界化和跨国公司采取全球一体化战略的趋势促进了这种具有普遍性、适用性的方法的应用，但是来自跨文化研究的专家的证据充分表明，对美国和其他与其文化相似的国家来说，管理普遍性的假定是成立的，但对其他文化环境中的组织和雇员来说，这种普遍性一般来说是不奏效的。

企业文化的提法源于日本经济发展奇迹引发的美日比较管理学研究的热潮。第二次世界大战后，日本从美国引进先进的管理方法，在20世纪60年代实现了经济起飞，70年代在经历两次石油危机后再创经济高速增长的奇迹，进入80年代后大有取代美国成为经济霸主的趋势。面对日本快速发展的经济奇迹，学者们掀起了一股美日比较管理学的研究热潮。在这一研究过程中，学者们不可避免地对企业文化进行了探讨。之后，企业文化管理逐渐成为企业管理中的一个重要问题。而对跨国经营的国际企业而言，不同国度、不同民族的文化差异与协调，更是企业管理中的重要内容。

第一节 文化与管理

一、文化的含义

"文化"是一个应用范围极广、使用频率极高的词，而对文化的定义可谓仁者见仁，智者见智。粗略地看，文化可以被定义为"由人类创造的，经过历史检验沉淀下来的物质和精神财富"。它应该具有以下四个特点：首先，文化是一个群体共享的东西；其次，这些东西可以是客观显性的，也可以是主观隐性的；再次，客观显性的文化和主观隐性的文化同时对生活在该群体中的人产生各方面的影响；最后，文化代代相传，虽然会随着时代而改变，但速度极其缓慢。

在讨论文化时，我们常常用比喻使文化的抽象定义形象化。一个比喻是将文化比成洋葱，有层次之分。这个文化洋葱只有三层：表层、中层和核心层。首先，洋葱的表层——表层文化通过外在物品表现，是文化的物质形态，是我们平时能观察到的东西，如反映文化的各种建筑物、服饰、生活用品以及语言、艺术品、电影、绘画等。其次，洋葱的中层——中层文化。其实，任何表层文化都会折射出一个社会更深的理念，都是社会价值观的直观体现。所谓社会价值观，是指人们共同的对周围客观事物（包括人、事、物）的意义、重要性的总的评价和基本看法。这涉及人们的宗教信仰、道德、风俗习惯、法律等意识形态的东西，它隐藏于人们的意识之中，尽管看不见也摸不着，但却无时无刻不在影响着人们的行为方式。最后，洋葱的核心层——核心文化。核心文化是一个社会共同的关于人为什么存在的假设，它触及该社会中最根深蒂固、不容置疑的东西，如人与生俱来的权利、人存在的价值以及个人与他人的关系等。对于涉及一个社会核心文化理念的问题，生活在该文化氛围中的人往往很少关注它，他们视其为理所应当的，但这类问题却很难被生活在另一个社会中的人完全理解。当一个价值理念问题需要追溯几代以上的历史方能解释清楚的时候，就说明该理念触及了一个社会的核心文化。

综上所述，文化的洋葱比喻事实上将文化分为三层，这三层之间又有着不可分割的联系：核心层文化驱动、影响中间层文化，中间层文化驱动、影响表层文化。我们平时能观察到的通常都是表层文化，理解中间层文化与核心层文化才是跨文化研究的目的。

二、文化对管理的影响

由于世界上文化的类别各不相同，因而，理解文化对人类行为的影响，对国际管理研究至关重要。如果国际管理者对其要打交道的国家的文化一无所知，结果将是灾难性的。文化能影响技术转移、管理者的态度及其思维方式，也能影响企业与政府之间的关系。或许，最为重要的是，文化能够影响人们的思维和行为。

总体而言，文化对国际管理的影响主要反映在人们的基本信仰和行为方面。在一个社会中，文化对管理方式的直接影响如下：

（1）集中决策与分散决策。在一个社会中，所有重要的决策可能都由高层领导人作出；而在另一个社会，这类决策可能被分散在整个企业中，中层和基层管理者都能够积极参与到决策活动中，并能够作出一些重要的决定。

（2）安全与风险。在一个社会中，组织决策者可能厌恶风险，难以应对不确定的环境；而在另一个社会，组织决策者则鼓励冒险，在不确定的环境下决策也十分常见。

（3）个人回报与团队回报。在一个社会中，奖金、佣金等形式的回报主要给予那些作出杰出贡献的个人；而在另一个社会，文化的规范则要求团队回报，不赞成个人的回报。

（4）正式程序与非正式程序。在一个社会中，许多工作都是通过非正式的方式完成的；而在另一个社会，可能要严格遵守正式的工作程序。

（5）较高的组织忠诚度与较低的组织忠诚度。在一个社会中，雇员可以依据其所属的组织或雇主加以区分；而在另一个社会，雇员主要依据其职业类别来区分，如工程师、机械师。

（6）合作与竞争。某一社会鼓励人与人之间的合作，而另一个社会则更多地鼓励竞争。

（7）短期视野与长期视野。在一个社会中，更强调短期视野，如利润和效率的短期目标；而在另一个社会，则更注重长期目标，如市场份额和技术发展。

（8）稳定与创新。在一个社会中，可能注重稳定，反对变革；而在另一个社会，则更强调创新和变革。

这些文化差异会影响到国际管理的具体方法。

延伸阅读3-1　　　　　　　　　　　　　　**日本的商业习俗**

在日本做生意，如果要取得尽可能好的效果，外国商人就应该遵守某些习惯。专家们总结归纳了如下指导原则：

（1）对生意上的相关个人和公司要尽量安排正式的介绍。这些介绍应该由与介绍对象的职位相当或者更高的人来作出，要让主人选择讨论的主题，要避免讨论的一个主题是第二次世界大战。

（2）如果不能肯定，可以让翻译跟着你。例如，大阪一个价值70亿美元的国际机场项目的负责人就讲述了一个关于美国建筑公司主席的故事，这个公司主席在发现日方项目负责人不会讲英语后变得愤愤不平。出于同样的原因，你不能带律师随行，因为这意味着不信任。

（3）尽量将商业关系彻底私人化。日本人信任那些与他们交往的人，他们喜好的不仅仅是知道生意方面的事，还喜欢接受其他邀请。不过，一个嬉戏耍闹作乐的晚上倒也不一定能够在第二天签订对你有利的合同。

（4）在其他人面前，不能传递坏消息，如果可能，最好自行处理这类问题；不能让日本经理丢脸，不能让他们处于失败的境地，也不能让他们谈其在专业上了解不多的事。

（5）做生意的过程与结果同等重要。例如，有的时候，对传统的关心比对利润的关心更重要；不要单单诉诸逻辑，因为在日本，感情的考虑时常重于事实。

（6）日本人经常以模棱两可的方式表达自己，与此相对照的是，美国人通常采用明确的语言。一个表达太明确的日本人可能要冒被理解为不尊重上司的风险。日本人会尽量避免单独行动，他们喜欢基于集体讨论和先例的决策。日本人在公开场合不会说"不"，这一特征常常给外国商人留下一个错误的印象。

资料来源　霍杰茨，卢森斯. 国际管理——文化、战略与行为［M］. 赵曙明，程德俊，译. 5版. 北京：中国人民大学出版社，2006：144-145.

第二节　人际环境与文化环境

心理学家库尔特·卢因曾用公式对人类的行为进行了定义：

$$B = f(P, E)$$

其中，B表示行为；P表示个人，特指人的内在因素；E表示环境，主要指外界环境（自然、社会）的影响。

显然，上面简单的函数形式把人的行为描述成个人与环境综合作用所产生的结果。

因而，要准确地把握人群的差异，必须认真研究对人们行为产生重大影响的人的差异、人所生活的社会环境和文化环境。

这些差异，有些是易被察觉和发现的（诸如人外形上的差别），有些却是难以把握和度量的（诸如人们依照传统的习惯、按照熟悉的方式处理问题）。国际企业的经营管理人员希望生活在其他文化环境中的人们与自己一样，能按自己的方式处理问题，也希望他人工作的责任和权利与自己社会中的情况一样，但这些想法往往会落空或遭遇失败。

一、人际环境与文化环境的边际确定

精准和严格地确定人际环境和文化环境的边界是一项十分困难的工作，因为这两种环境在从一种形态转化为另一种形态时是一个渐进的、从量变到质变的过程，很难用什么方法来予以确定。但对国际商务活动来讲，用国家的疆界来大致确定人际环境和文化环境的边界是可行的，因为政治制度可用国家的边界大致明确，有关商务活动的法律差异也可由边界予以确定。当然，这种划分只是一种粗略的划分，而且这种划分并不意味着一个国家的每一个人的习惯和文化传统都是一个完全的整体。很明显，在当今世界上，有些国家中的这种差异非常大，因为这里存在着不同的民族、信仰、文化和生活习惯，而一种文化的价值观和准则往往是社会中若干因素逐渐演化的产物。这些因素包括一个国家所提倡的经济哲学体系、现行的社会结构以及占主导地位的宗教和语言（如图3-1所示）。其中，哲学体系对社会的价值观念有着十分明显的影响。例如，同属于中国文化的大陆、台湾地区和香港地区，几十年来受不同"政体"的影响，不仅在生活习惯上有所差异，甚至在语言词汇的选择上也有明显的差别。而且，这种影响是双向的，即社会结构和宗教因素会影响人们的社会价值观与准则，而社会价值观与准则也会影响社会结构和宗教。因此，在不同的国家和地区也就必然存在不同的市场、不同的商业机会；同时，也对国际企业的经营理念和方式提出了不同的要求。

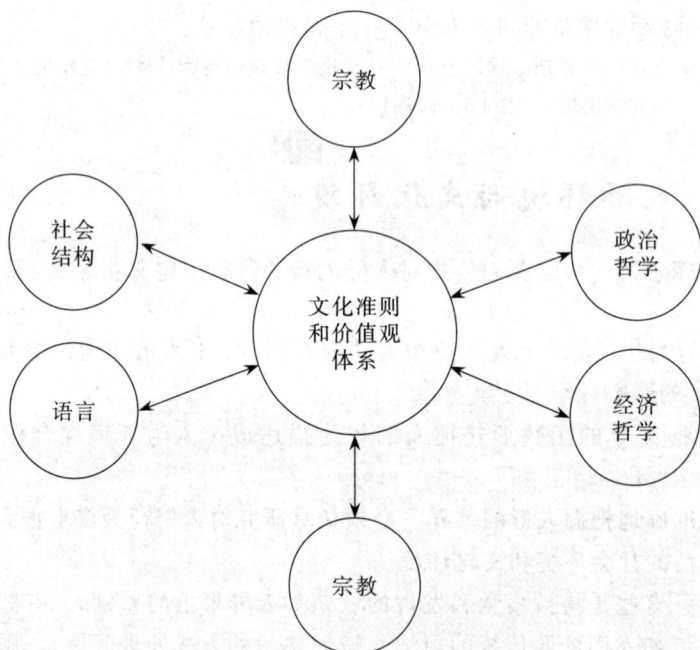

图3-1 文化决定的因素

除了国家的政体以外，对人们的行为产生重大影响的还有由职业、年龄、宗教和居住区域等差异所构成的人们的群体。在这些群体中，人们行为的相同或不同，往往超越了国界所确定的人们行为的差异。例如，生活在城区的人们的生活习惯与生活在乡村的人们的生活习惯的差别，就可能超过简单地用国界划分的两国之间生活习惯的差别；某一宗教派别的信仰和生活习惯也可能超越国与国之间人们的差异。

二、人际环境与文化环境的要素分析

人的行为是由其生存环境中的各种因素综合作用而确定的，事实表明，要全面、详尽地研究对人的行为产生影响的所有因素是异常困难的，因此，只能对那些对国际商务经营活动产生主要影响的因素进行研究与分析。当今世界上的人们在生产、生活中都是以一定的群体形式出现的，都在生产、生活过程中形成了一定的生产关系；以价值观、利益观和基本态度以及人们的生活方式为内涵的文化，也在确定文化环境对人类行为的影响方面显示了其重要作用。为此，在这一节，我们将按照有形特性（Physical Attributes）、行为特性（Behavioral Attributes）来研究对人的行为产生重大影响的人际环境和文化环境的要素。

（一）有形特性

有形的差异对商务活动具有直接的重大影响。比如，机器的尺寸、重量以及广告方式的选择就会受到有形差异的影响。人的身高就是人们在具体的数据之间最为明显的有形差异，而各民族之间容貌的差异也十分明显，这对广告中模特的选择以及背景都提出了严格的要求。比如，美国有一家生产牛仔服装的企业，由于在日本市场的销售中忽视了日本人身高的问题，服装的尺码不符合日本人的身材，造成了产品的滞销。

人与人之间的有形差异主要受到遗传基因的影响，它一般比较稳定，在人们的传宗接代中保持着其民族和种族的特征。移民和各国人民之间的通婚会改变这种差异。另外，人类生活环境的变化对人外形的变化也会产生影响。

（二）行为特性

不同的价值观、不同的态度以及不同的利益观构成了不同的文化，也因此产生了文化的差异。但人们也常常发现，虽然许多人都在谈论文化的差异，但却很难用数字模型来描述这种差异对经济或商务活动的影响。调查这种方式虽然可以很好地反映当时的状况，但这种状况往往是一些政治和经济因素短期影响的结果，而不能反映那些可能对商务活动产生长期影响的价值观和利益观。人们已经认识到，通过对人们行为差异的分析，可以发现其价值、态度、利益的区别。资料显示，在对"当你和你的母亲、妻子、孩子同坐在一条正在下沉的船上，你的母亲、妻子和孩子都不会游泳，而你只能拯救其中一人时，你会救哪一个人"这个问题的调查中，60%的美国人回答救孩子，40%的美国人选择救妻子，而无一人回答救母亲，而亚洲人大都选择救母亲。当然，这不是一个有关经营管理的问题，但这个结果明显地揭示了不同民族形成的不同价值观念会对一个问题的解决方案、确定组织目标的次序产生不同的影响。这种文化差异要求企业的经营管理人员必须了解不同文化中存在的差异以及差异可能产生的作用。

对文化差异的研究大致有两种方法：一种方法是依靠研究人类文化的学者去发现和探讨各民族之间的差异，另一种方法是通过各国样本之间的差异进行比较研究。下面所列举的各种行为特性，都是用后一种方法进行比较和研究的，这是一种近年来受到推崇且容易在商业活动中采用的方法。

1. 群体

一般来讲，每个国家的人都在一定的群体中工作，而且每个人还可能属于不同的群体。在这些群体中，有先天性的群体，包括性别、家庭、年龄、民族、种族及初始国籍等群体；也有后天性的群体，主要不是生而具有的，如宗教、政党、职业和其他群体。在这里，我们重点介绍和分析各个国家都存在的、对国际企业经营活动有着重大影响的因性别、年龄和家庭的不同而构成的群体。

（1）性别群体。在对待男人和女人的态度上，各个国家存在着明显的差别。在一些信奉伊斯兰教的国家，学校分成男女学校，仅有10%的妇女参加工作；妇女禁止驾驶小汽车，在乘坐出租汽车时也必须有男性陪同；在工作地点，必须用挡板将男性和女性工作人员分开。在沙特阿拉伯的小学里，男性与女性的比例约为1.5：1；在大学里，男性与女性的比例超过了2：1。从全世界的范围看，男女之间的差别在各个国家都存在，但国与国之间的情况相差很大。例如，在37个非洲国家的制造业中，妇女就业人员仅占5%，但在西非的内陆国家马里，这一比例却高达70%；在中美洲的萨尔瓦多，企业的管理岗位大约有25%被妇女占据，但在秘鲁和委内瑞拉，妇女在管理岗位上的比例却低于10%。当然，随着社会的进步，这种差异有缩小的趋势。

（2）年龄群体。世界上的各个国家在对待年龄问题上也有许多不同。在不少国家的文化习俗中，往往把年龄与智慧联系在一起，并以此建立了有利于年长者的工作和晋升制度。但在美国（中国也是如此），在20世纪80年代，一般把退休年龄规定为60岁或65岁，这就有利于年轻人的提拔和晋升。

（3）家庭群体。家庭在当今世界上的不少国家仍然起着十分重要的作用，在有些国家，个人在社会上的地位和身份依然由其家庭而不是由他们的成就所决定。在某些国家，家庭观念十分强烈，以至于他们仅在家庭的范围内合作经营，而限制外来人士的进入。例如，在印度，迄今仍保持着严格的社会等级制度。

与地位、身份紧密相联的家庭体系的存在增加了外国企业录用员工的风险。这种无形的文化传统虽然没有限制个人在职业上的流动，也不存在法律形式上的对录用员工的障碍，但它却在社会上发挥着重要作用。一部分工人、客户、当地的股东或者政府机构可能会抵制一些群体参与某些工作，这些会给企业的经营带来困难。

阶层体系在一些国家的某些群体中也是难以逾越的障碍。在非洲的许多国家，只有在原始社会才会存在的部落依然发挥着十分重要的作用，在部落地区招募工人，就必须与部落的首领谈判，并得到他们的许可。

2. 对工作重要性的认识

人们参加工作的原因是多样的，不过从根本上讲，人们工作的基本需要是为了维持生计（如获取工资以换取食品、衣服、住房等）。但用什么来解释人们超出其生活需要的工作呢？这就需要用人们生活的文化及经济环境的相互作用来解释了。不同的工作动机有助于理解和解释不同的管理风格、产品需求甚至经济发展水平。

（1）对成功和奖励的看法。影响工作态度的一个因素是对成功和奖励的看法。一般来讲，若成功或者失败是确定的，也就是获得成功过于容易或过于困难，人们的努力就会十分有限。例如，对于同一个工作，在不同的国家获得成功和对成功的奖励的可能性是不同的。在工作成功和得到奖励的可能性都很小的管理体系中，人们的工作积极性可能很低；但在工作成功和得到奖励的可能性都很大的管理体系中，即成功的可能性和成功后的奖励很高，也会使人们在工作中失去积极性。例如，在斯堪的纳维亚半岛的一些国家中，考虑到有些人收入很高以及要为低收入者重新分配收入的问题，其所得税税率很高，且不论人们怎样努力工作，奖励都有趋同的趋势，这样人们工作的积极性就受到了影响。因而，在成功的不确定性较高，且对成功的奖励也十分明确的国家和地区，人们才会有较高的工作积极性。

（2）工作习惯。一些人在拥有较为优渥的生活后还继续勤奋工作的另一种解释是工作习惯。对拉丁美洲一些发展较快的国家的调查结果显示，一些西班牙人及其后裔长期努力创业，且不直接雇用当地人，是经济发展迅速极为重要的原因。这些西班牙人及其后裔发扬了努力工作的美德，并成为这些国家工商业界的领袖，从而加速了这些国家的发展。中国人勤劳勇敢、勤俭持家的美德也使大批华侨在世界许多国家和地区生存下来，在为当地经济发展作出重要贡献的同时，也成为掌握当地经济命脉的商人。华人在世界各国和地区取得骄人成绩的事实连英国前首相也由衷地称赞：华人天生就会做生意。这一现象也有助于国际企业的管理人员理解，为什么一些国家的工人会比另一些国家的工人更为勤奋地工作，如何确定公司人员工作时间和休假时间的长短这样一类问题。

（3）对事业成功的追逐。追逐事业成功的人是指为取得事业或职业的成功而努力工作，但不大关注平稳的社会关系的一种人。追逐事业成功者的身上往往有以下工作特点：第一，在解决问题时敢于承担个人责任；第二，设置恰当且可能存在一定风险的成就目标；第三，希望工作完成后得到具体的反馈意见。不同国家的管理人员在事业或职业成功的兴趣上存在着巨大的差别，这有助于解释为什么国际企业在"是否愿意聘用经营所在国的管理人员"问题上存在明显差异。例如，没有追逐事业成功品质的采购人员宁愿与供应商保持良好和持续的关系，也不愿意向供应商提出降低成本和加快供货的要求。在一些国家，企业聘用的经营所在国的管理人员不支持企业把增长和效率放在第一位的想法，而把就业和社会福利放在企业工作的第一位。

（4）需求层次。美国的心理学家马斯洛提出了"需求层次理论"。他认为，人的基本需求有五个层次，即生理需求、安全需求、友爱与归属的需求、受尊重的需求及自我实现的需求。依照马斯洛的看法，需求之间的关系表现为：第一，五种需求像阶梯一样从低向高排列；第二，低层次的需求满足了，就会向高层次的需求发展，越到高的需求层次，其被满足的百分比就越小；第三，在同一时期内，虽然可能存在多种需求，但总有一种需求占支配地位；第四，某种需求一旦满足，它就不会再成为激励的力量。对国际企业来讲，马斯洛的需求层次理论有助于解释不同国家的工资报酬问题。在一些贫穷的国家，企业的绝大多数工人可能仅希望企业解决他们的温饱问题；而在一些较富裕的国家，工人们的需求会使其在报酬方面提出更高的要求。较有说服力的是美国一家跨国公司在其15个企业所在国中进行了总数达11.6万份的问卷调查，结果发现，荷兰以及斯堪的纳维亚半岛的国家的雇员把需求的重点放在社会需求上，而美国的雇员却把需求的重点放在自我实现的需求上。这种需求上的差别要求该跨国公司在荷兰和斯堪的纳维亚半岛的国家的企业中多采用群体决策的方法，而在美国的企业中则应选用个人工作环境优化的方法，从而更有效地激发雇员的积极性。

3.职业的重要

在每一个社会中，职业总是与经济地位、政治地位、名声、威望相联系的。虽然从总体上讲，社会中职业排列的顺序大致相同，但在不同国家，区别依然存在。例如，在美国，工资上的差别体现为物理学家在职业的排序先于大学教授；而在日本，排列的顺序恰恰相反。这是由于日本人认为教育十分重要，而且十分推崇工作环境。在许多发展中国家，受过高等教育的人不愿从事体力劳动，这种状况会使国际企业在招收合格的工人方面遇到麻烦，也会给企业的员工培训增加难度。

国际上在职业方面的另一个差异体现在对工作单位领导人的选择上。调查显示，比利时人和法国人都想尽可能地到由他们本国人负责的单位去工作。人类学方面的研究也表明，比利时人和法国人与其他国家的人相比，把在单位中个人的独立自主性看得十分重要。

4.自我把握命运的态度

自我把握命运的态度是指人们在工作和生活中对自我是否能把握命运的一种基本看法。这种看法往往会影响人们的工作积极性和努力奋斗的决心及勇气。这一基本的态度会对以下管理工作产生影响：

（1）上下级关系。不同的国家之间在管理过程中是依靠权威决策还是依靠民主决策，存在着极大的差别。在澳大利亚、以色列、新西兰以及斯堪的纳维亚半岛的国家中，上层领导人在决策前喜欢与下层人员商议；而在马来西亚、墨西哥、巴拿马、危地马拉以及委内瑞拉这些国家，都推崇权威人士的独自决策。人们发现，各个国家自身的管理风格和方式以及政治体制对本国各种组织的管理风格和方式的影响极大。

（2）信任。信任是难以度量的，但各种研究成果已表明，各国之间人们相互信任的程度存在着差别。信任程度越高，人们与他人建立友善关系的能力和要求也就越高，在企业中管理人员和下属也就愿意共同参与决策。在某些民族中，人们相互信任的程度很高，他们可以在经营问题上很快地达成一致；而相互信任程度很低的民族，会在经营决策上花费很长的时间，而且常常难以作出正确的决定。

（3）相信命运的程度。如果一个人拥有较强的自我把控能力，他必定愿意通过自己的努力工作去取得成绩，也能严格地进行自我反省。若一个人对宿命论深信不疑，就可能不能正确地认识自己，甚至不能正确地判别因果关系。在这个问题上，宗教起到了重要的作用。例如，一些宗教信仰者往往把所有事情都看成"上帝的意志"，这种心理状态往往会使人认为无须依照计划工作，甚至对可能出现的重大问题也置之不理。研究结果表明，在对待命运的问题上，各国之间存在着差异，在管理人员中也有不同的看法。

（4）个人与群体。在个人与群体的关系、个人的作用与群体的作用方面，人们也存在不同的看法。在许多西方国家，人人信奉"个人至上"的哲学，追求个人的价值实现。但在有些国家，如日本，往往强调集体的作用，而不愿突出个人的作用。家庭在社会中也是一个较为特殊的群体，从世界范围看，家庭构成存在着很大的差别。在发达国家，家庭一般由丈夫、妻子和孩子组成；而在另一些国家，家庭的结构十分复杂，纵向几代人同居一堂，横向还包括叔叔、伯伯、舅舅、姨妈等。这种群体结构对企业的经营活动有很大的影响。比如，对家庭一个成员的奖励会由于众多人的分享而失去了它的激励作用，购买行为也会由于众说纷纭而显得十分复杂。

5.沟通

沟通是信息从发送者到接收者的传递过程。沟通存在许多方式，为保持组织的高效运作，管理人员要特别注意沟通方式的选择。正如管理学中的理论已强调的，沟通方式选择的基本原理会受到管理风格和工作环境的影响。

（1）语言。语言问题是国际商务活动中的一个特殊问题。由于每一种语言都十分复杂，而且与其环境紧密相联，因而把一种语言翻译成另一种语言十分困难。如"夏天"这个词，在北半球往往代表6—8月；而在热带地区，它往往表示这一地区的旱季。受环境的影响，甚至在同一种语言中也可能出现混淆。例如，在美式英语中出现的 Wheat（小麦）、Corn（玉米）、Undergraduate Student（大学生），在英式英语中往往被 Corn、Maize、Graduate Student 代替（在美国，Graduate Student 表示研究生）。此外，世界上的许多国家还存在多种语言，即官方语言和地方语或土语，这也给国际企业的经营带来了麻烦。随着国际交往的加深，语言之间的相互渗透现象也常常出现，如大约有2万个英语单词已在日语中出现，英语中的 Jean（牛仔裤）也在俄语中出现；1986年，法国正式在法语中增添了600个英语单词。近年来，在我国出现的"的士""汉堡包""酷""秀"也是这种趋势的例证。表3-1反映了世界上语种使用的基本状况，从中可以看出，汉语和英语是当今世界使用人数最多的语言，但英语是世界上最为流行和国际性最强的语言。

表3-1　　　　　　　　　　　世界各语种使用的基本状况

语言	作为第一语言使用的比例（%）	语言	作为第一语言使用的比例（%）
汉语	20.0	日语	2.0
英语	6.0	阿拉伯语	2.0
印地语	4.5	法语	1.5
俄语	4.5	德语	1.5
西班牙语	3.0	其他	53.0
葡萄牙语	2.0		

（2）无声语言。不是所有的联系、交往都用正规语言，暗示也是一种可以交流感情的方式，且在管理活动中受到人们广泛的注意。这种暗示也被称为"无声的语言"。例如，颜色在不同的文化中有不同的意义，黑色在西方往往与死亡相联系，而白色在远东地区、紫色在拉丁美洲也有同样的含义。因而，为了经营的顺利，正确地利用广告、选择颜色是非常重要的。此外，谈话的距离也具有无声语言的作用。如在美国，有关商务谈话的距离一般应在5~8英尺的范围内，为个人私事进行谈话的距离应在1.8~3英尺的范围内。若不适度地靠得太近，往往会引起对方的不快。对与人们地位相联系的"暗示"的理解则更为困难。例如，办公室的大小、摆设、办公桌的尺寸以及地毯的状况往往是一些商人特别注意的地方，因为在这些人看来，这些都体现了对方对自己地位的评价与尊重程度。

（3）传输与评价。人们对暗示的领悟也存在差别，人们往往用自己的感觉（看、听、闻及尝等）来确定自己对暗示的理解，但对暗示的理解往往受到生理、文化等因素的影响。例如，由遗传因素所决定的不同颜色的眼球，对颜色的反应就有差异。一个民族的文化中有关颜色词汇的分类越细，人们对颜色的理解和表述也就越准确。

此外，理想主义和实用主义在对待和评价信息上也存在很大的差别。在理想主义占统治地位的社会中，人们往往喜欢解决大的问题，采取大的、有震撼力的行动；而在实用主义占上风的社会中，人们往往注意小的问题，并希望精确地计量所获。这两种不同的处理问题的方法，在企业员工的理想和对企业的要求上会有所反映。

6.道德与礼仪

由于受文化传统、宗教信仰、法律法规等因素的影响，各国在商务活动中的道德和礼仪标准也不尽一致。道德标准往往体现在商务活动中的男女交往和以男女活动为背景的广告中。如在一些国家中，男女之间的握手也被看成邪恶与罪过，广告中男女的衣着、声调和动作在不同的国家也有严格的标准。赠送礼品在许多国家被认为是一种行贿的方式，尤其是对政府官员的馈赠更为敏感；但在远东地区的一些国家里，交往中赠送礼品被看成谈判前的重要工作，甚至从礼品价值的大小上可以判断出对方对谈判的重视程度和兴趣的大小。

第三节　国际企业文化管理概述

企业跨国经营要面对不同的文化环境，因此必须用跨文化的观点去看待其所处的环境，这是经营成功的条件之一。文化的不同直接影响着企业的管理方式。在特定文化环境中行之有效的管理方法应用在另一种文化环境中，可能会产生截然相反的结果。

同步案例3-1　　　　　　　　　　　一次失败的交易

当瑞士的跨国大型综合企业Kiel AG公司发现坐落在佐治亚州的爱德华工程有限

公司（EEI）要出售时，Kiel公司的管理层觉得他们在美国已经找到了值得收购的合适的公司。美国东南部的建筑业空前繁荣，Kiel公司将它看成一个战略机遇。此外，爱德华工程有限公司是一家成功的公司，该公司的创建者汤姆·爱德华临近退休，所以愿意卖掉公司。

Kiel公司的最初报价接近询价，并且这项收购的前景看起来很乐观，甚至Kiel公司的总裁Herbert Kiel亲自来到美国进行谈判。然而，经过4天的艰难谈判，Kiel公司的谈判小组返回了瑞士，谈判终止了。

这是怎么回事呢？爱德华在谈判中采用了典型的美国方式——坦率和友好，他急切地想要将企业卖掉，坦率地陈述了企业的优势和劣势。他尽一切可能为收购公司提供所需要的信息，并调整自己的建议书以适应Kiel公司的要求。但是，美国人的谈判风格失效了。

爱德华的行为令瑞士人难以理解，这些瑞士人以一种正规的、慎重的方式进行谈判，所以他们将爱德华的坦率视为危险的和难以信赖的。他们的对应行动是要求审查资料，并雇用了一家美国会计公司来审查爱德华工程有限公司的账本。另一方面，爱德华则认为瑞士人的审查行为是带有侮辱性的和耗费时间的，Kiel公司的谈判人员总是对他保持礼貌却对其建议无动于衷，这使得爱德华十分恼火。最终，双方的谈判方式都出乎对方的意料，使得彼此的猜疑不断加深，结果一笔本来很好的交易以失败而告终了。

与此相似，当李·艾柯卡经营福特汽车公司的时候，福特公司曾试图购买法拉利公司。福特公司的高层行政人员亲自去见恩佐·法拉利，恩佐·法拉利了解到福特公司打算收购其创立的公司，这样福特就可以在美国使用"法拉利"这个商标，之后谈判以成功达成口头协议告一段落。不久，福特公司派遣一名律师到意大利去签合同，以使双方达成的交易正式化。然而，恩佐·法拉利对福特公司的这种做法非常失望，因为他希望双方达成的是一种"绅士般"的协议，而不是通过律师出面达成协议。不出所料，交易最终无果而终。

资料来源 Cullen，Parboteeah. 国际企业管理战略要径［M］. 孔雁，译. 3版. 北京：清华大学出版社，2007：525-526.

国际谈判是进行跨国和跨文化交易的重要一环，然而，就像在上述案例中所见到的一样，如果没有成功的谈判以及与之相伴随的跨文化交际，就很少会有成功的商务交易。事实上，不同的价值取向，使不同文化背景中的人采取不同的行为方式，甚至会产生文化摩擦。因此，国际企业必须针对跨文化管理进行研究和探讨。

一、企业文化的内涵及功能

企业文化是指在一定的历史条件下，企业及其员工在生产经营变革的实践中，逐渐形成的共同思想、作风、价值观念和行为准则，是一种具有企业个性的行为方式。它包括价值观、道德、习惯、规章制度、精神风貌等，而价值观处于核心地位。企业文化的结构可分为三个层次：物质文化层次、制度文化层次和精神文化层次。

"文化是经济"这句话高度概括了具有经济文化性质的企业文化的功能。企业文化能促进企业良好形象的树立、员工潜能的发挥，对提高企业的经济效益和推动社会进步起着积极主动的作用。企业文化在企业管理方面可以发挥自控功能、协调功能、激励功能、凝聚功能和辐射功能。

（1）自控功能。它主要分为外部控制与内部自我控制。前者指通过行政、法律、经济、规章制度等手段进行控制，多带有强制性。比如，利用上下级关系、奖惩制度、签订合同、明确权利义务关系来确定企业员工的行为规范。后者指在潜移默化中使员工接受共同的价值观念，把他们引导到企业确定的目标上去，并转化为他们的自觉行为。

（2）协调功能。它主要是指企业文化在具有不同的技能、知识，从事着不同种类的工作，带着不同的个人动机和需求的众多员工中起着沟通、协调的作用。融洽的企业文化氛围，便于管理人员和一般员工加强联系、传递信息、沟通感情。

（3）激励功能。企业文化能通过其自发向上的价值观的熏陶和良好的文化氛围的引导，使企业的目标和宗旨被确立并具体化。在共同的目标和先进人物的示范作用下，全体员工的责任感进一步加强。

（4）凝聚功能。优秀的企业文化必然是一种黏合剂，必然能在思想上、精神上增强企业的凝聚力，把各方面的成员团结起来。没有优秀的企业文化，一个企业就像一盘散沙，无法发挥其应有的作用。

（5）辐射功能。企业文化不仅在本企业中发挥着极其重要的作用，还会引起其他企业的效仿。

二、国际企业文化的内涵、框架和内容

（一）国际企业文化的内涵

国际企业文化是一个众说纷纭的问题，其定义也是多种多样的。有人将国际企业文化归结为"国际企业行为规范的总和"，有人则认为它是"国际企业管理的价值观念"，还有人将国际企业文化与管理哲学等同起来，指出："国际企业文化是国际企业管理理论与实践的最高概括"。但是，无论学者们对国际企业文化所下的定义有多么大的差异，有一点是共同的：国际企业文化对国际企业行为有着重大的影响与约束，国际企业行为所呈现出的活力、生机、进步等均是国际企业文化的客观塑造。

国际企业文化的内涵有两个基点：其一，国际企业文化不是一个纯粹的"社会性"概念，而更多地体现出"经济性"。它与"民族文化""社区文化"等有着明显的区别。其二，国际企业文化不仅包括社会传统观念的沉淀，而且更多的是现代观念的积聚。所以，国际企业文化带有鲜明的现代工业烙印。依据以上分析，对国际企业文化可以作这样的理论概括：所谓国际企业文化，是指受民族文化、社区文化等文化系统及政治、经济、法律、教育、自然地理等诸多因素的影响，在国际企业经营过程中呈现出的员工群体的心理水平状态与管理行为习惯的总和。

（二）国际企业文化的框架

国际企业文化的框架由三部分构成：第一部分，表明国际企业文化的历史起点，民族文化与社区文化在一定历史条件下作用于国际企业。这种作用过程是潜在的，是非自觉意识的。民族文化与社区文化奠定了国际企业文化的基本特征。第二部分，政治制度、经济结构、法律、文化等决定性因素逐步改变了传统文化的某些特征；同时，又创造出了新的文化内容。第三部分，受上述两部分的影响，国际企业文化最终形成。这里，国际企业文化作为内化结构，是指国际企业员工的心理状态，如领导者心理、被管理者心理、员工价值取向以及对竞争、营利、分红、技术引进等观念的基本看法；国际企业文化作为外化结构，是指管理行为习惯，如企业组织结构、形式的设立，管理、指挥、组织、经营的风格，群体的人际关系，企业进取性，公共关系，等等。

国际企业文化概念的内涵、框架及各因素间的逻辑关系如图3-2所示。

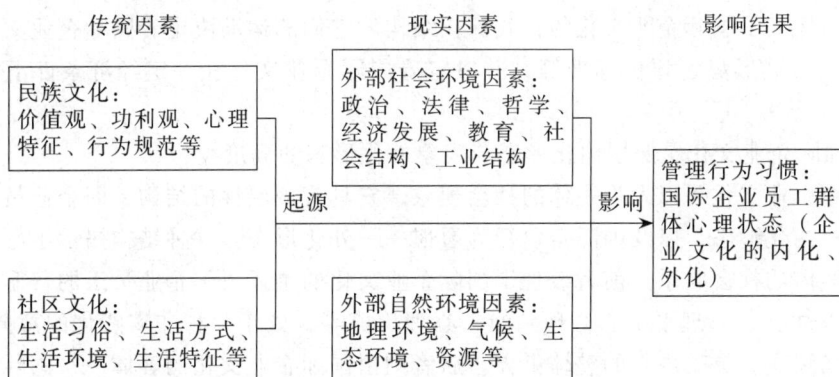

图3-2　国际企业文化的内涵、框架及各因素间的逻辑关系

（三）国际企业文化的内容

从实质上讲，国际企业文化是民族文化和社区文化在国际企业经营过程中的部分呈现。这种呈现不是机械的复制，而是各种现实活动的文化再创造与进步。它一方面是国际企业行为的产物，另一方面又制约着国际企业未来的行为。国际企业文化包括以下三方面的内容：

1.国际企业文化是国际企业行为的逻辑起点

国际企业文化强调企业行为的起点是文化，是以传统文化的历史积淀对企业行为的潜意识影响为主要特征的。随着国际企业实体的出现，国际企业文化才由国际企业员工的心理特征逐步转化为国际企业管理行为的习惯。因此，国际企业行为的逻辑起点并非国际企业实体的最形成的，而是国际企业文化的塑造。国际企业文化以一种观念的、心理的作用形式，影响、制约着国际企业行为的能动性。有的管理学者将国际企业文化与管理哲学并列、等同起来，并不过分。

2.国际企业文化是国际企业全部行为的综合反映

国际企业文化绝非一个封闭的系统，它既受到传统文化的影响，又更多地在自身的活动中创造出各种崭新的文化形式与内容。国际企业文化绝不是一种凝固的传统文化，而是积极活动、不断进步着的。国际企业文化是由观念要素、心理要素、意识要素、价值要素、习惯要素、行为要素等构成的。尽管这些要素具有一定的稳定性，但随着国际企业的发展，必将淘汰和否定部分国际企业文化的内容，并要求各要素自我扩展，以适应国际企业管理水平提高的需要。

国际企业在已有的"文化堆积层"上继续进行文化积累，开拓新文化，为国际企业的经营变革提供良好的文化环境。因此，国际企业文化必然具有自我扩展和自我深化的系统特征。这种系统由表现国际企业文化的横向网络与纵向层次所构成。横向网络是国际企业文化在其横向面或广延性的领域里所表现出来的构成诸要素的具体化与更新化过程。它决定了国际企业文化的基本内容和表现形式。纵向层次是国际企业文化一个由里及表、由低级到高级的层次性结构。

国际企业文化是通过三个层次实现的：心理层次、制度层次、行为层次。这三个层次共同构成了国际企业文化的自我深化结构。它们的运动决定着国际企业文化的历史内容、发展形势、评价标准等，并决定着国际企业文化在一定经济条件下的现实性质。

3.国际企业文化是深层内化形态与表象外化形态的高度统一

国际企业文化是以人为主体的社会现象，它具有表层性的结构，即企业员工心理状态——内化形态，以及国际企业行为习惯——外化形态。这种结构揭示了心理主体与行为客体的社会联系。前者表现了国际企业文化的主体——企业员工的普遍心理特征、心理冲突、心理平衡、心理判断、心理价值等，处于一种非实践化的意向状态，体现了国际企业员工内心的整体世界。后者则由国际企业文化的客体——国际企业的各种行为习惯构成，是国际企业员工心理状态的表象化与外在化。外化形态体现了国际企业员工与国际企业经营管理间的关系，如国际企业中人与人之间的关系、人与社会团体之间的关系、人与相关企业之间的关系、人与自然的关系，以及人与社会政治、经济、哲学、法律、教育等方面的关系。因此，在分析国际企业文化时，我们既要重视国际企业内一定群体的心理水平，又要注重研究国际企业的行为模式，两者缺一不可。

三、国际企业文化的基本特征

概括地讲，国际企业文化具有以下几个基本特征：

（一）民族性

民族性是国际企业文化的首要特征。在世界文化体系中，每个民族都有自己独特的进化途径与文化个性，在不同的社会经济环境中形成了特定的民族心理、风俗习惯、宗教信仰、道德风尚、伦理意识、价值观念、行为准则、生活方式等。它们的总和就表现为国际企业文化的民族性特征，反映在国际企业行为上，则形成了国际企业行为的特定模式。在同一民族的国际企业中，国际企业文化表现出了极大的相似性。事实上，世界上并没有单一的国际企业文化。属于各个民族的国际企业文化都有自己的本源，都有自己的独特性和稳定性。尽管它们有时会交叉、融合，但其本源却极少出现合并的现象，从而使各个民族的国际企业文化呈现出丰富多彩的文化景观。

（二）传统性

传统性是国际企业文化中属于历史的、过去的、稳定长存的、流传至今并仍在起作用的文化特性。传统性是在历史过程中形成的，具有异常的稳定性与顽强的延续力。国际企业文化是国际企业管理行为的观念性凝聚与反映。它的形成一般要经过较长的历史时期，但一经形成，就对国际企业在一定历史阶段内的经营方式和管理行为起着维系与巩固的作用。国际企业文化的传统性储存于国际企业员工群体的心理结构之内，体现在国际企业管理行为的日常活动中，对国际企业行为起着控制与调节的作用，以使从历史层面承袭下来的国际企业行为规范和管理方式不至于改变。

企业文化的传统性有积极和消极两方面的作用。当国际企业文化面临历史性变革之际，历史遗留下来的部分经营观念、意识、行为习惯等往往会成为维护旧的企业文化体系、阻碍国际企业文化进步的强有力因素。这就不可避免地导致国际企业文化的进步要求与陈旧的经营观念等的激烈冲突。此时，只有剔除、否定落后的经营观念，打破带有消极内容的国际企业文化的束缚，才能使国际企业文化产生飞跃性的进步。

（三）渗透性

国际企业文化的发展，既是一个普遍性的进化过程，又是各国国际企业文化特殊性的相互渗透过程。从后者来说，世界上任何一种国际企业文化一旦成形，就具有自己的稳定个性，其文化基因就会随着国际企业文化的发展得以遗传并向四周渗透。在经济全球化的今天，各国企业在心理、精神、物质、技术、文化、自然地域上的距离相对缩小了，而各国国际企业文化的活动范围却扩大了，文化"触角"延伸了，各国企业文化相互影响、互相渗透的速度加快了。因此，各国企业文化独立发展的状况有了极大的改观，并开始形成一个世界性的国际企业文化系统。各国在这个系统中占有一定的位置，具有各自的特色，但它们之间必然出现交叉、互融的现象。这种彼此间的渗透、交流，会促使各国国际企业在互相影响下扩展、演变自己的文化，并呈现出新的面貌。

（四）地域性

受地理因素的影响，国际企业文化不仅在不同国家间表现出极大的差异，而且在一个国家内部不同地区间也显示出一定的差别。事实上，国际企业文化的地域性更多的是由社区文化造成的。社区文化是在一定的自然区域或行政区域内，居民群体所表现出来的共同心理特征与行为方式。人们往往有着相同的生活方式、生活环境、生活习俗、群体性格等。社区文化对国际企业文化的制约与影响表现为国际企业文化的地域性。总之，处于不同地域的国际企业，总是具有或多或少的文化差异。

（五）变革性

国际企业文化是个历史范畴，它的定形与变迁取决于广泛意义上的社会经济条件。近年来，国际企业文化的相对隔阂状态被国际性的经济、技术交往所打破。各国企业管理理论的相互借鉴、交流与实践活动，迫使各国国际企业对自己的企业文化进行反思，试图在世界性的文化融汇中建立起现代的国际企业文化体系，用进步的企业文化影响、推动企业管理水平的提高。尽管国际企业文化具有强大的凝固性与稳定性，支持着其内部的统一、组合，强化着其结构，但随着国际企业外部各种影响因素的变化，各种国际企业文化的相互作用与渗透，形形色色的社会心理、观念、意识起伏跌宕的嬗变、衍化，国际企业文化必然在剔除传统国际企业文化中不适应已经变化了的企业环境的内容的同时，被注入新的生机，创造出新的内容。经过不断地选择、淘汰、组合、进出、变革，国际企业文化才得以保持自身的生命力。

（六）潜意识性

国际企业文化是一种对传统企业文化的历史积淀的不自觉的反映。它作为一种文化作用系统，既包含能动的理性要素，又包含被动的感情直觉要素，且以非理性要素为主。这种作用系统并不是作为一项明确的原则从国际企业外部规范人们的管理行为，而是一种处在混沌状态中的不确定、不定形的潜意识，在不知不觉中支配着企业中群体的行为，尤其是其中某些已定形的心理素质、行为习惯等具有更强的稳定性。即使国际企业环境发生了巨大变化，它们也不会因此而骤变，而是仍然通过种种途径，在适当的条件下以潜移默化的方式，在不同程度上影响企业员工群体心理及企业管理行为的发展。

（七）落差性

衡量国际企业文化优劣的主要标志有两点：一是看企业员工群体的积极性是否被充分调动起来；二是看它对企业生产效率的提高有无一定的推动作用。在漫长的经济发展过程中，各国经济、政治、教育、哲学、技术、管理等发展的不平衡，必然导致国际企业文化发展的差异性。从文化发展的历史截面上看，这种国际企业文化体系之间发展水平的先进与落后，即国际企业文化的"落差性"，决定了国际企业文化间的相互影响与促进。这里要说明的是，国际企业文化的落差性仅仅是针对国际企业文化的整体而言的，并非针对局部。

四、影响国际企业管理活动的文化价值观

荷兰著名的管理学家、心理学家 G.霍夫斯泰德（G.Hofstede）教授认为，文化是在同一环境中的人们所具有的共同的心理程序。因此，文化不是一种个体特征，而是具有相同生活经验、受过相同教育的许多人所共有的心理程序。不同的群体、不同国家或地区的人，其共有的心理程序之所以会有差异，是因为他们接受不同的教育，有不同的生活和工作，从而也就有了不同的思维方式。经过大量的问卷调查，霍夫斯泰德认为，对管理活动和管理模式有影响的文化价值观主要包括五个方面：①个人主义与集体主义；②权力距离；③不确定性规避；④价值观念的男性度与女性度；⑤长期取向与短期取向。由于霍夫斯泰德考虑了文化价值如何与组织和工作相联系，因此，管理人员和管理研究者们发现，其文化价值观的五个方面非常有用。

（一）个人主义与集体主义

个人主义与集体主义（Individualism vs.Collectivism）衡量社会中个人与群体之间的关系。个人主义程度高的国家通常遵循如下准则：个人对自己负责，个人成就就是

理想，人们不必动情地依靠组织和群体；而集体主义程度高的国家遵循的准则是：个人的身份以全体成员间的关系为基础，集体决策是最好的，群体保护个人来换取个人对群体的忠诚。

（二）权力距离

权力距离（Power Distance）衡量对人与人之间平等的期望，考虑的主要是文化如何解决不平等问题。它侧重于上司决定下属行为程度的准则，认为上司与下属在本质上具有不同的价值观和信念。权力距离大的国家认为，不平等从根本上讲是好的，权力者被授予特权，大多数人应依赖一位领导。

（三）不确定性规避

不确定性规避（Uncertainty Avoidance）衡量对不同的危险事物的典型反应。不确定性规避与其有关容忍含糊的准则、价值观和信念有关。高不确定性规避文化寻求建立命令与可预期性基础之上的社会制度，其中规章制度占主导地位。在这种文化中，风险会使人紧张和不安，因此，人们力图避免诸如变换工作这样的行为。高不确定性规避的文化认为：不能容忍不正常的人和思想；法律非常重要，应被遵守；专家和权威通常是正确的；统一思想是重要的。

（四）价值观念的男性度与女性度

价值观念的男性度与女性度（Masculinity vs.Femininity）衡量对性别角色的期望。对男人和女人，不同的文化期望源于所处的社会。在不同的文化环境中，男人和女人接受不同的社会化方式，并扮演不同的角色。男性化程度高的社会具有如下特征：男人是专断的，占支配地位；男性主义或夸大男权是好事；人们特别是男人，应该是决策性的；工作优先于其他职责，如家庭。

（五）长期取向与短期取向

长期取向与短期取向衡量对时间的基本取向。具有长期取向文化的国家有如下观念：储蓄应该丰裕，节俭是重要的，愿意为将来投资；接受缓慢的结果；重实效的传统和准则，以适应现代关系。

利用霍夫斯泰德的研究成果，可以对多个国家的文化价值观进行比较研究。表3-2列出了几个具有代表性的国家按霍夫斯泰德五个衡量标准的百分数大小排列的数据。表中数值是相对数，数值高，说明该国在所衡量的标准方面程度较高。例如，中国有很高的长期取向、较低的个人主义（即高集体主义）等。通过这种分析，可以很直观地反映出国家之间的文化特征与差异。

表3-2   一些国家按霍夫斯泰德文化指标的排序

国家	个人主义	权力距离	不确定性规避	男性度	长期取向
中国	15	80	40	55	100
美国	91	40	46	62	29
日本	46	54	92	95	80
英国	89	35	35	66	25

资料来源 作者根据相关资料整理.

第四节　文化差异与跨国经营管理

一、文化差异

文化差异主要指不同国家或地区在语言、宗教、价值观念、教育以及社会风俗习惯等方面的差异。不同的国家、地区和民族有不同的文化。要想理解其他国家的文化，必须对它与母国的文化差异进行分析，重视文化分析者成功，忽视文化分析者失败。日本企业获得成功，带动国家经济腾飞的最大因素是日本企业努力理解各国文化，理解各国顾客的需求。针对美国企业外派的许多管理人员不能顺利完成海外任期而提前回国的现象，一位美国专家告诫说："国外经营的成败，取决于国际企业管理人员对文化基本差异的认识和理解，取决于他们是否愿意把美国文化观念当作超重的行李一样留在美国境内。"下面对典型的东西方文化进行比较分析。

（一）东西方文化差异

以美国为代表的西方国家，经过近两百年的快速发展，经济、科技高度发达。由此，很多人认为西方文化优于东方文化。但日本、原亚洲四小龙的崛起以及中国这十几年的经济高速发展，都证明了以儒家伦理为核心价值观的东方文化也能创造奇迹。所以，东西方文化各有特色、各有所长。当前，对以中国、日本为代表的东方文化和以美国、欧洲为代表的西方文化的比较已经有了许多理论积累，从中可以看出东西方的文化区别主要在于：

1.务虚与务实

如前面提到的东西方在语言上的不同反映了人们思维模式的不同。名字、日期、地址等写法体现了东方人的逻辑思维，即从大到小、从整体到局部，而西方人正好相反。整体思维的优点是先抓住全局。彼得·圣吉在其巨著《第五项修炼》中指出了西方自工业革命以来讲究劳动分工导致的分割性、局部性思维的坏处，即"只见树木，不见森林"，只关注一个系统的局部，只为了部门利益而造成很大的内耗。而中国式的系统性、整体性思维，使人能看到构成系统的诸要素间的联系以及整体的变化态势，从而能有效地掌握变化，开创新局面。中国式的整体性思维方式反映到具体的工作方法与习惯上，就是"先务虚、再务实"；而西方则更重视务实。

西方人认为中国人重人情味，强调关系，讲面子，处事暧昧，而中国人认为西方人务实、直率，但不近人情。中国人重"礼"，礼是人际交往中既定的秩序、规范与仪式。礼与中国人重面子密切相关，中国人在人际交往中既重视维护自己的面子，也重视给对方面子。所以中国人在社交中，包括在商业交往中，很重视和谐，如在语言表达上比较含蓄、中庸，不直截了当地表明自己的意思，给双方今后以回旋的余地，为此在沟通中有时宁可隐去重要信息。由于中国人重视面子，因此，对工作勤奋的人往往用当众表扬等精神激励的方式，而对西方人则不能只空说"好"，要立即兑现奖酬、加薪提级等，因为西方人很务实。

在人的本性方面，中国古代思想家基本上持"道德本性论"，即他们眼中的人是"道德人"，讲究礼、仁、善；西方古代思想家基本上持"理性本性论"，即他们眼中的人是"理性人"，强调"真"的重要性，这也体现了务虚与务实的区别。

2.集体主义与个人主义

前面提到，在对人的本质的认识上，不同文化背景下认识是不同的。在不同人性观的社会中，个人和组织的行为表现都带有明显的差异。认为人性是善良的社会倾向于相信人，而认为人性是邪恶的社会倾向于怀疑和不信任人。人性观也影响到个人与他人之间的关系。不信任他人的文化，强调个人的价值，认为个人是最重要的，个人幸福比群体幸福更有价值，提倡重视自我、利己主义；而信任他人的文化强调集体和组织的重要性，强调团结合作精神，提倡集体主义、利他主义。

东方文化受儒教、佛教的影响很大。儒教虽不是宗教，但儒家伦理对亚洲特别是东南亚的影响是深远的。儒教提倡性善论的价值观，如儒家的"人本善""忠孝""利人主义"等学说影响并规范着日本人接受良好的教育、守纪律、忠诚、乐于助人，再加上禅宗教育要求日本人在集体中和睦相处，所以日本人的行为带有很强的集体主义倾向。美国文化是受清教、基督教影响的，他们的性恶论、"原罪观念"，加上追求个人利益的资本主义学说，促使人们以自我为中心，不愿意相信、依赖他人。

受东方文化影响的地区家族观念很强。以"儒"字为中心的价值观是以"家"为基础建立的，现在在亚洲新兴工业化国家中，仍保留着极大比例的家族企业。中国与日本的很多企业在人力资源开发上，都一定程度地把"家庭"观念移植到企业中去，形成重群体、尊长辈、团结互助、内和外争的格局，但两国对"家"的理解还存在很大的差别。日本的很多企业突破了单纯的"家"的局限性，把儒家的价值观及对家的义务、权利转移到企业上，以企业集体为家，如18、19世纪就有现代家族企业雏形的"三井""三菱"等商家组织。在日本传统的"家"的观念中，家族成员与非成员之间不一定是血缘关系，只要对"家"忠诚，就能成为家族成员。可见，日本的"家"是命运共同体，共荣共存。对中国人而言，长期以来维系"家"的关系的主要是血缘，与"家长"血缘关系的远近决定了其在家族中的地位。此外，受长期的计划经济体制下的"单位制度"的影响，人们形成了以厂为家的观念，这是对单位的一种依赖。进行经济体制改革后，"单位制度"已趋于瓦解，以厂为家的观念也淡化了。一位日资企业的班长在被问到"是否觉得公司像家一样"时，他回答说："家是让人放松、休息的地方，日企工作紧张，怎么会像家呢？"可见，对当下的年轻人而言，家已不再代表义务、责任，而是放松、休息的地方。

对于东西方在集体主义、个人主义上的差异，日裔美国管理学家威廉·大内在他的巨著《Z理论》中从历史、地理、人文等角度对差异的原因进行了分析。美国作为"新大陆"，人少地广，移民多，美国人富有开拓创新精神。初期，美国人一般种植可以粗放经营的小麦，一家人圈占大片土地，依靠自己的力量，独立维持生计。曾经出现过一个浩大的开发西部的时代，人们崇尚挎枪骑马、独闯蛮荒的拓边英雄，所以个人主义被奉为立国之本。而日本历史悠久，地少人多，且都是有同样语言、文化和历史的同一民族的人，种植的是集约经营的水稻，必须依靠集体协作才能生存，所以崇尚集体主义。威廉·大内的分析是很有说服力的。其他东方国家在历史、地理、人文等方面也都与日本相似；而西方国家一般种植小麦或以狩猎为生，人与人之间的依存关系不大，这些也导致了东西方在集体与个人的关系上是不同的。

3.长期导向与短期导向

长期导向与短期导向表明了人们对长远利益和近期利益的价值观。具有长期导向的文化和社会主要面向未来，做任何事均留有余地，作长远打算，注重节俭和储备，不急于求成，像日本人、中国人都有此传统。在我国，人与人的日常交往重视长期良好关系的培育和保持，不太强调争一日之短长与当前的得失。日本企业的经营目标是"永存"，牌子不能倒，所以对投资多作长远打算，不太重视近期的盈亏。而具有短期导向的文化和社会看重眼前的利益，做事急功近利，要求立见功效。如美国，企业的经营目标是让股东得到当年的分红，所以注重当年的短期利益，对经营管理者的考评往往也依据短期效益，导致人们的行为缺乏长期计划。欧洲人也强调短期利益，这可能与欧美工业化发展早有一定的关系。前面曾提到，经济发达的地方时间观念相对较强，对他们而言，时间就是金钱，所以在行为上也注重时间，导致其行动常常是短期导向的。

4.保守与创新

西方资本主义历史悠久，社会文化以资本主义的价值观为主流。资本主义提倡奋斗创新的文化，其中的典型是美国。美国是一个由多民族移民构成的年轻国家，没有根深蒂固的传统，每个人都有充分的独立性和自由，但也面临着相互间激烈的自由竞争，所以形成了美国人打破规范的独立奋斗和创新精神。前面提到，在对人与世界的认识中，美国人认为人是独立于自然之外的，人应该主宰自然，并具有支配自然、征服自然的能力，所以他们主张以积极主动的态度来对待自然界、改造自然界，提倡开拓创新。这种不断冒险与创新精神的提倡，使美国建立了技术雄厚的科研队伍，这成为其工业发展的重要基础。美国因创新而成功，又因成功而鼓励创新。美国的成功也影响、激励着其他资本主义国家。当然，欧洲一些国家由于有悠久的历史，所以在行为上也有较为理性、保守且尊重传统的一面。

东方的许多国家长期为农耕为主，人员流动不频繁，多安于现状，加上长期的封建社会影响，形成了一个封闭、僵化、保守的文化环境，至今对人们行为模式的影响仍很深。如中国传统文化灌输了知足常乐、随遇而安等价值观，所谓"一动不如一静"，由于尽量维持现状，因而特别尊重传统和权威，不喜欢谈"变"。儒教提倡尊重传统、从众与安全，有保守倾向。

（二）国家/地区综合分类

有些国家/地区的文化相对接近或相似，因为这些国家/地区间有许多共同的地方，如种族、语言、宗教、经济发展水平、地理位置等。有国外学者根据不同国家/地区当地民众的行为准则和价值观的异同将其分为九类，见表3-3（其中，独立国家是指不归于其他八类的独立型国家）。在每一类内部，各国/地区之间的文化差异较小，而不同类国家/地区之间的文化差异较大。

表3-3 国家/地区综合分类

区域	国家/地区
远东国家/地区	越南、马来西亚、新加坡、印度尼西亚、菲律宾、泰国以及中国台湾地区、中国香港地区
阿拉伯国家	巴林、沙特阿拉伯、科威特、阿拉伯联合酋长国、阿曼
近东国家	土耳其、伊朗、希腊
北欧日耳曼国家	芬兰、挪威、瑞典、丹麦
日耳曼国家	瑞士、德国、奥地利
盎格鲁国家	美国、英国、加拿大、新西兰、澳大利亚、南非
拉丁欧洲国家	法国、比利时、意大利、西班牙、葡萄牙
拉丁美洲国家	阿根廷、委内瑞拉、墨西哥、智利、秘鲁、哥伦比亚
独立国家	巴西、日本、印度、以色列

二、适应文化与跨文化管理

所谓跨文化管理，就是要求国际企业的经理们摒弃单一文化管理模式，把管理的重心放在对企业所具有的多元文化环境的把握和文化差异的认识上，克服多元文化和文化差异带来的困难，实现不同文化的协同作用，充分发挥多元文化和文化差异所具有的潜能及优势，建立新型企业文化，在激烈的竞争中获得成功。

跨文化管理虽然是20世纪70年代后期在美国逐渐形成和发展起来的一种管理理论，并成为一门新兴的边缘学科，但它也并非新生事物，应该说它起源于古老的国际商贸往来。另外，人类学家对跨文化的研究历史也很深远，积累了大量的研究成果。到了20世纪60年代和70年代，日本企业在跨国经营活动中取得了巨大成功，而老牌资本主义的美国的国际企业的竞争力在衰退，经研究许多学者都不约而同地发现其中最重要的原因是日本企业更懂得如何进行跨文化管理。日本企业派往海外的经营管理人员一般比美国的成功率、合格率高，很大原因是日本企业重视对外派人员的跨文化培训；而美国国际企业中，海外外派人员不能胜任工作的主要原因是不能适应海外不同的文化和生活方式。通过美日对比发现，美国企业过分强调技术、设备、财务分析、规章等"硬"的要素，而日本企业比较注重诸如目标、宗旨、人格、价值观等"软"的要素。在跨国管理中，日本企业的管理方式更有效，因而在美国掀起了跨文化管理研究的热潮。

随着全球经济一体化的深入，国际竞争日趋激烈，跨文化管理在企业的经营活动中日趋重要。企业要学会在跨文化条件下如何克服异质文化的冲突，进行卓有成效的管理。国际企业的管理人员需要频频地与当地组织、人员进行沟通和交流，必须了解东道国的社会文化背景，了解东道国与母国的文化差异。只有对文化差异具有高度的敏感性，才能在异文化环境中适应当地文化，更好地开展工作，保障跨国经营的成功与效率。人们的消费方式、需要满足顺序、工作价值观以及努力程度等都是以他们所在国的文化背景为基础的，跨越文化是国际企业有别于一般企业的基本特征。所以对国际企业而言，经营风险中多了一个文化风险，造成文化风险的原因有外部社会文化差异和内部企业文化差异。国际企业必须对造成风险的两种文化差异进行控制，下面主要探讨对外部环境的文化差异进行的跨文化管理。

（一）适应文化与当地化

文化因素是环境因素之一，属于非控制因素，企业只能努力去适应它。成功的国际经营，必须根据不同东道国不同的文化特点，在生产经营活动中充分考虑当地市场的文化传统、生活习俗、宗教禁忌等，努力满足消费者的不同需求。在不同国家的活动应当与当地社会的文化特质保持一致，做到"入境问俗，适者生存"。讲究根据当地市场的需求对产品进行适应性改进设计或根据当地文化改变营销方式，也就是采取当地化策略，根据当地情况采取具体的措施，才能满足当地需求。

比如可口可乐这种世界性产品，之所以为各种民族文化的人们所接受，是因为这个公司理解各国消费者的文化差异，在不同国家采取不同的营销手段并获得成功。只有适应当地文化，树立一种亲近的企业形象，才能消除人们的抵触情绪，进入当地市场，并在当地站稳脚跟。所以适应文化成为国际企业进军国外市场的第一步。

联合利华在日用品的国际营销战略中，就很注重对不同环境和市场需求的适应。印度的洗涤剂市场虽然大，但大多数人喜欢在河里洗衣，对粉状、液体状的洗涤产品需求不大，所以该公司在印度的子公司就开发了固定合成洗涤产品，并占有肥皂市场的大部分份额。同样是日用品国际企业的宝洁公司在这方面就得到了很大的教训，它是美国婴儿尿布的头号生产商，20世纪80年代，宝洁想把在美国市场上最受欢迎的婴儿尿布同时打入中国香港地区和德国市场，最开始是直接拿去销售，但两地消费者都有很大的怨言。调查后发现两地对尿布的使用习惯不同，在中国香港地区是尿布一湿就换一个，所以嫌尿布太厚；而德国一般是一天只早、晚换两次，所以嫌尿布太薄，吸水性不足。像宝洁公司这样把国内畅销的产品原封不动地搬到国外市场，采取标准化策略，主要原因一是考虑到成本因素，认为可以降低重新设计、改进生产线的成本；二是犯了"自我参照准则"（Self-reference Criterion，SRC）的错误，认为美国的生活习惯应该在其他地方也通用。所谓的自我参照准则错误，即无意识地参照自己的文化价值观，以自己的价值观判断、行动。虽然适应当地文化的必要性是公认的，但在实际经营活动中要做到这一点是很困难的，造成困难的重要原因之一就是自我参照准则在起作用。文化差异常常导致人们在对人或事物进行判断时以自己的文化，而不是自己观察到的客观环境为衡量标准，只要人或事物与自己的文化相违背，便认为其不好，从而导致错误的感知，而错误的感知必然带来错误的解释与评价，很容易造成交流的阻塞。

另外，对文化的适应，还体现在对文化变革的紧迫性和适应性上。虽然文化有一定的稳定性，但它也会随着社会的发展而变革。文化的变革体现了消费需求的变革，将迫使企业采取相应的对策适应新的文化。所以为了随时适应新的文化需求，很多国际企业都努力做到研究开发的当地化，即在目标市场设立开发研究中心。如日本索尼公司在欧洲、美国都设有研究中心，以进行新产品的开发、试制，并最直接地掌握当地的文化需求和各种变化，收集第一手资料，及早作出反应，追求"速度的经济性"。海尔在美国波士顿也成立了一个设计中心，由当地技术人员来设计在当地销售的海尔产品，这就解决了在中国设计不到位、出口后不适应当地市场的问题，通过新设计打开了美国市场。

（二）文化差异及文化变革为国际经营带来商机

1.文化差异，增加商机

比如教育水平的高低，会为不同水平的国际企业带来商机。在教育程度低的发展中国家，政府希望发展劳动密集型产业，以吸收较多的文化水平低的劳动力就业，这对一些技术并不领先的发展中国家的国际企业来说可以发挥其相对优势。由于它们与当地技术水平接近，使用的机器设备、原材料也有一定的相似性，因此如果发展中国家之间相互投资，许多经营资源的当地化程度会比发达国家到当地的投资高出许多，受到东道国的欢迎。比如有调查表明，在泰国投资的发展中国家和发达国家的企业，其机器中使用泰国本地的机器的比例大约是15∶2。而且发展中国家的国际企业的技术优势还在于小规模、小批量生产，这比较适合市场狭小的东道国。生活水平低的地方重视产品的实际使用价值，而不是包装设计，只要价廉物美就行了，所以在对这些地区的出口上，发展中国家的产品就有优势。像中国，由于劳动力低廉，轻工业产品在价格上有国际竞争优势，但随着生活方式的改变，很多产品在国内已相对失去市场，如厚实的羽绒服、热水瓶等，不过在俄罗斯却依然很畅销。中国很多企业为了避开国内的激烈竞争，开始将目光转向其他发展中国家。

另外，文化差异有地域性，发展中国家也具有地域性，比如东南亚、拉美、非洲等地区发展中国家较为密集，当地文化有一定的相融性，所以对当地的国际企业而言是个重要的"生存空间"。国际企业可以以民族文化为纽带拓展自己的生存空间，比如中国和东南亚的国际企业之间相互投资，在文化背景上就比西方国际企业具有独特的竞争优势，而西方国际企业将面临更多的民族文化隔阂和心理障碍。

2.文化的变革，成为商机

文化的变革，说明人们的需求也发生了变化，一些原先处于弱势的企业如果能抓住商机，就能反败为胜；而一些以前有竞争力的企业反而由于盘子大、历史包袱重、惯性大，难以适应变化。20世纪80年代西方"营养革命"运动的风行，使人们增强了保健意识，高脂肪、高热量的食品不再受欢迎，日本商人抓住时机，向美国外销豆腐产品，取得成功。现在中国许多家用电器市场表面上看饱和、疲软，但其实已进入更新换代、消费升级的时期，消费意向向节能、环保型产品倾斜，这对某些厂家而言，也是一个机会。

（三）国际企业对当地文化的影响

国际企业不但在经济上促进了东道国的工业化进程，对当地文化的变革也产生了巨大的影响。国际企业是传播文化的使者。每个国际企业在进入一个新市场时，带来的新产品、新技术、新思想，会对当地社会产生影响，有时甚至会改变当地人的文化，实现文化变革。可以说每个新商品、每项新的服务方式都可能创造一个新文化。如可口可乐、肯德基和麦当劳等美国食品的普及，它们输出的不仅仅是碳酸饮料、炸鸡块、汉堡包，而且是一种美国的饮食习惯和快餐文化。它们的普及，改变了东方人以米饭为主的传统的饮食结构和生活方式，如日本人过去以蔬菜、鱼、米饭为主，但现在年轻人更喜欢牛奶、面包、牛排等食品。

以创新为主的索尼公司，由于其产品是全新的，没有现成的消费文化习惯，所以必须自己创造一种新的消费文化。索尼从创业起就决定"创造自己独一无二的产品"，这等于在"另做一块蛋糕"，所以必须自己去"创造市场" "创造文化"。它们也认为：从事商业活动，绝不仅仅是在寻找买主，而且要创造顾客。所以，它们制造出了世界上第一台磁带录音机、第一台晶体管收音机、第一台便携式单放机、第一台家用录像机、第一台便携式摄像机等，为人类创造了新的娱乐生活，为人类开发出新的娱乐文化，也为其产品创造了一个广阔的市场。索尼产品独特的设计也带动了家用电器的新潮流。在一开始进入欧洲市场时，索尼产品如收音机、录音机等采用的是现代化的外形，其特点是直线、方角、简洁明快，最初难以被欧洲消费者接受，因为欧洲产品的设计多为圆滑过渡形，且木壳较多。为了解决这个问题，公司曾多次开会讨论，也曾考虑过入乡随俗改变设计，但最后还是决定不随大溜模仿欧洲产品，而坚持独具特色的外形。不久之后与众不同的索尼产品越发引人注目，简洁明快的日本设计，很快反过来影响了欧洲产品的外形。

第五节　国际企业的文化冲突与整合

一、国际企业的文化冲突

国际企业在跨国经营中将面临不同的文化背景，由于在各种文化中成长的人们具有不同的价值取向，决定了各种行为方式之间具有一定的矛盾与摩擦。当企业实施跨国经营战略时，它将面临更多的陌生文化环境，文化冲突将表现得更为尖锐。

文化差异的存在是产生文化冲突的根本原因。文化差异的客观存在，使得国际企业在异域文化中开展跨国经营时不可避免地遇到文化冲突。所谓文化冲突，是指在不同形态的文化或者文化要素之间相互对立、相互排斥的过程，它既指国际企业在他国经营时与东道国文化观念不同而产生的冲突，又包含了在一个企业内部，由于员工分属不同文化背景的国家而产生的冲突，即国际企业管理中的文化冲突主要体现在两个方面：一是国际企业外部的文化冲突，二是国际企业内部的文化冲突。

（一）国际企业的外部文化冲突

国际企业对外经营时，语言、习惯、价值观等文化差异使其外部的经营环境更加复杂，企业面临的外部微观环境除竞争对手和社会公众外，还有供应商、营销中介及顾客等。当企业跨国经营，与供应商、营销中介进行合作时，往往会因为文化背景的差异而产生冲突，甚至会导致合作的破裂。此外，企业进入海外市场时，也将面临东道国顾客不同价值观的挑战。在新的文化环境中，消费者对企业产品的消费观念的树立源于其文化背景。不同的文化差异会导致消费观念的差异。国际企业在经营中若不了解这些差异，就会导致经营的失败。例如，星巴克在中国市场采取了与在美国市场不同的经营策略。在中国，星巴克不仅仅是一个喝咖啡的地方，它往往代表着一种生活方式和社交场所，这一点与美国市场有所不同。由此，星巴克在中美两国的定价策略也有很大的差异。美国人和中国人消费观念的不一致，使两个国家星巴克的经营方式、经营策略有很大的不同。可见，不同的文化环境中，文化差异会影响国际企业的经营活动。

（二）国际企业内部的文化冲突

在国际企业内部管理中，由于来自不同国籍、不同民族的职员具有不同的价值观、生活目标及行为规范，这必将影响企业管理的运作，导致管理成本的增加。例如有一项调查，测试一家美国国际企业中不同文化背景的职员对美国管理者不同的反应态度：如果你不赞成你的上司，你将：①保持沉默；②事后与其交换意见；③向上司的上司提出异议；④与上司公开讨论这件事。大多数亚洲职员选择第一种态度，因为亚洲文化看重资历；但日本职员一般选择第二种态度，因为日本人比较注重人际关系；阿拉伯文化背景中，当职员不能解决他与上司的分歧时，便会寻找更高的权威，所以会选择第三种态度；而美国职员更多地会选择第四种态度，因为美国文化强调民主和平等。可见，如果国际企业的管理者不了解各种文化之间的差异，而采取单一的管理模式，必然会造成管理中的文化冲突。

文化差异给国际企业内部管理带来的冲突主要表现为：

（1）国际企业内部管理的过程更加复杂。企业的管理者面对的是其内部职员不同的价值观、信念和文化传统所表现出来的行为表现，管理者必须了解并理解这些行为表现背后的文化含义，才能实施有效的管理。

（2）国际企业的决策活动更加困难。文化上的差异使国际企业中的沟通与交流经常会出现误解。对某一决策行为，不同文化背景的管理者会得出不同的结论，这使企业内部对同一问题很难达成一致，从而增加了企业决策的难度。

（3）国际企业的决策实施难度更大。不同文化背景的员工对决策方案的理解不同，使国际企业的决策实施更加困难。如某一美国母公司要求所有的欧洲子公司都建立一个关于职员医疗保健的信息系统，但由于欧洲各国的立法、文化观念、工会制度等的差异而使这项决策未能实施。

二、国际企业的文化整合

（一）不同文化的融合

文化融合是指不同形态的文化或文化特质之间相互结合、相互吸收的过程。它以文化的同化或互相感应为标志，在融合过程中，各种文化特质之间相互渗透、相互结合，融为一体。

每一个民族和社会都有自己独特的文化模式，在一个社会的历史发展过程中，有些文化特质被选择、吸收，逐渐规范化、制度化、合理化；而另一些文化特质被抑制、排除和摒弃，失去了整体的意义和价值。文化的这种内聚和整合逐渐形成一种风格、一种行为模式。这种文化模式不是一成不变的，它会在对其他文化择优吸收的基础上进行重建。特定的文化模式对其他文化进行选择和融合的规律是：其一，高位势文化向低位势文化流动，低位势文化与高位势文化趋同；其二，较易选择与本文化模式相契合的文化内容。我们说文化具有融合性，是因为文化模式能够吸引别的文化的某些特质，形成文化模式间的交叉。文化间的融合为国际企业的文化整合奠定了基础。

融合虽有很多优越性，但实施时阻力会比较大，来自不同文化群体的人及部门间可能会产生较大的摩擦。在今天的国际竞争环境中，跨国企业集团一般倾向于选择融合方式，并在此基础上获得多元文化的交叉优势。

（二）国际企业的文化整合

国际企业的文化整合主要包括两个方面：一是不同文化之间的沟通，二是不同文化之间的协同。

1.不同文化间的沟通

沟通实质上是一种交流活动，它是双方相互理解对方意图的行为。沟通包括感知、解释和评价他人的所有行为，分为语言信息和非语言信息的沟通，包括有意识和无意识两种传递方式。沟通和交流是一个复杂、多层次、动态的过程。国际企业不同文化的沟通是通过人的社会交往活动实现的。国际企业中的各种关系，归根到底是社会交往互动关系。在交往过程中，人们通过各种方式传递着企业的文化信息，交流着思想观念及体验，并且这个过程是互动的，即双向传递且相互影响。因此，沟通成为人们对企业文化达成共识的途径，企业文化成为人们共同享有的精神财富。

国际企业文化的沟通媒介有正式的广播、电视、报刊和会议等，也有非正式的人们之间的接触、会见、聊天、娱乐等。无论何种交流和沟通方式，它的基本构成都是人的语言符号，包括口头语、书面语、体语、手势语等，人们赋予这些符号以特定的文化内涵，而这些符号则在沟通中传递企业文化的信息。企业不同文化的沟通过程就是不同文化的同化、整合过程。具有不同文化背景的团体及个人在沟通中理解、认同不同文化的特质，舍弃原有文化中不适合的部分，逐步将不同的文化融合成企业独特的文化特质。

由于在不同文化的组织间传递信息很困难，沟通在国际管理中就变得异常重要。

在国际情境下，误解和错误的问题很复杂。因此，要实现有效的跨文化沟通应当注意以下问题：

第一，采用双向沟通方式。沟通实际上就是信息的编码、解码和理解的过程。双向沟通的特点是：沟通的双方均参与编码与解码的过程，双向沟通的结果所得到的反馈有助于进一步阐述双方的意图。与单向沟通相比，双向沟通有助于对来自不同文化背景的信息作出完整和正确的诠释。

第二，选择使用恰当的语言。首先，跨国经营中，国际企业应根据战略目标和具体情况的不同选择一种更适合双方交流与沟通的语言，如英语或东道国语言，以利于直接沟通，减少误解。在跨文化管理中，管理者若能准确地使用东道国公共语言，或使用对方所易于接受的语言，不仅可以避免误解，而且由于消除了疏远的感觉，有可能争取到更有利的条件。在使用当地从业人员中，消除语言障碍可以调动他们的积极性，提高生产效率。在广告中，同样如此。日本丰田汽车在中国曾做过广告，"车到山前必有路，有路就有丰田车"，它巧妙地借用了汉语中的俗语，增加了亲切感，令人拍案叫绝。同时，企业还应精选高素质的翻译人员，从而大大减少语言带来的隔阂。

第三，简化语言。由于语言可能成为沟通障碍，因此合作双方应通过制定一些行为规范，强调交流中应互敞心扉、坦诚表达，不互抱戒心，也不回避对方的不同观点，并尽可能用最简洁明确的语言或符号表达真实的含义，以降低信息含蓄度。同时还要考虑到信息所指向的受众，以使所用的语言适合于接受者。

第四，采用多种沟通方式和渠道。具体操作时，国际企业可采用任务单、备忘录、检测表、黑板报、公司简报和广播等形式，简洁、快速、准确地传达信息，并通过"员工信箱"实现下情上达，使员工畅所欲言。另外，还应提倡不同文化者之间的友谊与交往，经常组织不同形式、不同层次和规模的联谊活动，以促进相互了解与沟通。

延伸阅读 3-2　　　　　　　　　　**如何在欧洲进行沟通**

在欧洲，许多国家都很容易到达其邻国，因此星期一在法国做生意的外派管理者，可能星期二在德国，星期三在英国，星期四在意大利，星期五在西班牙。在社交会议或商务会议上，对于如何问候他人以及自身的言行举止，每一个国家都有自己的礼节。下面分析一些外派管理者有必要知道以及实现有效沟通的礼节。

法国

和法国的商人会谈时，虽说迟到 5～10 分钟不是一个很大的失礼行为，但最好还是准时。法国人在初次介绍后喜欢握手，正确的称呼是在对方的姓前面加上头衔。当会谈结束后，再次握手是一种礼貌。

法国的管理者们竭力使其私人生活与工作分开。结果，大多数商务性娱乐活动都在饭店或俱乐部举行。向商务伙伴赠送的礼物应该富有智慧或者有美感，而不是那些自己公司生产的在世界市场上销售的产品。在会谈中，应该避免涉及政治或金钱之类的话题。而且，在商务会议中要慎用幽默。

德国

德国的管理者喜欢别人称呼自己的头衔。永远不要直接称呼他们的名字，除非得到允许这么做。商务会议事先就应该安排好，准时相当重要。和法国人一样，德国人也不在家里招待客户，因此被邀请到德国管理者家里去做客是一项殊荣，应该为此给他们寄一封感谢信。此外，和法国的情况一样，在商务会议中应该避免使用幽默语言。

英国

在英国，在第一次见面的时候握手是很常见的行为，在介绍的时候通常使用他人的名字。与在德国和法国的习俗不同，在社交场合或商务会议中迟到一会儿是很常见的行为。与欧洲其他的一些国家相比，在英国更容易收到去管理者家中做客的邀请。通常送的礼物是鲜花或巧克力。

在商务礼仪中，西装、领带是常见的打扮，然而应该避免条纹的领带，因为这看起来像英国大学或中学校友会服饰的翻版或者是英国军事或社交俱乐部服饰的翻版。此外，在社交集会中，不涉及政治、宗教和关于君主统治的闲话是明智的选择，除非英国人先提及此类话题。

意大利

在传统的公司中，对管理者的称呼是头衔加上姓。当被介绍的时候，握手很普遍，如果某个人是大学毕业生，应该使用职业头衔"dottore"。

商务约会应该事先就安排好，尽管不一定要准时。在大多数情况下，商务谈判是在办公室进行的。当被邀请到饭店的时候，通常不是为了继续商务谈判而是为了进行社交。如果一位外派的管理者被邀请到意大利人家里做客，一般要给主人带一件礼物，如一瓶酒或一盒巧克力。在就餐中可以交谈的话题很多，包括商务问题、家庭问题和足球。

西班牙

在西班牙，自我介绍或者交谈时，称呼名字是很常见的行为。亲密的朋友间一般以拥抱来表示问候。商务约会应该事先安排，但却不一定要准时。

如果应邀到西班牙管理者的家中做客，鲜花或巧克力是可以接受的礼物。如果邀请中包含晚餐，任何的商务谈判都应该在咖啡上桌之后才开始。在社交集会中，诸如宗教、家庭和工作的话题应该回避。此外，在正式的会议中几乎不使用幽默。

资料来源　霍杰茨，卢森斯. 国际管理——文化、战略与行为 [M]. 赵曙明，程德俊，译. 5版. 北京：中国人民大学出版社，2006：274-275.

2.不同文化间的协同

文化协同为解决国际企业的跨国经营中的文化冲突提供了一种新的思维。它以文化差异的存在为前提，融合差异导致的行为和制度差别，把国际企业面临的多元文化变成企业经营的资源优势加以利用，使不同文化间的冲突能为企业带来效益。文化协同是指管理者根据职员或顾客个人的文化倾向制定战略、策略及组织结构并实施管理的过程。文化协同对管理者的要求较高，企业的管理者必须充分认识到不同文化在特定场景中的不同体现，才能有效利用差异优势，使其为企业服务。文化协同一般分三个步骤实施：其一是形势描述。文化协同首先要区别矛盾状况的存在。管理者要从各个文化角度去描述同一问题，从不同文化角度描述形势是文化协同的第一阶段。其二是文化解释。面对如此众多的、来自不同文化的形势描述，合同成员必须能够找出每一种形势描述背后的文化假设。这要求公司职员不仅能解释自己的观点和行为的文化假设，而且能够解释其他人的观点和行为的文化假设。其三是文化创造。为了寻求解决问题的有效方案，必须在文化解释的基础上寻找文化之间的共同点，并创造出各种文化下人们均能接受的各种方案，选择其中最有效率的方案实施。在这一阶段，企业成员不是从"我要怎样解决问题"的角度思考问题，而是从"我能为来自另一文化中的人们作出什么贡献"的角度去行动。在这种情况下，企业的文化协同才能获得成功。

（三）培训在企业文化整合中的作用

培训被认为是解决文化差异、整合价值观的一种基本手段。跨文化培训的主要内容有对文化的认识、文化的敏感性训练、语言学习、跨文化沟通及文化冲突处理、地区环境模拟等。这些培训可以减少跨国企业中可能遇到的文化冲突，促进企业管理效率的提高，强化团队精神和企业的凝聚力，同时还能帮助企业高层管理者认清市场，根据特定的市场文化调整企业的经营策略，减少企业的失误。国际企业在进行跨文化培训时有两种方法：一是利用企业内部的培训机构及培训人员进行培训；二是利用外部的培训机构，如大学、科研机构、咨询公司等对企业内部的人员进行培训。

国际企业对培训的选择有两点应该注意：一是被培训者在培训过程中是否有机会充分接触到其他文化并与之沟通和互动。文化对人的行为影响通常是一种隐含的假设，只有在文化冲突比较中才能理解和感受这些假设。抽象的讲解往往不能很好地了解和理解另一种文化。二是培训人员的素质必须较高。培训人员的素质高低决定着培训的成功与否，培训人员除了掌握教育学、心理学、经济学、社会学等基本知识与技能外，还必须了解被培训者及作为培训内容的文化特点，才能有效地向被培训人员传授不同的文化价值观。

三、国际企业文化管理的策略

国际企业在跨国经营中面对不同的文化环境和文化需求。国际企业在文化管理中可以采取两种策略，即文化适应性策略和文化互动策略。

（1）文化适应性策略。它是通过对东道国文化环境与文化需求的了解和体会，在文化管理时充分考虑东道国的文化特点，避免与当地文化发生冲突。文化适应性策略往往是国际企业跨国文化管理的第一步。许多企业在刚刚进入东道国市场时都采用这一策略。麦当劳、肯德基进入中国，本田摩托打入美国时都根据东道国的文化进行了相应的策略调整，从而取得了成功。而通用面粉公司向英国市场出售面饼产品，坎贝尔公司试图在欧洲销售美式番茄汁时因为未能适应东道国的文化而遭受失败。在采用适应性策略时，必须了解东道国的文化特点和它与母国的文化差异，才能制订有效的方案实施文化适应性策略。

（2）文化互动策略。它要求企业进行文化管理时不是被动地适应当地的文化特色，而是积极主动地采用各种手段，在吸收东道国文化的同时，向东道国传递本企业的文化理念。文化互动之所以能存在，是因为在各个国家中，人们的文化观念，特别是年轻人的文化观念，处在动态的变化中，企业可以通过各种传媒及自身的活动，向东道国传递企业的文化信息。例如，宝洁公司在进入中国市场时，针对中国人没有强烈的洗发概念及模式的特点，采取文化互动策略，向中国市场大力宣传"使头发更柔顺"、"去头屑"和"营养头发"的洗发新概念，从而获得了巨大的成功。

同步案例 3-2　　　　　　　　　　海尔的跨文化管理

随着中国企业全球化步伐的加快，跨文化管理（Trans-culture Management）已经成为中国企业走出国门的最大瓶颈之一。不同文化背景下的人具有不同的价值取向、思维方式和行为表现，从而导致了跨国公司内部的文化摩擦，这往往是跨国公司经营和管理失败的重要原因之一。在解决这个问题上，海尔一直以文化适应、文化融合为主导，探索出了各种解决员工文化冲突的方案。海尔全球化文化的融合，从侧面展现了海尔品牌全球化、本土化的风采。从海尔在全球的意大利、美国、印度等工厂，以及巴基斯坦工业园等文化融合的故事，让我们一起感受海尔文化的凝聚力和文化魅力。

意大利海尔生产车间里的咖啡机

意大利海尔工厂，员工们形成的是一个多国家、多民族、多文化的团队。员工中，有四分之一是意大利人，其余四分之三分别是罗马尼亚、斯洛文尼亚、摩洛哥、尼日利亚等不同国家的人。他们语言不同、习俗不同，但有一个共同的爱好，那就是在休息时间喝上一杯咖啡。

了解到这一共同爱好后，意大利海尔工厂管理者特意在车间里安装了一台咖啡机，不但给员工提供了方便，还加深了员工之间的交流。因为加深了沟通，意大利海尔工厂的员工从来没有发生过因种族歧视或文化冲突而引起的不愉快的事件。从照片中可以看到，员工们在咖啡机旁一边喝着咖啡，一边说着今天的生产和一些开心事，为生产增添了一分惬意。

巴基斯坦海尔工业园里的"祈祷室"

在巴基斯坦海尔工业园，有一个房间很受员工欢迎，那就是"祈祷室"。这是巴基斯坦工业园管理人员专门为当地员工设立的。

巴基斯坦海尔工业园有当地员工 1 000 多名，员工信奉伊斯兰教，每天都要祈祷，尤其每个周五，员工都要身着传统服饰，集中进行一次半个小时的祈祷。没有"祈祷室"之前，员工只能在厂房周边的草坪上铺一块地毯祈祷。如果遇到天气变化，很不方便。

海尔尊重当地员工的文化习惯，为了满足员工宗教信仰的需求，管理人员特意在厂房边上的空地上建起了一个100多平方米的"祈祷室",为员工提供祈祷场所。每周一至周四,员工们在这里进行日常祈祷;周五下午2点,他们则穿着传统服装,双膝跪地,面朝西南方向默念《古兰经》。因为巴基斯坦的西南方向是伊斯兰教的第一圣地,坐落在沙特阿拉伯西部的麦加。

有了良好的祈祷环境,巴基斯坦海尔员工每天虔诚地祈祷,专心地投入工作。

泰国海尔员工周一穿黄色工作服

在泰国海尔工厂,员工都有两套不一样的工作服:一套是黄色的,周一穿;一套是蓝色的,和国内海尔员工的工作服一样,周二至周五穿。

原来,泰国的国王出生在周一,因此黄色是最幸运也最吉祥的颜色。对当地人来说,他们最快乐、自豪的事情就是在国王出生的周一穿上黄色衣服,来表达对自己国王的爱戴与尊敬。在泰国各地的市场上甚至出现过黄色衬衫"一衣难求"的场面。

得知泰国人的这一习俗后,泰国海尔工厂立即作出决定,为每一位员工定做一件黄色T恤,允许他们周一时穿黄色工作服。后来,在泰国海尔工厂工作的中国海尔管理人员也穿起了黄色工作服,表示对泰国国王的尊敬。每到周一,整个泰国海尔工厂都是黄颜色的!

"摔椰子"的印度海尔人

印度是一个宗教色彩浓厚的国度,每当举行庆典的时候,人们都要"摔椰子"供奉神像,然后分享甜食。椰子必须一下摔碎,象征大吉大利;大家分享甜食,意味着分享成功的喜悦。

Parag Parihar就是一位幸运的海尔员工。前期,他所参与的冰箱项目样机已经试制成功,团队举行了庆祝活动。Parag Parihar在整个项目推进过程中表现突出,被团队成员推选为"摔椰子"的人。这是无上的光荣,因为以前只有位高权重的长者才能有资格摔椰子。为了激发员工的创造力和凝聚力,印度海尔工厂的管理人员将"摔椰子"作为激励,鼓励员工继续创新。

不仅如此,印度海尔工厂在新员工入厂进行企业文化培训时还加入瑜伽练习,因为在印度,瑜伽不只是时尚的健身运动,更是一种智慧和哲学。这样,新员工学起来既轻松,又容易产生归属感。

美国海尔工厂灵活应对高油价

在美国海尔工厂,当地员工几乎都是开车上下班,路上需要半小时甚至一小时才能到达工厂,但高涨的油价让这些"有车一族"十分头疼。

最近,美国海尔工厂的管理人员经过和员工们沟通,调整了工作时间:由以前每周工作5天调整为4天;由以前每天工作8小时调整为10小时。这样,一周的工作时间并没有减少,既保证了订单的按期生产,又为员工每周省下了一天的油钱。

"It's good!"美国海尔员工都非常赞同。

为了节能降耗,美国海尔工厂对设备操作进行了调整,实行"一人一机制"。Edward和Thomas以前都是吸附操作员,调整后,内胆吸附机进行择优招聘,Edward技能更好，被聘为内胆吸附操作工程师，而 Thomas 则为待岗培训，测评合格后，可竞聘新的岗位。这大大刺激了员工主动提高技能的积极性。

尼日利亚海尔员工"扮"海尔产品形象营销

近年来，尼日利亚海尔工厂运营得非常好，2004—2007年，尼日利亚海尔工厂每年以30%以上的增长速度发展。这主要是因为尼日利亚海尔人认可了海尔的产品品质和海尔品牌，他们相信：海尔的发展能为他们带来更快发展的希望！

因此，这些尼日利亚海尔员工利用周六、周日的时间，主动来到当地几家大商场义务宣传海尔产品。他们把自己装扮成海尔产品的模样，配上自编自演的音乐节目，这种极富当地特色的宣传方式吸引了很多消费者的注意。

资料来源　作者根据海尔官网的相关资料整理.

讨论问题：分析海尔跨文化管理的成功之处。

本章小结

文化可以被定义为"由人类创造的，经过历史检验沉淀下来的物质和精神财富"。

文化由表层、中层和核心层所构成。表层文化通过外在物品表现，是文化的物质形态；中层文化是社会价值观，即人们共同的对周围客观事物（包括人、事、物）的意义、重要性的总的评价和基本看法；核心文化是一个社会共同的关于人为什么存在的假设。这三层文化之间有着不可分割的联系：核心层文化驱动、影响中层文化，中层文化又驱动、影响表层文化。

心理学家克特·列文认为人的行为是个人与环境综合作用所产生的结果。

对国际商务活动来讲，用国家的疆界来大致确定人际环境和文化环境边界是可行的。

从总体上说，对人的行为产生重大影响的人际环境和文化环境的要素可分为有形特性和行为特性两大类。其中，行为特性又可进一步分为群体、对工作重要性的认识、职业的重要、自我把握命运的态度、沟通、道德与礼仪六个方面。

企业文化是指在一定的历史条件下，企业及其员工在生产经营的变革的实践中，逐渐形成的共同思想、作风、价值观念和行为准则，是一种具有企业个性的行为方式。企业文化在企业管理方面可以发挥自控功能、协调功能、激励功能、凝聚功能和辐射功能。

国际企业文化是指受民族文化、社区文化等文化系统及政治、经济、法律、教育、自然地理等诸种因素影响，在国际企业经营过程中呈现出的员工群体的心理水平状态与管理行为习惯的总和。

国际企业文化的内涵包括三方面的内容：一是国际企业文化是国际企业行为的逻辑起点；二是国际企业文化是国际企业全部行为的综合反映，并具有自我扩展和自我深化的系统特征；三是国际企业文化是深层内化形态与表象外化形态的高度统一。

国际企业文化具有民族性、传统性、渗透性、地域性、变革性、潜意识性和落差性七个基本特征。

霍夫施泰德认为对管理活动和管理模式有影响的文化价值观主要有五个方面：①个人主义与集体主义；②权力距离；③不确定性的规避；④价值观念的男性度与女性度；⑤长期取向与短期取向。

文化差异主要指不同国家或地区在语言、宗教、价值观念、教育以及社会风俗习惯等方面的差异。本章从务虚与务实、集体主义与个人主义、长期导向与短期导向、保守与创新四个方面对东西方文化进行了比较分析。

文化因素属于非控制因素，企业只能去适应它。成功的国际经营，必须适应当地文化。

文化差异和文化变革都能为国际企业带来商机。

文化会影响国际企业的经营，反过来，国际企业也能对当地文化的变革产生巨大影响。

国际企业管理中的文化冲突主要体现在两个方面：一是国际企业内部的文化冲突，二是企业外部的文化冲突。

文化差异给国际企业内部管理带来的冲突主要表现为：一是使国际企业内部管理的过程更加复杂，二是使国际企业的决策活动更加困难，三是使国际企业的决策实施难度更大。

文化融合是指不同形态的文化或文化特质之间相互结合、相互吸收的过程。文化间的融合为国际企业的文化整合奠定了基础。

国际企业的文化整合主要包括两个方面：一是不同文化之间的沟通，二是不同文化之间的协同。

培训被认为是解决文化差异、整合价值观的一种基本手段。跨文化培训的主要内容有对文化的认识、文化的敏感性训练、语言学习、跨文化沟通及文化冲突处理、地区环境模拟等。国际企业在进行跨文化培训时有两种方法：一是利用企业内部的培训机构及培训人员进行培训，二是利用外部的培训机构如大学、科研机构、咨询公司等对企业内部人员进行培训。

国际企业在文化管理中可采取两种策略，即文化适应性策略和文化互动策略。

复习思考题

1.如何理解文化的含义？文化对国际管理有什么影响？

2.影响人际环境与文化环境的因素有哪些？

3.试述国际企业文化的内涵。

4.试述国际企业文化的基本特征。

5.什么是文化差异？试比较东西方文化差异。

6.试用霍夫施泰德的文化价值观模型，比较美日文化特点及其差异。

7. 为什么国际企业经营要适应当地文化？

8. 国际文化冲突主要体现在哪些方面？

9. 什么是文化融合？国际企业的文化整合包括哪两个方面？

10. 跨文化培训的主要内容、方法有哪些？

11. 国际企业文化管理的策略有哪些？

第四章

国际企业的组织管理

学习目标

[知识目标]

1. 了解国际企业组织管理的含义

2. 了解国际企业的生命周期与组织设计；

3. 了解国际企业组织结构的类型；

4. 了解国际企业的组织控制。

[能力目标]

1. 了解国际企业组织结构演变中四个不同阶段的主要内容；

2. 了解母公司、分公司与子公司的含义及特点；

3. 了解控股公司结构、国际网络结构、虚拟企业结构和无边界企业结构的含义及优缺点；

4. 了解国际企业的生命周期与组织结构的关系。

[素养目标]

1. 掌握典型的全球性组织结构类型的优缺点及适用条件，引导学生向世界优秀企业学习，培养其全球视野，鼓励他们在面对复杂多变的国际环境时，能够创新应对，不断提升自身的竞争力。

2. 理解影响集权、分权的因素，引导学生树立风险意识，有效利用全球资源。

引导案例

战略与组织结构的跨国教训

企业跨越国界开展经营活动是一种全新的生存或发展战略，必将面临种种新的压力和竞争。这种新的战略和竞争环境要求它们具备相应的组织能力来提高其国际竞争力。这就对它们过去的组织结构提出了新的挑战（Bartlett and Ghoshal，1998）。

Bartlett 和 Ghoshal 的研究表明，任一特定行业中，每家跨国企业都应针对经营环境的变化制定出不同的战略和组织对策。世界上一些著名的跨国公司对此有着深刻的体会。

20世纪70年代的电子消费品行业，由于日本企业的快速发展，成本成为全球性竞争的决定性因素。这就要求企业建立事业部组织结构，集中进行业务管理和大规模生产，实现规模经济，建立全球效率优势。但是这种变化超越了通用电气（GE）跨国经营哲学所推崇的 mimi-GE（小通用电气）范畴，当通用电气被迫采取措施进行调整时为时已晚，许多市场已经被日本人蚕食殆尽。1987年，通用电气退出国内外电子消费品业务，将其出售给法国汤姆逊（Thomson）公司。

日本花王公司（Kao）在20世纪90年代以前一直是令宝洁与联合利华胆战心惊的对手，其高效集中的生产系统、国内市场垄断地位和完善的技术转让计划是其国际竞争力的重要来源。就是这样一个企业，能够在亚洲市场不断地攻城略地，却一次次地在欧美市场折戟沉沙、无功而返。面对欧美市场上不同于亚洲的复杂的消费者特征、习惯及期望，日本花王公司顽固坚持的事业部组织结构成了其跨国经营的最大障碍。

美国电话电报公司（AT&T）曾是全球第二大电信设备制造商，其联邦式的管理体制造就了大批强大、独立、富有企业家精神的子公司，这些子公司帮助美国电话电报公司经受住了从贸易保护主义、两次世界大战到激烈的地方竞争的一系列挑战。但是当20世纪70年代末数字交换技术和世界范围内的国际竞争者出现时，子公司的各自为政阻碍了美国电话电报公司技术资源和知识的整合，公司的领先技术不能及时得以转化和推广，不久就退出了国内市场。

美国通用电气公司、日本花王公司和美国电话电报公司都是世界上知名的大型跨国公司，这些公司在国际竞争中遭遇挫折与失败不仅是因为它们战略分析的失当，还应归咎于其组织结构的缺陷。当行业的性质、竞争的态势发生改变时，它们没有及时地进行组织结构的调整以配合公司的新战略，为此付出了惨痛的代价。

从引导案例可以看出，合适的组织形式是国际企业实施其经营战略和实现跨国经营目标的重要保证。国际企业的组织形式是多种多样的，没有一个适用于所有国际企业的最佳组织形式。因此，国际企业必须根据自身发展的情况和特点来设计或选择一个合适的组织形式，并且经常根据企业的内部情况和自身的发展以及外界环境的变化进行调整。

第一节 国际企业组织管理概述

一、国际企业组织管理的研究对象

组织职能是管理的基本职能之一。企业为了实现既定目标，一方面需要根据分工的原则，对企业的任务和部门进行划分，以有利于充分发挥企业各成员、各部门和各分支机构的专业特长与创新力；另一方面又要按照统一指挥、统一领导和提高效率的原则，通过管理层次的划分和合理授权，确定和协调企业各成员、各部门和各分支机构的职权、职责和相互关系，以利于企业的有效沟通和控制，为实现企业的总目标服务。企业在组织管理方面的这种工作就是组织结构的设计工作。

由于不同国际企业的经营环境不同，国际企业各分支机构所在国的政治、法律、经济、技术和文化环境各不相同，国际企业的组织管理比国内企业的组织管理更为复杂。国际企业需要根据企业的国际战略、国际化经营发展水平选择和设计最佳的组织结构。

国际企业的组织结构基本上可以分为两类：组织的法律结构与组织的管理结构。组织的法律结构涉及组织的法律形式，它规定了国际企业母公司与国外子公司及各分支机构之间的法律关系和产权关系。组织的管理结构又称组织的实际结构，是国际企业在经营活动中实际采用的结构，它主要涉及企业各部门、各分支机构任务和职权的划分，涉及企业的指挥和控制系统。组织法律形式的选择与确定属于管理计划职能研究的领域，国际企业组织管理则以组织的管理结构为主要研究对象。

在管理学研究文献中，国际组织管理大多只是针对国际企业组织结构的研究。然而随着经济全球化和企业国际化的发展，越来越多的中小企业也加入国际化经营的大潮中，它们同样面临着企业的组织管理问题。

国际企业组织管理的实质是要使企业的组织结构设置有利于提高企业的国际竞争力。国际经营环境的差异性、复杂性和多变性，要求国际企业的组织应该更多地具备灵活性、学习能力和自我调控能力，具有有效激励功能，以及有利于资源共享和统一协调等特征。

二、国际企业的法律组织形式

从法律形式上看，企业在国际化经营过程中，通过对外直接投资，到海外设立分支机构，形成了母公司、分公司、子公司等结构。

（一）母公司

一家公司如果拥有另一家公司的股权，并足以控制后者的业务活动，则该公司就是母公司（Parent Company），而另一家公司或其他几家公司就称为子公司。母公司的形成与控股公司的发展有关。一般来说，各国法律都规定，控股公司必须掌握其他公司的控制权。控股公司通过掌握其他公司的股权，就能以较少的资本控制许多公司的生产经营活动，从而维持其垄断地位。这种控制其他企业的公司也就成为母公司。

控股公司按是否从事工商业经营活动，可分为纯控股公司和混合控股公司两种。纯控股公司只掌握其他公司的股权或有价证券，不再从事其他业务活动，也不参与被控制企业的经营管理。混合控股公司则既从事控股参股活动，又从事其他工商业经营管理活动。混合控股不仅盛行于制造业，在金融业也十分流行。

一般说来，国际企业的母公司是一种混合控股公司，母公司掌握和控制子公司的股权,通过人事参与、战略管理和大政方针的决策,将子公司的生产经营活动纳入母公司经营战略的轨道。

为了有效、全面地控制海外子公司、分公司的运作,母公司必须做到:①制定整个公司的总体经营战略;②组织公司的生产、销售活动,研发公司所需的技术;③收集、整理、分析和提供各种信息;④确定母公司、分公司、子公司之间的转移价格;⑤负责海外机构的重大人事安排、培训等;⑥制定各种惯例、标准、行动守则,包括公司惯例程序、仲裁标准、管理准则、评价指标体系以及晋升和奖惩制度等;⑦处理与子公司、分公司之间的各种冲突、纠纷,以保证海外机构工作的自主性、积极性与创造性;⑧向海外机构推广新的管理技术与管理方法。

(二)分公司

分公司(Branch)是指公司的直属分支机构,无独立法人地位,必须正式授权东道国的某一公民或公司担任母公司在法律上的代理人,由母公司直接领导并对其控制。

分公司的基本特征包括:①使用总公司名称,没有自己独立的名称;②股份资本完全属于母公司;③没有独立的资产负债表;④以总公司名义,受其委托开展业务活动;⑤其清偿责任不限于分公司的资产,而是整个母公司的资产。

企业在国外设置分公司的有利方面,主要体现在以下三点:第一,设置程序简单。分公司不是独立的法人,在设置上只需以母公司的名义向所在国的有关管理部门申办即可。第二,管理机构精练。分公司在所有的经营决策上均服从母公司,不需要过多的管理部门与层次,只需保证顺利地执行母公司的决策即可。第三,直接参与母公司的资产负债。分公司自己不具有资产负债表,其收益与亏损都反映在母公司的资产负债表上,而且直接分摊母公司的管理费用。

企业在海外设立分公司也有不利的方面,主要体现在以下三点:第一,母公司要为分公司清偿全部债务。在特殊情况下,所在国的法院还可以通过诉讼代理人对母公司实行审判。第二,母公司在设置分公司时,所在国的有关部门往往会要求其公开全部的经营信息,这不利于母公司保守其财务秘密。第三,所在国往往关心自己本国的企业,一般很少关心国外分公司的经营状况。

(三)子公司

子公司(Subsidiary)是指那些资产全部或部分为母公司所拥有,但根据所在国的法律在当地登记注册的独立的法人组织。子公司在法律上的独立性主要表现在:①它有自己的公司名称、公司章程和资产负债表;②可以独立地召开股东大会和董事会;③以自己的名义开展各种经营活动,有诉讼的权利。从经营形式上看,子公司可以是母公司的独资企业,也可以是合资企业。

企业在海外设置子公司有利的方面包括:①子公司可以使母公司以相同的资本额控制更多的企业,即母公司原用于控制分公司的百分之百的股份,可以分成若干部分分别控制不同的子公司;②子公司独立承担债务责任,可以减少母公司的资本风险;③子公司可以有较多的资金来源渠道,充分利用所在国的资金市场;④子公司可以享受所在国的税收优惠政策，同时，子公司之间、子公司与母公司之间可以充分利用转移价格、转移利润，以达到少纳税或不纳税的目的；⑤子公司具有所在国企业的形象，可以被当地接受，在经营业务上也很少受到限制。

企业在海外设置子公司不利的方面包括：①子公司在国外注册登记的手续比较复杂，需要经过严格的审查程序；②子公司在所在国除了缴纳所得税以外，还必须缴纳利润汇出税——预提税；③子公司不能直接分摊母公司的管理费用。

分公司与子公司的特征及区别可用表4-1说明。

表4-1　　　　　　　　　　　　　　分公司与子公司的比较

分公司	子公司
设立并不复杂，只需得到当地政府的同意批准，但批准可能随时会被取消	须依当地法律设立，注册费用比较低，成立之后不易被取消
母公司对其有完全控制权，不利于公司形象的建立	控制权在子公司管理层，有较佳的公司形象，但母公司难以控制
资本全部来自母公司，母公司承担分公司全部债务	能适应本地资产参股，偿还责任限于子公司资产
分公司亏损可从母公司盈利中扣除；若盈利汇回母公司，母公司必须缴纳预扣税。在当地所得税享有租税抵扣待遇	亏损不得自母公司盈利中扣除，股息派于母公司时须缴纳预扣税，享有租税扣抵待遇
在天然资源开发上享有租税方面的减免待遇	无租税上的减免待遇

国际企业在设置国外组织机构时，需要综合考虑企业实力、社会形象、预期经营状况以及所在国的法律等，以采取更为合适的法律组织形式。

一般来讲，企业实力雄厚、国际知名度高，可选择分公司的形式，以利于借助母公司的声誉，打入国外新的市场；如果预期企业在国外的机构初期会有亏损，也可以选择分公司的形式，以减少总体的亏损。但是，如果所在国的法律对分公司的形式有较严格的限制，则需要考虑采用子公司的形式。

总之，国际企业需要从上述因素出发，综合分析分公司与子公司各自的利弊，以实现企业总体目标为目的，选择最适合企业利益的国外组织机构形式。

三、国际企业组织结构的演变

从事国际化经营的企业，其组织结构随着企业国际化程度的提高、国际业务活动范围的扩大，以及国际业务活动类型的变化而变化。国际企业组织结构的演变大体经历了以下四个阶段：

（一）出口部阶段

国内企业步入国际化的初期，通常是靠承接国外订单这种被动方式从事商品或服务的出口业务的。这一时期企业的国际业务通常规模较小、交易频率较低。由于企业总业务中的国际业务所占比重很小，因此，企业的组织结构在企业国际化初期一般也不需要做什么改变。企业的国际业务由特定部门监管，出口业务主要通过国内外的进出口贸易公司进行。

当企业的出口业务形成一定的规模、具有持续性和稳定性特征时，企业就真正进入了国际化发展的初级阶段，即主动进出口阶段。国际业务量的猛增，使企业需要专人和专门的机构来经营和管理国际业务，这就要求企业对现有的组织结构进行调整。最简单的调整方法是在企业原有的组织结构基础上，单独设立一个新的部门，即出口部。

企业采用独立的出口部组织结构后，可以继续通过国内外贸易公司从事进出口业务，也可以在国外设立销售和服务机构，建立仓储设施等。

（二）自治子公司阶段

随着企业国际化的发展，企业开始采用在国外设立子公司的方式进行国际业务的扩张。由于建立国外子公司的初期，子公司的规模通常较小，数量也不多，而且子公司的业务量在母公司的总业务量中所占的比重不大，再加上母公司本身尚缺乏国际经营管理经验，企业通常授予国外子公司全部的经营权和管理权，让国外子公司独立地进行经营管理、开拓国外市场。换句话说，在这一阶段，国外子公司具有自治子公司的性质。从组织结构方面看，企业只是把国外自治子公司纳入现有的组织结构中，母公司的出口部或公司主管经理兼管国外子公司的业务。这种自治子公司的组织结构简单易行，母公司通常不需要对子公司实施直接控制，而是通过营利指标建立起母子公司之间松散的控制关系。这种组织结构是国内企业走向国际化初期采用的一种重要形式，促进了国外子公司的发展。

（三）国际部阶段

随着国外子公司规模和业务量的进一步扩大，国外子公司的业务成为国际企业整体业务的重要组成部分；而国外子公司数量的增多则要求加强母公司与子公司之间的联系，协调母子公司之间和各子公司之间的关系，以便有效、合理地配置企业的总资源。在此要求下，国际企业在现有组织结构的基础上，增设了国际部，主管企业的国际业务。国际企业组织结构的这一变化标志着其发展进入了一个新的阶段。

与出口部和自治子公司组织结构相比，国际部组织结构的重要特点之一，是母公司与子公司建立起正式的联系，加强了企业各部门之间的横向联系。20世纪60年代后，国际部组织结构逐渐发展成为国际企业的主要组织结构类型。

（四）全球组织结构阶段

随着经济全球化的发展，国外子公司的规模和业务范围进一步扩大，使对企业国内业务和国际业务分别进行管理的原有的国际部式组织结构已经无法适应新形势的要求了，新式国际企业组织结构——全球组织结构出现了。

全球组织结构要求企业实施全球战略，从全球的角度更有效、合理地配置企业资源；企业不再把国内业务和国际业务割裂开来，不再把它们分别交由国内部和国际部分管，而是以有利于全球业务的发展为目标，不再强调国内业务与国际业务的区别，使企业的每个部门都既管理国内业务又管理国际业务。此外，母公司为了更好地实施公司的全球战略，加强了对国外子公司的控制。

第二节　国际企业的生命周期与组织设计

企业的组织结构设计与企业生命周期的长短有着密切的关系。在竞争激烈的国际环境中，企业不进则退，只有不断创新，形成自己的组织优势，才能在竞争中生存和发展。世界上一些大型和超大型跨国公司之所以能够历经百年而长盛不衰，其组织不断创新、滚动发展是其重要原因之一，如在半导体和通信领域久负盛名的美国摩托罗拉公司从当年750美元、5名雇员起家发展到一个全球性的跨国公司的过程，就是企业组织结构不断创新的典范。

一、国际企业的生命周期与组织结构

企业种类繁多，差异很大，不同企业的生命周期差别也很大。有的企业昙花一现，尚未形成大的规模就夭折了；有的企业虽然形成了一定的规模，但在建立现代企业制度、以科学的管理手段持续发展的路上败下阵来；有的企业经久不衰，规模越来越大，如荷兰的飞利浦公司、美国的通用电气公司等。企业的生命周期大致可以归纳为创业、规范化、成熟和衰退四个阶段（如图4-1所示）。在不同的发展阶段，企业的组织结构各不相同，采取的调整策略也不相同。

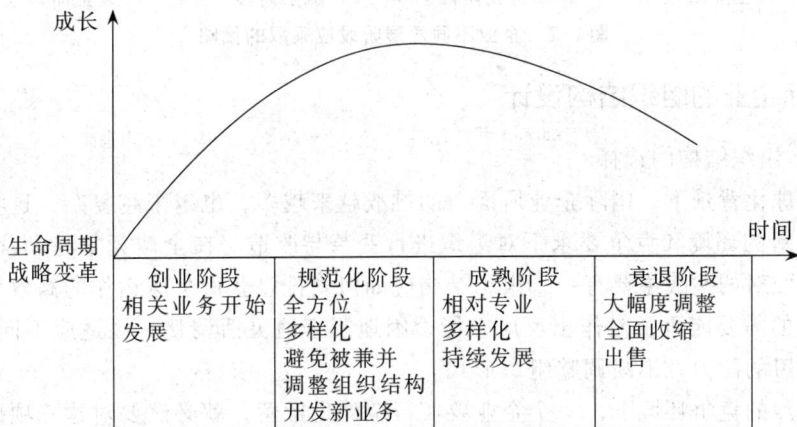

图4-1　企业生命周期

创业阶段是企业的幼年时期。在这一阶段，企业规模小、人心齐、关系简单，一切由投资者指挥决策，高层管理者直接设计企业结构和控制系统。企业能否生存、发展完全取决于高层管理者的素质和能力。

规范化阶段是企业的青年时期。企业在市场上初步获得成功，人员迅速增多，规模不断扩大。投资者经过磨炼成为管理专家，或者引进有管理企业才能的专门人才，重新确立发展目标；按照权力等级建立各个部门，员工情绪饱满，对企业有很强的归

属感和自豪感。企业系统内的沟通和控制机制基本上还是非正式的，仍由具有很高权威的领导者主宰一切。

成熟阶段是企业的中年时期。这时企业已有相当规模，增加了许多参谋和辅助机构，制定了一系列加强管理的规章制度，高层与中下层管理者建立了正式的协调控制系统，有明确的分工，按规范化、程序化的模式开展工作，一切秩序井然。这时企业容易出现惰性，随着时间的推移会出现信息失真、指挥不灵、工效不高等"大企业病"。

衰退阶段是企业的老年时期。在这一阶段，企业管理不善，员工人心涣散，利润大幅度下降，出现严重亏损，难以生存。

企业在其发展的不同阶段应采取不同的调整策略，如图4-2所示。

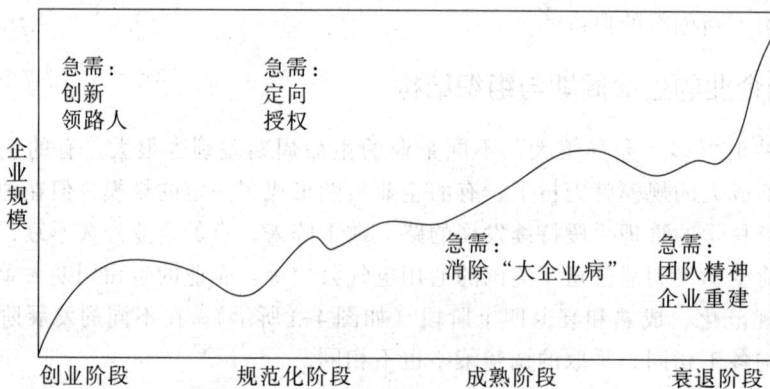

图4-2　企业不同发展阶段应采取的策略

二、国际企业的组织结构设计

（一）组织结构的选择

在全球化背景下，国际企业所面对的挑战越来越多，也越来越复杂，这将迫使国际企业在新的环境和竞争要求下对组织进行变革与改造。在全球竞争与经营条件下，国际企业面对的挑战主要有：①组织结构应如何安排以获得全球运作的高效率；②对各东道国的需要能否及时作出反应，能否因地制宜地灵活调整，以适应不同的需要；③全球学习的能力，不断调整组织形式。

在激烈的竞争环境下，一个企业要实行全球化经营，就必然要对这三项挑战作出回答。然而，要实施这三个方面都得到周全考虑的组织战略是非常困难的，走向全球将使任务更艰巨、组织更复杂。满足上述需求需要借助组织的扁平化、员工的充分自主权和主动性、企业文化的整合、品牌与质量意识的树立、柔性生产体系、快速的产品开发创新、高效的配送体系、有力的营销手段等，才能达到目标。

一个有效率的组织必须遵循"战略决定结构"的基本原则。由此，企业必须首先制定出国际经营战略，然后在战略的指导下，确定能有效实施这一战略的组织结构。企业在构建组织结构时，有三个问题必须作出回答：

（1）企业是否应该把结构分成国内分部和国际分部？是能利用国内分部有效经营，还是需要建立国际分部来完成战略任务？

（2）企业的组织管理将采取何种形式，是按产品、地区、职能、矩阵划分，还是采取混合的组织结构？

（3）怎样使组织的不同部门最有效地结合起来，分工协作，实现合作的目标？

对这三个问题的回答需要考虑多个方面，一般涉及多个关键因素，在某种情况下，有些因素起到至关重要的作用，组织将依此而设计。不过，在多数情况下，组织结构必须根据多个因素的相互作用而设计。

第一，国际经营在企业经营中的地位。企业要分析当前与未来国际市场的相对重要性。如果企业的国际业务目前只有不到10%，也许设立一个出口部就可以完成业务工作，因此，企业采取出口部结构能适应经营上的需要。如果企业预计在未来几年内国际业务将增长到25%以上，那么它就需要考虑建立国际化结构或全球结构；否则，就难以处理由业务快速增长所导致的组织结构问题。总之，企业要根据国内市场、国际市场的相对重要性和企业发展战略来进行组织结构的设计。

第二，企业从事国际经营的历史与经验。如果一个企业只开展了很少的国际经营活动，它就应该选择容易理解和简单的组织结构。如果企业在国际市场上经营了几十年，积累了丰富的经验，有国际管理经验丰富的经营者，它就有条件选择较为复杂的组织结构。一般情况下，在企业国际经营的初级阶段，企业常把国际经营从国内经营中分离出来，设立基本的组织来集中处理国际业务；而在国际经营的高级阶段，企业的国际经营活动日益广泛与复杂，组织结构的考虑与设置将更多地从如何协调企业内部之间的关系与活动以充分发挥企业内部潜力的方向着手。

第三，企业的经营性质与产品战略。选择企业的组织结构形式，也要考虑企业的经营性质与产品战略。如果企业只生产少数几种产品，市场相对集中，产品的市场调整不大，那么全球职能结构十分有效，是企业的首选结构；如果企业的产品线不多，最终用户市场、营销手段与渠道具有相似性，那么，全球地区结构比较适合；当企业产品线多、最终用户分散、涉及高技术领域时，全球产品结构具有较大的优势。

第四，企业管理特色与经营哲学。有些企业成长得很快，又愿意冒经营的风险，因此不断调整组织结构；而有些企业小心谨慎，只有在迫不得已的情况下，才改变其组织结构。同样，国内总部对海外经营严格控制的公司与那些给予地方子公司一定的自主权，鼓励它们自主决策，以保持在当地的竞争力的公司相比，会采取不同的组织结构。欧洲一些国际企业的经营哲学使其更倾向于选择有利于实行集中管理的组织结构形式，职能结构被广泛地采用。而美国的国际企业常乐于采取分权决策的结构，为使这种结构更有效地运行，常设立某些控制机构，如设置利润中心来实施控制、监督与协调。因此，许多美国跨国公司在产品结构和地区结构的基础上建立公司的组织结构。另外，企业对业务经营的控制方式也有差异。例如，日本的国际企业乐于采用非正式的控制方式，而美国的国际企业更倾向于使用预算、财务数据以及其他正式的管理工具。

第五，企业管理人员的能力。企业拥有的管理人员的数量和质量也决定着企业对组织结构的选择。一般来说，企业的组织结构越复杂，要求管理人员的数量就越多且质量越高。因此，如果企业拥有一大批高素质的管理人员，就有能力选择全球性结构；反之，企业的管理人员数量少、质量又不高，则只能选择相对简单的母子公司结构；若人员少但素质高，则可以选择全球性职能结构。

第六，企业对重大组织结构变动的适应能力。在国际经营中，企业会不断调整组织结构，以适应销售量不断增加的需要。但组织结构的较大调整会打破原有的结构与内部工作关系，如国际业务的增加会要求国内部经理放弃一部分权力，国内经营业绩对整个企业的影响力也会下降，如果他们不愿意这样做，有时会用业绩来阻止结构变动。一些经理常会建立自己的小小独立王国，往往不愿意放弃自己的权力。当企业调整能力有限、愿望不大时，有时不得不作出一些非正式的局部结构变动。

企业组织结构的最终选择，往往由企业最高决策层作出。但是，在实践中，最高决策层一般很少把重大变动的决策强加给那些直接受到这一决策影响的人，而是反复考虑人事安排问题，最终出台一个企业与个人均能接受的方案，从而形成一个既考虑组织变动要求又比较人道的组织结构形式。有时这个结构并非理论上的最佳方案，而是一个妥协折中的结构。

（二）组织结构设计的主要原则

组织结构设计是针对企业的经营活动，把任务、责任、权力、利益有效组合和协调的过程。其目的是协调组织中人与事、人与人之间的关系，最大限度地调动人的积极性，提高其工作绩效，更好地实现企业目标。

现代企业组织结构设计一般要遵循以下原则：目标导向原则，分工与协作原则，信息沟通原则，统一指挥、分级管理原则，权责对等原则，精简高效原则，稳定性与适应性原则。对国际企业而言，还需要重点关注以下原则：

1. 全球化与本地化平衡的原则

全球化与本地化是影响国际企业组织结构设计的两个非常重要的变量。如何平衡全球化与本地化，是国际企业在组织结构设计中必须要考虑的问题，也是最具挑战性的任务。为了在全球市场上获得竞争优势，扩大经营规模和对市场变化作出快速反应，国际企业必须强化其在全球范围内的控制与协调能力，以实现最佳的资源配置。经济全球化要求国际企业必须具有全球视野，发展战略必须体现全球经营的特点。同时，每个地区市场的波动及变化同样会影响国际企业在全球范围内的业务运作。本地化要求国际企业考虑不同地区的差异性，并按照这种差异性制定与实施企业国际化经营的具体措施。

因此，在组织结构设计过程中，国际企业必须兼顾全球化与本地化的要求。结构选择一方面必须能以全球范围内的利润最大化为目标，进行生产的专业化分工，追求规模经济，在全球范围内与企业内的各实体共享管理、技术、知识和信息资源；另一方面又必须在其经营的市场上实现当地化，根据不同市场的特点开发、生产和销售产品，利用当地优秀的管理人才，并与当地政府部门打交道。

2.文化适应性原则

国际企业在进行组织结构设计时，也必须考虑文化因素。由于文化的差异性，人们对组织的理解、在组织中的活动方式、对组织权力分配的态度，以及对组织内部人际关系的看法等，都具有差异性。例如，在权力距离指数高的国家，窄幅度、多层级的组织结构能被员工接受；而在权力距离指数低的国家，宽幅度、少层级的组织结构更能有效运作。在回避不确定性程度高的国家，决策的高度集中是风险管理的有效形式；而在回避不确定性程度低的国家，决策分散化则会成为培养员工冒险精神及创造性的激励因素。在集体主义价值观占统治地位的国家，任务的明确性与责任的清晰性是组织结构设计过程中所强调的重要因素。所以，对国际企业来说，在规划整体组织结构设计方案时，必须考虑下属子公司所在国家的文化特征，并在组织结构设计的过程中体现这种文化的多样性。

第三节　国际企业组织结构的类型

国际企业组织结构是在国内企业组织结构的基础上发展起来的，它与国内企业组织结构有许多相似之处，但是在国际化经营条件下，特别是在经济全球化条件下，国际企业组织结构还是呈现出许多新的特点。

国际企业组织结构大体上可分为两类：传统组织结构和全球组织结构。

一、传统组织结构

国际企业的传统组织结构又称为多样化组织结构，主要包括出口部组织结构、自治子公司组织结构和国际部组织结构。这些组织结构的共同特点是国际企业的国内业务和国际业务是相互分离、各自独立的。国际企业通常是在原有组织结构的基础上，增设主管国际业务的部门，如出口部和国际部，负责企业的国外业务。

（一）出口部结构

国际企业的出口部通常是在企业现有国内组织结构的基础上，在销售部下增设的；或者增设与国内销售部和其他部门并行的出口部，专门负责企业产品和服务的出口业务，以及在国外选择销售和服务代理，或建立国外销售和服务机构以及仓储设施等，由企业的总经理具体管理。国际企业出口部组织结构如图4-3所示。

出口部结构的优点是结构简单、便于管理，它能够适应企业国际化起步的需要。出口部结构的局限性在于这种结构只适用于具有简单出口业务的企业，难以适应国际化发展程度高、国际业务规模大和从事多种国际经营活动的国际企业的需要。

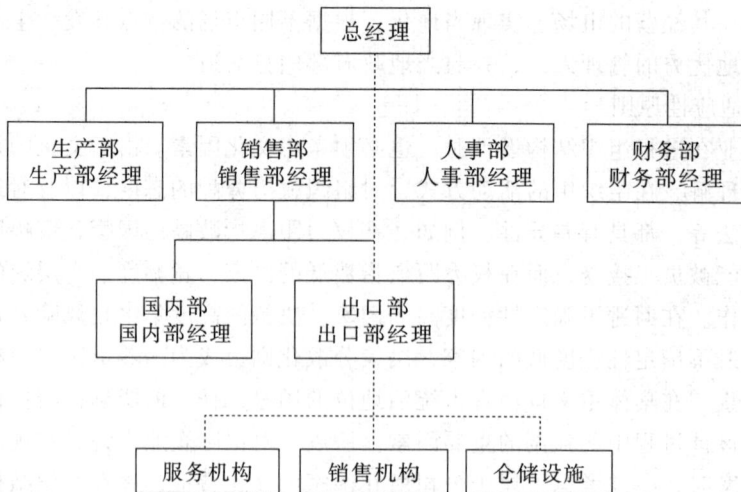

图4-3　出口部组织结构

（二）自治子公司结构

自治子公司组织结构与出口部组织结构形式上相同，都是对企业国内组织结构的一种补充。但是它们在内容上有很大差别：出口部只负责企业的出口业务，企业在国外没有设立独立的子公司；而自治子公司结构则是针对在国外设有子公司的国际企业，子公司在国外从事生产和销售等活动。

自治子公司结构有两种情况：一是国际企业在不同国家和地区建立独立的子公司，在国际企业内部，其作为独立机构直属于母公司，接受总经理的指挥（如图4-4中的a所示）；二是国际企业在不同国家和地区建立独立的子公司，接受企业销售部主管的指挥（如图4-4中的b所示）。

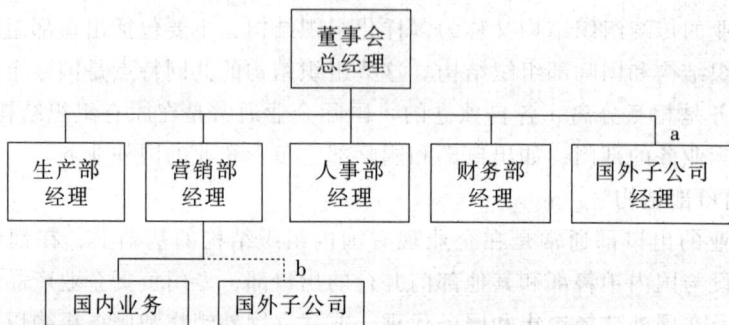

图4-4　自治子公司组织结构

自治子公司结构最重要的特点是国外子公司拥有很大的决策权和经营权，基本上实行自主经营、自治管理。母公司与子公司之间的关系是一种松散的和非正式的联系，只要子公司能够完成母公司的利润指标，母公司将不会干预子公司的经营活动。

自治子公司结构的优点：一是自治子公司对国外市场有较强的适应力和高度的灵活性，子公司可以根据所在国市场的变化及时调整公司战略与经营策略，这有利于开拓国外市场;二是有利于子公司实施本地化经营战略,生产和销售适合国外市场需要的产品,并可以通过吸收当地的资金和人力资源,参与社会公益活动等,搞好与当地政府的关系。

自治子公司结构的局限性:一是母公司与子公司间缺乏密切联系,这会导致母公司缺乏对子公司经营状况的了解,从而缺乏对子公司的有效控制和支持;二是使自治子公司只关心自身利益,而很少会考虑整个公司的利益,总公司很难将自治子公司的经营纳入公司的整体发展战略中。

(三)国际部结构

国际部(International Division)是国际企业在现有组织结构的基础上设立的专门负责企业所有国外业务的事业部。国际部由企业副总经理负责,在企业内部具有与其他国内分部同等的地位(如图4-5所示)。

国际部通常把国外业务的绝大部分经营管理权集中起来,统一指挥。但是对于作为独立法人的国外控股公司,企业会给予它们较大的独立自主权。此外,许多规模大的国际企业还实行国际部区域化方案,设立地区国际部。

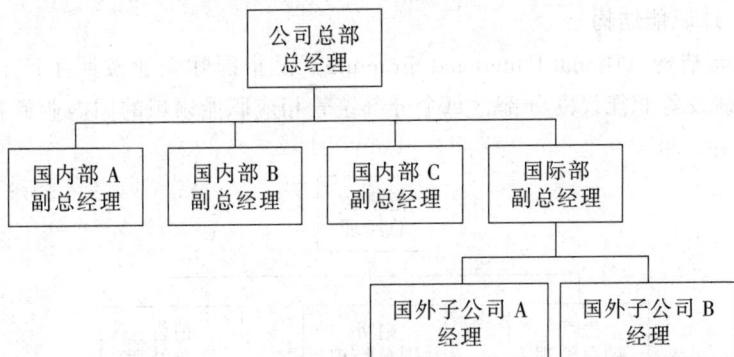

图4-5 国际部结构

国际部结构的主要优点有:第一,有利于企业对国外业务进行集中管理和协调,使企业能够加强对国外子公司的支持和控制,有效协调国外各子公司之间的关系,实施企业总的发展战略;第二,有利于企业总结国外子公司国际商务活动的经验,更好地开展国际业务和对国外子公司经营活动的管理;第三,有利于企业利用专业化分工原则,开拓国际市场;第四,有利于培养国际型管理人才;第五,可以避免国内部和国际部间的权限之争;第六,有利于满足国外市场对标准化产品和服务的需要。

国际部结构的主要局限性有:一是不利于企业国际部与国内部间的沟通与交流,甚至会导致二者的冲突;二是由于国外子公司的决策权受到限制,其灵活性较差,对国外市场变化的反应速度受到较大影响。如果一个企业的国外业务活动对国内生产的依赖性很强,未与国内部有效地沟通和协调,企业就无法充分利用国外市场的发展潜力,因为国内部对按国际市场需求调整生产的兴趣不大。国内部与国际部在目标、利益、市场、经营管理等方面的差异有时会引发冲突,从而不利于企业总战略目标的实现和资源的优化配置。

国际部结构是国际企业采用最多的一种组织结构。当国际企业的国外业务规模不是很大、多样化程度较低，且还未拥有足够的掌握国际管理知识和技能的管理人员时，较适合采用这种组织结构。

二、全球组织结构

随着国际企业规模的迅速扩大和国际业务量的猛增，企业的国际化程度不断提高，国际业务以及国际管理的复杂程度也都在不断提高。传统的组织结构已经无法适应这种发展的需要，于是形成了全球性的组织结构。

全球组织结构又称一体化组织结构，其总的特征是企业把国内业务和国际业务视为一个整体，按照层级制原则设立组织机构。根据一体化程度的不同，国际企业的组织结构又有区域一体化组织结构和全球一体化组织结构之分。前者是局部性的全球组织结构，后者是完全的全球组织结构。

全球组织结构可以大体分为五种类型：全球职能结构、全球产品结构、全球地区结构、全球矩阵结构和全球混合结构。

（一）全球职能结构

全球职能结构（Global Functional Structure）是指国际企业按照生产、销售、财务、采购和研发等职能设立分部，每个分部统管相应职能领域的国内业务和国际业务（如图4-6所示）。

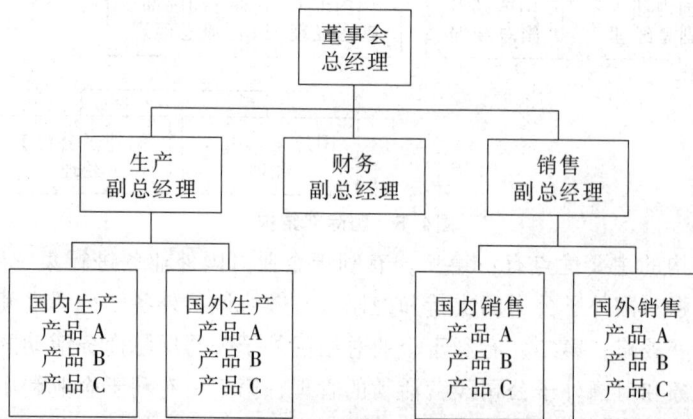

图4-6　全球职能结构

全球职能结构的主要优点有：第一，有利于充分发挥专业化分工的优势，对国际企业的复杂业务实行统一、有效的专业化管理。第二，易于实施全球战略。由于企业按职能将其国内外经营决策权加以集中，就使其能够根据全球战略的需要对企业的业务活动进行集中控制和协调。第三，能够减少对管理人员数量的需求。全球职能结构可以避免机构、人员的重复设置和多头领导，使企业用较少的管理人员实施对庞大、复杂组织的控制。第四，有利于减少国外子公司之间的矛盾与冲突。因为成本核算和利润考核工作主要集中在企业总部，子公司不存在利润核算问题，这就减少了各子公司之间可能出现的利益冲突。

全球职能结构的局限性主要体现在：第一，企业总部的协调工作量大。因为企业的各职能部门间缺乏横向联系，企业总部需要对各职能部门，特别是要针对有密切联系的研发、生产和销售部门做大量协调工作。第二，不适合企业开展多种经营。按职能设计组织结构通常只适用于无差异或少差异化的产品生产和销售企业，多种经营会影响企业的决策速度，加大企业的协调工作量。第三，不利于企业经营活动的地域扩张。因为不同国家的市场条件不同，企业总部很难要求在不同国家的子公司都按与总部相一致的职能结构设立部门。

（二）全球产品结构

全球产品结构（Global Product Structure）是一种把产品或产品线作为设立部门标准的组织结构类型。每个产品分部都对国际范围内的研究与开发、原材料的采购、产品的生产和销售等负责，企业的国内业务和国际业务归属于各个不同的产品分部（如图4-7所示）。

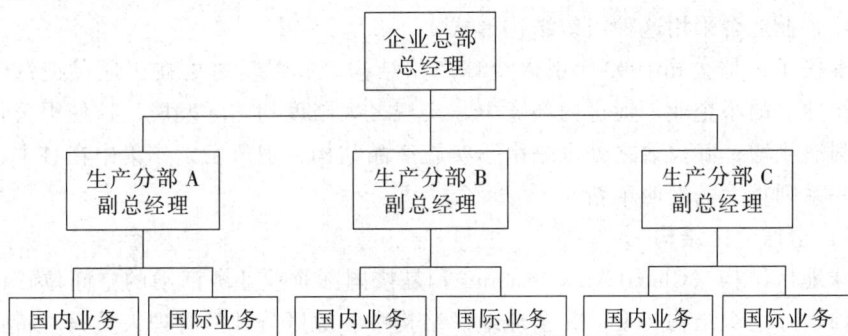

图4-7 全球产品结构

统计资料显示，20世纪70年代初，《财富》杂志排名前500的公司中大约90%采用的是全球产品结构。之所以有如此众多的国际企业采用全球产品结构，主要是因为这种组织结构具有以下几个突出的优点：第一，它有利于协调全球范围内的产品生产和销售，能提高企业的全球生产和经营效率。国内和国际业务的紧密结合可以使企业的国内外业务相互补充，有利于发挥规模经济效应；按产品或产品组确定权责，可以降低实行全球产品战略的复杂性。此外，企业容易收集和利用相关市场和产品的国际经营信息。第二，它有利于国际企业进行多元化经营。不同国家的市场对产品和服务的需求以及经营风险各不相同，企业国际化经营减少风险的最重要的方法之一就是进行多元化经营。进行多元化经营的国际企业采用全球职能结构的协调工作量和协调成本都很大，而采用全球产品结构则能较好地解决这一问题。第三，它有利于企业根据产品在不同国家所处生命周期的差异安排生产和销售。第四，它有利于国际企业进行多元化经营。一方面，产品分部的主管人员可以把精力放在降低产品成本上；另一方面，企业总体上实施产品多元化经营战略，能够有效地提高企业的国际竞争力。

生产的产品数量多且产品的全球标准化程度高的国际企业，特别适合采用全球产品结构。当然，全球产品结构并不意味着企业提供给国内市场、国际市场的产品和服务必须是统一的、标准化的。国际企业可以在产品分部下再设立国内业务和国际业务分支机构。对于程度较高的区域一体化组织，如欧盟，一体化成员间的国际商务活动被看作"国内业务"，其与非成员间的业务才是国际业务。

全球产品结构的主要缺点有：第一，产品分部较难充分考虑到不同国家市场的不同特征，从而使公司失去对当地需求的及时回应。第二，导致各分部人员和设备的重复设置，造成组织资源的浪费。第三，不利于不同产品分部之间的沟通、协调和合作，不利于不同产品分部之间的资源共享和利用。不同产品分部之间缺少沟通和协调，会使本可以共同委托给第三方完成的项目不得不分别由各个产品分部独立进行。此外，同一地区的不同产品也将难以实现协调，一个产品分部很难对其经营地区所需要的其他产品进行协调。第四，不利于拥有国际经营专业知识、熟悉国际经营的管理人才发挥其优势。第五，容易过度强调产品特征，从而容易忽视企业的全局利益。

以多元化经营为主，在全球范围内使用不同的技术，以及进入结构不同的国外市场的国际企业适合采用这种组织结构形式。

日本松下电器公司1993年引入全球产品结构。其成功之处在于通过把每个生产部门看作独立的小企业，促进内部竞争，实现最大限度的国际发展，这使得公司的销售额和利润剧增；其失败之处也是由于实施产品结构，把研发工作集中在日本，从而错过了一系列重大的发明革新。

（三）全球地区结构

全球地区结构（Global Area Structure）是按国际企业业务活动的空间位置设立部门的一种国际组织结构类型。在全球地区结构中，地区分部的管理人员只对特定地区的产品和经营活动负责，每个地区分部主管一个或若干个国家的业务，下设跨国或跨地区的子公司。根据需要，地区分部的下属机构可以按地区也可以按产品或职能设立（如图4-8所示）。

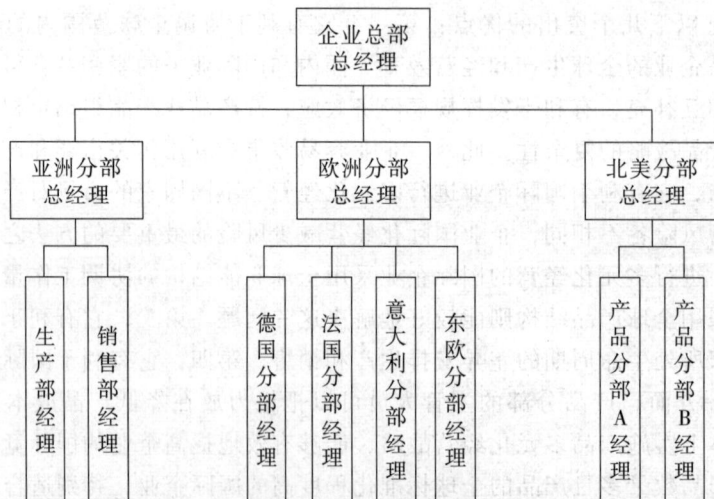

图4-8 全球地区结构

全球地区结构给予地区和下属国家子公司高度的决策权和经营权，它们有权根据所在地区和国家的特殊环境确定及调整经营战略。例如，美国的IBM、通用汽车公司，欧洲的飞利浦、西门子公司等在全球许多地区都设有影响力很大的地区总部。

采用全球地区结构的国际企业，一方面能够提供适合一个地区的标准化、同质性的产品和服务；另一方面又积极推行本土化战略，企业的地区分部致力于生产和销售适合特定地区和国家的产品。例如，企业生产、销售针对不同地区和国家环境特点的化妆品及饮料等。

在国际化经营实践中，很多强调销售或营销对企业发展具有重要作用的国际企业都采用全球地区结构。美国的很多国际企业在采用全球地区结构方面已经取得了成功，欧洲的部分国际企业是逐渐接受这种组织结构类型的。此外，也有一些国际企业采用全球地区结构是为了利用或消除贸易壁垒、获取利润。例如，母公司为子公司提供生产技术和管理支持，子公司在所在国生产和销售与母公司同质的产品。这使企业易于进入所在国市场，又可以靠所在国的贸易壁垒防止其他新竞争者进入，从而保证企业能够获利。

全球地区结构的主要优点有：第一，易于适应地区环境。一方面，企业容易适应地区和国家的政治及法律环境；另一方面，企业也容易更快、更好地适应地区市场和经营环境的变化。第二，有利于企业各地区的子公司之间业务的协调。地区分部可以在地区范围内对地区市场所需的各种产品进行协调，以更好地满足市场需求，克服全球产品结构只能协调产品分部生产和经营的产品的缺陷。第三，有利于对地区分部内各国资源的统一调配和充分利用，提高资源的使用效率。第四，有利于培养国际管理人员。企业总部的管理人员可以通过地区分部收集和利用不同地区、不同国家的市场信息和经营经验，提高所制定的企业战略的质量和协调地区业务的能力。与全球职能结构和全球产品结构相比，全球地区结构的分部管理人员需要协调、处理有关各个职能部门之间和不同产品生产之间的多种复杂关系，从而有利于培养具有整体协调能力的国际管理人员。

全球地区结构的主要局限性包括：一是不利于地区分部之间的交流与协调；二是容易使地区分部过度强调地区特点和地区利益，影响企业全球竞争优势的发挥；三是不利于地区分部之间相互学习，因为地区的环境不同，在一个地区成功的管理经验不一定可以运用到另一个地区；四是对含有较多异质性产品生产的地区分部进行协调的工作量和难度都很大。生产标准化和同质性产品的国际企业更适合采用全球地区结构。

（四）全球矩阵结构

全球矩阵结构（Global Matrix Structure）是全球地区结构、全球职能结构和全球产品结构的组合型组织结构，它通常是二维矩阵结构（如图4-9所示）或三维矩阵结构（如图4-10所示）。全球职能结构和全球地区结构的组合是国际企业采用较多的矩阵结构类型。但是有些国际企业也采用三维甚至四维矩阵结构。例如，美国的道化学公司就是采用全球三维矩阵结构的国际企业，其组织结构由5个地区、3个职能（营销、生产和研发）和70多种产品组成。四维矩阵结构则是在职能、产品和地区结构的基础上，再加上时间或项目等因素作为第四维度构成的组织结构。例如，当一个国际企业进入的多个国外市场处于不同的发展阶段时，采用考虑时间因素的四维矩阵结构就很有必要。

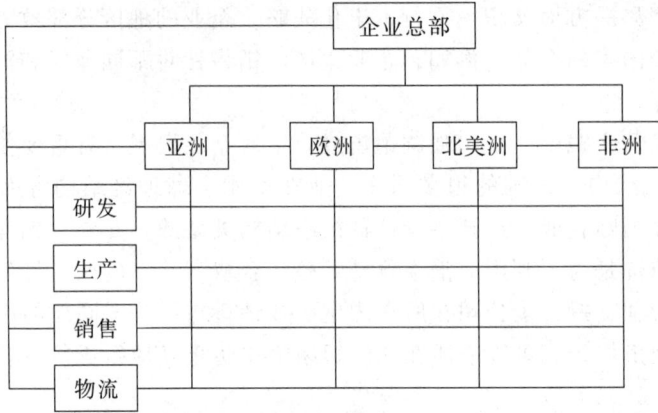

图4-9　二维全球矩阵结构

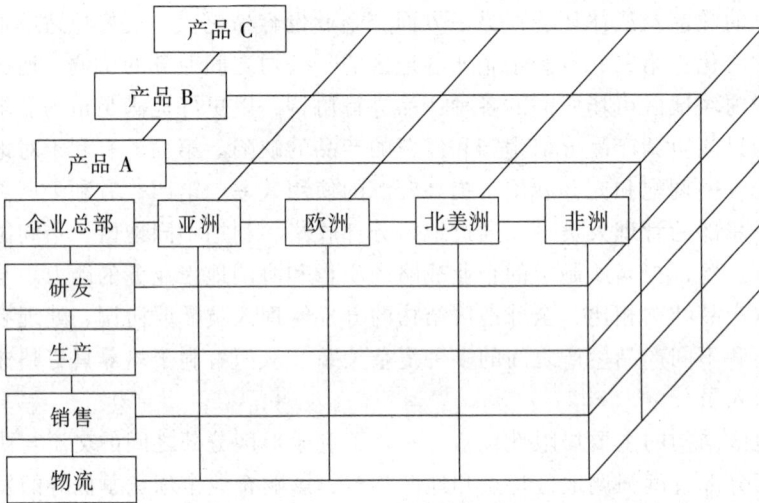

图4-10　三维全球矩阵结构

全球矩阵结构的优点是：第一，有利于开展日趋复杂的国际经营活动，兼顾产品结构、地区结构和职能结构的优势。一维组织结构的弱点是强调一种组织结构的优势时，一般无法兼顾利用另一种组织结构的优势。例如，采用全球产品结构时，无法兼顾对不同国家的不同产品进行集中协调。全球矩阵结构能够较好地解决这一问题。第二，有利于企业内部地区、产品和职能部门之间的合作与协调以及企业全球战略的实现，防范企业经营分散化风险。

全球矩阵结构的主要局限性是：第一，存在的多重指挥系统会导致企业管理效率降低。第二，协调工作量大，管理成本高。企业总部需要协调产品、地区和职能分部之间的关系，而庞大、复杂的组织则需要较多的管理层次。第三，企业需要拥有足够多的训练有素的国际管理人员。复杂的全球矩阵结构要求管理人员熟悉多维管理系统，掌握处理企业内部复杂关系的管理技巧。例如，3M公司要求各部门主管必须向职能、地区和经营主管报告工作。

（五）全球混合结构

全球混合结构（Global Mixed Structure）是把全球产品结构、全球地区结构和全球职能结构加以组合的又一种组织结构类型。尽管全球混合结构与全球矩阵结构都试图把二维或多维因素的优势结合起来，在一个企业内按混合因素设立部门，但是它们也存在着较大差别。全球矩阵结构是二维或多维因素在企业组织结构中的全面组合，企业各部门之间有着全面、广泛的联系；全球混合结构则只是企业的部分部门按混合因素进行组合，部门之间的联系也只发生在有组合关系的部门。全球混合结构可以有两种情况：一是国际企业总部之下的二级部门是按产品、地区和职能混合设立的；二是企业的两个二级部门混合对下属子公司进行管理，形成一个企业的局部矩阵结构。图4-11是全球混合结构的简图，图中用虚线连接代表产品分部与地区分部共同负责协调、管理在某地区的产品子公司。企业从全局协调各产品分部、地区分部和职能分部的活动。

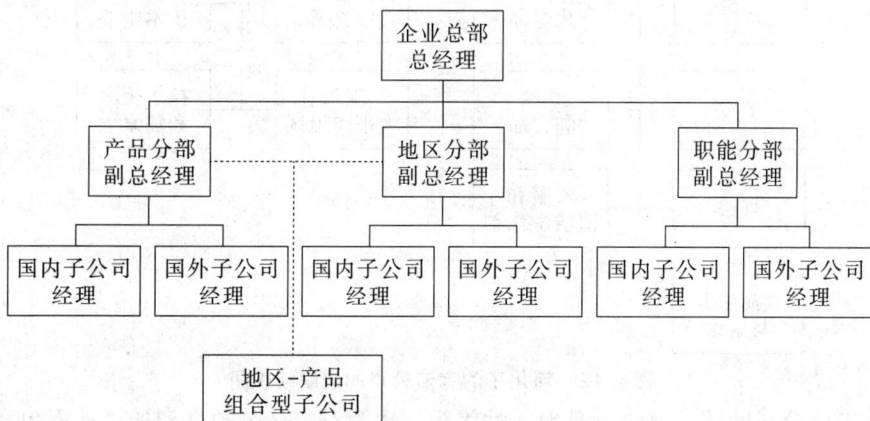

图4-11 全球混合结构

全球混合结构的优点大体与全球矩阵结构相同：一是有利于吸收产品结构和地区结构的优点，既保证企业全球战略能够得以实施，又使企业能够根据地区和国家市场的特点及时对产品进行调整；二是有利于加强企业各部门之间的横向联系，促进部门间的合作与协调；三是易于进行组织结构的调整，企业可以根据经营环境的变化和国际经营的需要，对现有的混合型部门及时调整或设置新的混合型部门。

全球混合结构的局限性主要体现在管理方面和部门协调方面的难度上。由于全球混合结构是一种非常规化的组织结构，因此，各部门之间的差异性很大，不易管理和协调。

宝洁公司是为数不多的仍采用国际部结构作为主要组织结构形式的大型国际企业。宝洁公司按照产品分部的形式来构建其在美国的公司，同时按照国际部的形式来组织在其他国家的生产。一般来说，对一个拥有从洗衣皂到保健与美容护理产品等

40大类产品的公司来说，国际部不能很好地运转。但是，宝洁公司却是一个运营很成功的公司。为什么国际部能够在宝洁公司有效地运转呢？它是如何运转的？从许多方面看，宝洁的国际部是与其在美国的总部平衡的部门。国际部之下是一个混合的地区与产品组织，它将公司在世界范围内分为三个大陆集团，其中欧洲被分为两个广义的产品集团。在欧洲，理查德森·维克斯（公司）负责保健与美容护理产品，欧洲技术中心负责其他产品。图4-12是简化了的宝洁公司的组织结构图。

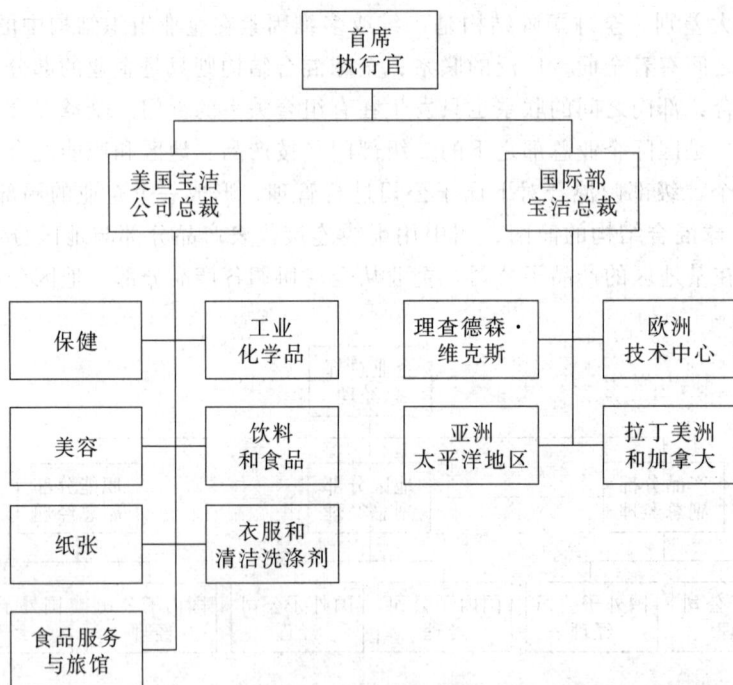

图4-12　简化了的宝洁公司的组织结构图

在宝洁公司的国际部之下是地区性组织，因为对宝洁公司生产的诸如面包和黄油这样的消费品而言，地区性调整是十分必要的。地区经理有责任重视本地区的产品开发需求。然而，虽然在组织结构图上没有标明，但是这些地区经理还应对国际范围的产品开发负责。如果一个地区开发出一种好的产品，那么，公司文化和高层管理者就会鼓励将这一信息与美国以及其他地区的产品部共享。

我们将以上五种全球性组织结构的适用条件、优势和不足进行比较，结果见表4-2。

三、国际企业组织结构的新发展

国际企业的组织结构随着环境的不断变化也在不断发展，近年来出现了一些新型的组织结构，如控股公司结构、国际网络结构、虚拟企业结构和无边界企业结构等。

表4-2　　　　　　　　　　　　　　　五种全球性组织结构的比较

名称	组织结构的适用条件	组织结构的优势	组织结构的不足
全球职能结构	(1) 经营的产品种类不多且多为标准化产品、市场需求量较稳定的企业 (2) 需要以全球为基础、对由各个阶段构成的整个生产过程进行紧密协调和控制的企业 (3) 许多产品的原材料需从世界某一地区向另一地区进行跨国转移的企业，如石油、原材料采掘、矿业品加工公司等	(1) 公司总部可集中权力控制企业各个部门的业务，有助于树立母公司的权威 (2) 充分调动各职能部门的积极性，提高专业部门的经营效率 (3) 各职能部门的工作能合理划分、相互衔接、相互配合 (4) 各职能部门间没有直接的利益冲突 (5) 专业管理人员精简	(1) 各职能部门常从专业角度思考问题，有时会意见不一、难以沟通 (2) 难以适应经营规模扩大的形势
全球产品结构	(1) 经营规模庞大、产品种类与产品线众多且制造技术较为复杂的企业 (2) 跨国运送障碍多、运输成本高的企业 (3) 宜在东道国就地制造、就地销售，且需充分的售后服务的企业 (4) 需要将产品设计、制造、营销统一起来的企业	(1) 便于各个产品部根据东道国的需要制造出最适宜的产品 (2) 便于与消费者的沟通 (3) 便于各个产品部经营行为长期化，使其能够注重原材料投入、生产成本、研发、人事等工作一元化发展 (4) 便于母公司对各产品部的经营业绩进行正确的考核	(1) 各产品部均设有自己的职能部门，导致与公司总部的管理重合，造成资源的浪费 (2) 各产品部既负责国内又负责国外，易产生两种倾向，或对国外业务不甚关心 (3) 对处于相同销售区域的不同产品部的管理难以协调与沟通，公司总部对各产品部的决策不易把握
全球地区结构	(1) 企业经营的产品种类有限，如未实行多元化经营的食品业、饮料业、农业、机械行业、原材料行业等 (2) 产品的生产技术成熟、销售稳定，同时产品的制造技术、销售手段较相似 (3) 产品在某些方面出现较强的地区性差异	(1) 区域性经营目标明确、战略较简单，下属易于贯彻执行，有助于母公司及区域部管理效率的提高 (2) 在同质的产品市场上，能充分发挥区域部利润中心的作用，促进各区域部间的有效竞争 (3) 区域部可根据本地区的特点，协调所属各子公司的资源	(1) 区域部对产品、技术、资金难以横向、综合利用 (2) 区域部目标易和母公司战略目标发生冲突 (3) 无法适应产品多样化的发展需求 (4) 各区域部机构重叠、资源浪费、管理费用高 (5) 公司总部难以制订全球性的产品开发计划

名称	组织结构的适用条件	组织结构的优势	组织结构的不足
全球矩阵结构	(1) 公司产品种类繁多、地区分布甚广 (2) 公司国外业务的开展，要求公司的产品部、区域部、职能部等要同时作出反应 (3) 公司最高决策者的协调能力强，公司内部有完善的、效率高的管理网络 (4) 公司实力雄厚，允许资源在多部门中共享	(1) 可综合、全面地设计公司发展战略，充分利用公司内的各种资源 (2) 多方面调动各部门的工作积极性 (3) 能够使公司更加适应外界的变化，及时调整公司的行为	(1) 组织结构过于复杂 (2) 多重的报告制度有时会造成管理混乱 (3) 管理决策者们常陷于处理部门冲突之中 (4) 有时会出现责权不清的现象
全球混合结构	(1) 公司规模庞大、经营产品种类多、经营地域广 (2) 公司成长快，兼并或新建了分布于不同国家或经营不同产品的企业	(1) 适应多元化经营的需要 (2) 多方位地开拓国外市场，使公司的资源得以充分利用	设置不当时，易导致指挥失灵，经营效率低

（一）控股公司结构

控股公司结构（Holding Company Structure）是由国际核心控股公司以及若干个法律上和组织上独立的子公司组成的组织结构。核心控股公司为该组织结构的战略领导核心，各子公司独立处理各自的经营业务。各子公司可以是国际企业原有的国外子公司，也可以是国际企业后并购的国外企业（如图4-13所示）。

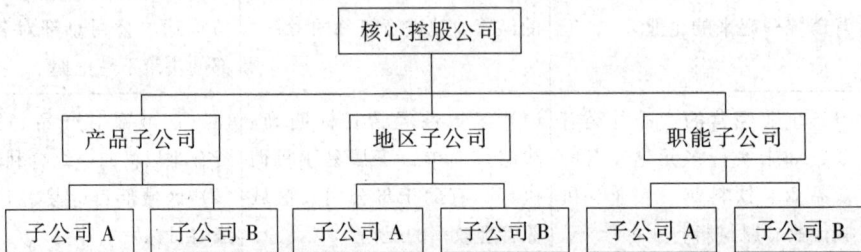

图4-13 控股公司结构

核心控股公司通过参股、吸收子公司管理人员进入高层管理机构、签订合同以及弘扬企业文化和有效沟通等方式来协调及控制与子公司之间的关系。

控股包括两种主要形式：财务控股和管理控股。前者主要限于对子公司财务资金的管理；后者则承担控股公司总的战略管理任务，具体经营业务仍由各子公司独立实施完成。

与传统组织结构相比，控股公司结构的优点主要有：

第一，协调国际企业内部的工作量和难度大大降低。国际企业的地区化经营和产品多样化生产会导致协调量增加，协调难度加大，而采用控股公司结构后，核心控股公司与子公司的合作和协调关系就变得简单明了了。

第二，使国际企业具有高度的灵活性，子公司具有高度的自主权，决策速度能够大大提高。

第三，便于国际企业实现快速扩张。国际企业可以通过并购、参股新的国外公司而使自己快速扩张。

第四，便于国际企业发挥优势，实施企业总体战略。当代国际企业采用控股公司结构的最主要原因在于实施国际化发展战略，控股公司结构可以使各子公司的核心业务领域组合成为一个整体，使各子公司多样化的经营优势与企业的总体发展战略相结合。

第五，能够节约管理费用。由于企业的管理宽度大，核心控股公司不需要直接参与子公司的经营管理活动，从而能够减少国际企业的管理费用支出。此外，该结构还能通过年度财务报表等形式提升母子公司之间关系的透明度，享受国家税率方面的一些优惠待遇等。

控股公司结构的局限性：一是子公司之间缺少正式的沟通和协调机制，导致子公司之间协调困难；二是存在子公司完全独立化的风险；三是当子公司与母公司的利益发生矛盾或冲突时，会阻碍企业总体战略的有效实施；四是控股公司核心管理层的确定以及企业文化建设等方面都容易遇到较大困难。

（二）国际网络结构

随着经济全球化的发展和互联网在国际商务活动中的广泛应用，国际企业特别是拥有众多子公司和股东的大企业的结构也呈现出网络化发展的趋势。

国际网络结构可以分为企业外国际网络结构和企业内国际网络结构两种。前者是跨越企业界限与企业外其他组织之间形成的网络关系，后者涉及企业内部各部门之间形成的网络关系。

企业外国际网络结构是由法律上和经济上独立的不同企业结盟所组成的。企业间结成的长期网络联合体又被称为"战略联盟""战略网络""动态联盟""合作网络"等。

企业内国际网络结构是由企业内部各部门组成的联合体，它可以是地区中心式结构，也可以是内部网络结构或内部一体化网络结构等。

国际网络结构要求联合体中要有一个能起战略领导者作用的企业或分部，即核心企业或分部。其扮演网络管理员的角色，目的是要保证网络正常、高效的运行。

国际网络结构的优点是有利于解决全球化与分权化、地区化与多样化的矛盾，因为它能够把大企业和小企业各自的优势有机地结合起来。其局限性主要是协调难度较大。

（三）虚拟企业结构

虚拟企业是依托不同独立企业的核心能力，按价值链建立起来的松散型一体化联合体。

虚拟企业结构的主要特点：一是虚拟企业的成员可以共享彼此的核心能力，相互支持和相互补充；二是虚拟企业掌握现代信息和通信技术，通过网络连接实现合作；三是虚拟企业不必设立职能部门和专门的协调机构，而是以程序为导向，根据企业的合作发展进程对组织结构进行调整；四是虚拟企业以顾客为导向，根据顾客的消费需求组建相应的虚拟联合体。

虚拟企业结构的优点：一是表现出高度的适应性和灵活性；二是企业能够更迅速地开拓和进入新的市场；三是可以节省设立组织机构和协调机构的费用以及管理费用。

虚拟企业结构的主要局限性：一是难以形成和实施国际企业总的发展战略；二是难以形成企业总的价值观，难以进行企业文化建设；三是存在着企业核心技术扩散或虚拟企业成员单方面获取和利用其他合作伙伴的核心技术而设法保护自己的核心技术的风险。

（四）无边界企业结构

无边界企业又称无缝组织（Seamless Organization），是建立在打破组织内外部边界基础上的一种松散合作型组织结构。与以母子公司之间、各子公司之间、公司和客户之间的正式规范联系为特征的传统组织结构不同，无边界企业致力于淡化和消除企业边界的限制。该类组织结构以团队为基本单位，企业内部部门之间、员工之间的团队合作方式得到肯定和发展，这种团队还跨越企业本身的界限与企业外部的其他团队组成联合体。无边界企业联合体的成员会不断发生变化，但是整个团队的目标得到保持和发展。

无边界企业结构的优点：一是具有极大的灵活性，可以更好地适应企业国际业务多样化发展的需要；二是可以利用企业外不同团队各自的优势，加快新产品研发和开拓市场的速度；三是可以通过加强企业内外部的人际沟通与交往，促进劳动效率的提高；四是可以减少管理层次，降低管理成本。

无边界企业结构的局限性主要是目前缺乏有效的跨企业的团队管理方法。这种组织结构通常更适用于以产品和市场为导向的企业，而难以形成企业的全球战略，难以实行全球化、一体化经营。

第四节　国际企业的组织控制

随着经济全球化的发展，国际企业海外子公司的战略地位日趋重要。因此，国际企业越来越需要跨越国界对海外子公司的经营目标、战略等进行协调，以保证其全球战略目标的实现。

一、国际企业的控制模式

（一）国际企业典型的组织控制模式

国际企业无论采用哪一种组织结构形式，在内部管理体制上都必将涉及如何处理企业总部与各个子公司之间的关系。按总部与各子公司间在集权和分权程度上的不同，组织控制模式可分为三种：母国中心组织控制模式、多元中心组织控制模式和全球中心组织控制模式。

1.母国中心组织控制模式

母国中心（Ethnocentrism）组织控制模式是指母公司对国外子公司的管理采取集权式的管理体制。国际企业出现初期，一般都以母公司为主对子公司进行管理，这是最传统的管理体制。它的基本思想是以本民族为中心，视本民族为最优秀的民族，别的民族为较差的民族。所以去他国投资生产时，一切管理方式以母公司的制度为标准。

母国中心组织控制模式的基本特征是：①国外子公司的一切决策权基本集中在公司总部，公司总部是国际企业的最高决策机构，它建立起各种控制标准，要求各子公司必须遵照执行，并进行定期或不定期检查；②为了加强对整个公司的控制，母公司建立起完善、复杂的组织结构，要求子公司仅保持简单的组织形式；③母公司的奖励水平高于子公司；④信息传递是单向的，即母公司大量向子公司输送控制指令；⑤公司派遣母国的人担任海外子公司的各层主管，而不任用当地人员；⑥母公司采取自上而下的方式制定公司的经营战略，子公司不能参与。

这种组织控制模式强调的是公司整体目标的一致性，以及在协作生产中节约资源与提高效率。其好处是能充分发挥母公司总部的中心调整功能，更优化地使用资源。但该模式较易激发母公司与子公司之间的矛盾，不利于发挥子公司的自主性与积极性，东道国不太欢迎这种模式。一般来说，产品单一、技术市场比较稳固的国际企业比较乐于采取这种模式，如可口可乐公司。

2.多元中心组织控制模式

多元中心（Polycentrism）组织控制模式是指母公司对子公司采取分权式的组织管理体制。如果说以母公司为中心的管理体制反映了母公司的意愿，那么，多元中心的管理体制则是子公司要求的反映。

多元中心组织控制模式的基本特征是：①母公司允许子公司根据其所在国的具体情况独立地确立经营目标与长期发展战略，母公司不加以干涉，各子公司均是一个独立的利润中心，有权决定产品的设计、生产、销售、市场开拓等重大经营问题；②母公司拥有的决策权较少；③母公司鼓励各海外子公司相互竞争、共同发展；④子公司的组织结构随着权力的扩大而逐渐完善，但是，各子公司组织结构的复杂程度不一。

这种组织控制模式强调的是管理的灵活性与适应性。其优点是能充分调动各子公司的积极性，且易受到东道国的欢迎。其不足之处是：母公司难以统一调配资源，各子公司的信息、技术、资源等难以共享。这一模式对于那些市场分散、投资国环境稳定、难以统一行动或无须统一行动的国际企业比较适用。

3.全球中心组织控制模式

全球中心（Geocentrism）组织控制模式是指母公司对子公司的管理采取分权式的计划与集权式的控制，即集权与分权相结合的一种管理模式。

全球中心组织控制模式的基本特征是：①重大决策权掌握在母公司手中，子公司可以在母公司的总体经营战略范围内自行制订具体的实施计划，调配资源；②母公司对子公司的控制，通过公司的目标、战略规划、控制准则等进行；③凡是同时涉及母公司和子公司利益的问题，均需由双方协商后提出解决的途径。

这种模式强调在保证企业总部有效控制的前提下，给予子公司较大的自主权。全球中心组织控制模式淡化了企业的具体国籍，着重反映全球经营活动。当企业规模进一步扩大、大股东来自世界各国，且海外公司众多、产品更加复杂、市场遍布全球时，国际企业可选用这一组织控制模式。

上述三种组织控制模式的比较见表4-3。

表4-3　　　　　　　　　　　　三种组织控制模式的比较

组织控制内容	母国中心	多元中心	全球中心
组织结构的复杂性	母公司组织结构复杂，国外子公司组织结构简单	国外子公司各自为政，复杂程度不一	组织结构逐渐复杂，并增强了相互依赖性
决策权	高度集中于母公司	母公司拥有的决策权较少	母公司和子公司通力合作，决策权视需要而授权于各国外子公司
评估与控制	母公司的标准用于国外子公司的人事、组织管理工作	子公司视当地情况自定	寻求既能在世界各地通用又考虑地区性的标准
信息沟能	由母公司大量向国外子公司输送信息、指令	来自母公司的信息少，各国外子公司间也较少有信息沟通	整个公司有横向和纵向的信息沟通
资源配置	由母公司决定	国外子公司独立配置，各子公司间很少共享资源	资源配置由母公司和国外子公司沟通确定
报酬与奖惩	按母公司的标准执行	视当地情况而定	视完成当地及全球性目标与否而定
人员的招聘与任用	子公司的要职均由母公司人士担任	任用当地人担任国外子公司的要职	在全球范围内招聘合适的人士担任母公司与子公司的要职
经营战略的制定	自上而下地制定	自下而上地制定	母公司与子公司协商制定

需要指出的是，企业的组织控制模式不是一成不变的。20世纪90年代以来，随着计算机大量应用于管理工作，以及信息网络化与信息高速公路化，国际企业逐渐具备了调控庞大的全球性公司的能力。因此，许多国际企业开始放弃母国中心组织控制模式或多元中心组织控制模式，转而采用全球中心组织控制模式。通过合作，母公司

与子公司的经营目标充分实现，双方的积极性得以释放；同时，照顾了母国和东道国的利益，缓解了国际性的经济矛盾与政治矛盾。

（二）影响国际企业组织控制模式选择的因素

国际企业对组织控制模式的选择并无统一标准，通常视各企业的具体情况而定。但不管选择哪种组织控制模式，必须有助于实现三个目标：一是提供有关企业环境、客户需求以及竞争发展的资讯，以供高层管理者据以评估全球战略；二是协调组织内各个单位各行其是的决策，以获取最大的经济效益；三是提供各阶层管理业绩评估的衡量基础，看是否能达到预定目标。

国际企业组织控制模式的选择要受到以下各种不同因素的影响：

1.民族文化

研究发现，海外子公司的决策制定在很大程度上受到民族文化的影响。例如，法国和德国子公司倾向于采用集权式的管理模式，高层管理者愿意保持对企业的高度控制。尤其是德国，企业中等级分明，最为重要的决策都由企业最高领导层作出。美国企业倾向于采取高度集权式的决策制定方式来管理其国外业务，在诸如营销策略、财务和生产决策等方面尤其如此。而挪威、瑞典、丹麦等国家的企业及其驻国外子公司则实行高度的分权式管理，因为这些国家更重视生活的质量而不是企业利润。日本企业大多采用高度集权管理和分权管理相结合的管理体制。

2.国外子公司的成长阶段

大多数国际企业的子公司都是作为相对独立的实体而发展起来的。在这一成长过程中，随着子公司逐渐拥有自己的资源和能力，对总公司及其他子公司的依赖性会逐渐下降。当子公司成长到一定程度，其规模和实力达到一定水平时，往往就会有独立进行投资的能力和想法。有些子公司甚至可以在研发上大量投资，相对独立于总公司进行技术创新。随着行业的成熟，总公司相对于子公司的技术优势也将逐渐消失。随着子公司的进一步发展，拥有大量技术和管理能力的子公司还会从事自己的海外投资及经营活动，从而在战略上具有更大的自主性。在子公司发展的不同阶段，总公司应该随着相互间能力、实力以及战略关系的变化，来调整组织控制模式。

3.总公司和国外子公司的管理能力

当子公司的管理人员不足又缺乏国际经营能力时，总公司往往采用母国中心组织控制模式；若子公司有足够数量的具有较强国际经营能力的管理人员，则可采用多元中心组织控制模式。通常的情况是，在不同的经营环境中所需要的管理技能并不相同，总公司的管理人员往往很难具备全球不同国家经营所必需的管理技能。因此，总公司也不可能对子公司实施完全的控制，而应让了解东道国相关情况和具备管理技能的子公司的管理人员拥有一定的自主经营权和决策权，以发挥子公司的能动性，从而增强公司整体的竞争优势。

4.产品特性与市场因素

对于产品品种单一、生产技术比较稳定、产品专业化水平高的企业，可采用母国中心管理体制；对于产品多样化程度高、技术变化迅速、新产品多的企业，则应采用多元中心管理体制。如果企业产品的各个销售市场间差异较小，可采用母国中心管理体制；如果市场差异很大，竞争十分激烈，且市场规模足够大，则适宜采用多元中心管理体制。

5.东道国政府的影响力

如果东道国政府对子公司的经营活动施加影响，如东道国政府对子公司的生产定位、技术转移、市场价格、产品范围等方面的决策进行限制，则国际企业的协调和控制将会趋于复杂。如果东道国政府想利用国际企业的子公司实现本国的经济和技术发展目标，并因此施加强有力的影响，子公司将有可能在战略发展上受到影响。

6.信息和通信技术的应用

信息和通信技术的快速发展让国际企业有了更强的处理、转移、共享和整合信息的能力。这对国际企业具有深远的影响。例如，许多国际企业利用互联网，可以迅速地获得全球不同市场的动态信息，并对当地的市场需求作出更为快速的反应。信息和通信技术的应用可以让总公司与子公司之间的沟通及协调变得更加实时和有效，使得分权的灵活性与集权的统一性在一个更高的水平上得到整合。

二、国际企业的集权与分权

国际企业的组织控制说到底是一个集权与分权的问题，即确定企业不同的决策应该由哪一层作出，这实际上是一个决策所在地的确定问题。对于一个实施全球经营战略的国际企业，其内部各部门之间的理想关系是由总部管理层制定企业整体的经营目标和经营策略，分配企业各项资源给各个部门，并建立起一套行之有效的沟通、协调和控制系统。在这一系统中，各部门主管被赋予一定的自主权，能够就这一层级的各种经营活动作出独立的决策，从而满足能力整合、实现企业整体目标的要求。

但是在实践中，由于各种复杂且矛盾的因素的存在，这种理想的关系并不容易实现，企业最高管理层常常要在集中管理和分散管理方面作出决策。

（一）集权与掌控的要求

如前所述，在全球竞争环境中，国际企业会从规模经济的角度，倾向于采取集权与掌控的方式，把全球经营工作整体融入日常的经营管理中。

集权与掌控组织结构的决定因素是多方面的，下面就一些主要方面进行阐述：

1.规模经济

在全球经营背景下追求组织的高效率，在很大程度上与规模经济相关。企业在某些特定的区位进行大批量生产，会形成规模经济而最终获得效益。在研发方面，集中于一个或少数几个地点，也可形成规模效益。企业的研发费用通常有限，把企业研发活动集中起来，可获得相互协调合作的好处，知识可以共享。从总体上说，生产制造、研究开发的地点越少，企业就越能控制质量、速度、成本、供应等成功的关键因素。在各产品线相似、产品多样化程度低、市场需求相似、各业务单位相互依赖程度高的情况下，规模经济成为组织高效的关键，企业必将采取集权的方式来保证规模经济的实现。

2.需求同质化趋势

当产品处于生命周期的成熟阶段，用户对产品的需求趋于同质化时，其多数从产品的质量、价格及性价比角度来考虑选购。在这种情况下，集权与强化控制常常是首选的组织结构形式。随着信息化的发展，网络拉近了时空距离，厂商与用户间的关系更近了。广告带来大量信息的同时，也改变了不同地区的习俗与消费方式，人们更容易通过学习来采取趋同的生活方式。例如，人们习惯于在大型超市里购买日常生活用品。

3.生产性投入品的全球筹供

随着竞争的日趋激烈，为保持竞争力，国际企业需要以最符合成本效益的方法，来获得高品质产品的投入品。有些企业生产的关键投入品（如矿石）因高额的运输成本而必须把生产地设在靠近原材料采集的地方。对劳动密集型产品来说，也必须把生产地设在靠近该投入品产地的地方。生产性投入品的全球筹供，可以通过筹供工作的整合，大幅度地降低供应成本。许多国际企业为此设立了公司集中的采购机构，负责全公司大宗投入品的购买。例如，施乐公司通过对采购流程的整合，把原来5 000个供应商缩减为400家左右。这400家供应商目前提供了施乐90%以上的原材料与物料。比如，施乐向一家分别在亚洲、欧洲和美国设有工厂的供应商采购复印机所需的灯泡。通过集中采购，施乐不仅降低了生产性投入品的成本，而且大大降低了办公经常费用，该项费用从之前占原材料与物料总成本的9%下降到当前的3%，仅此一项每年就节约了1亿美元以上的费用。

4.目标市场的全球化

国际企业在确定全球经营战略时，服务于全球用户是其重要的立足点。全球竞争必然导致本国市场对本公司产品的有效需求不足，公司将不得不在国际市场上寻求新的市场空间。

5.竞争对手的全球化

以全球化为目标的国际企业，不断地开拓全球各地的不同市场，这对只为国内市场服务的企业来说是一个巨大的威胁。不论是子公司还是母公司，都需要全球协调、联合行动，以应对国际竞争。在全球化的压力下，集权是企业调动内部与外部全部可用资源、组织力量开展竞争的有效途径。

采取集权与掌控组织结构的优缺点见表4-4。

（二）分权与自主决策的要求

企业采取分权与自主决策的组织结构也有许多决定性因素，主要包括：

1.当地市场需求的差异

从事国际经营的企业在东道国进行竞争，如果当地竞争者采取本土化战略，提供的产品极富地方特色，那么对采取集权化的外国公司来说，提供的是全球一致的产品，就很难与其竞争并占据一席之地。为了适应当地市场的需求，企业常需要制定本土化战略，了解当地的消费偏好，调整产品线与经营策略。总部集权的公司提供标准化产品，即使成功地进入了一个国家，也不能获得较好的收益。对食品、饮料、化妆品、日化用品等产业而言，调整产品线适应当地偏好尤为重要。像食品需要有口味方面的调整，洗衣粉需要在洁净率、适应水质和洗涤习惯等方面进行调整，以满足当地消费者的要求。

表4-4	集权与掌控组织结构的优缺点
优点	(1) 自上而下的决策指令，具有权威性
	(2) 对关键资源实行集中决策，强化对财务等关键部门的控制
	(3) 生产制造与研发可实现规模经济
	(4) 总部掌握与控制全球战略目标和战略
	(5) 总部的管理能力因可招聘到优秀人才而得以提高
	(6) 各分支机构的行动能得到统一，全球战略易于实施
缺点	(1) 公司对当地市场需求的适应能力减弱
	(2) 不易根据当地的市场需求情况调整产品线
	(3) 各分支机构强调自身利益，协调性差、合作少
	(4) 各分支机构的高级主管常由母公司委派，不熟悉当地市场
	(5) 总部与分支机构的管理关系有时不合理

2. 当地渠道设置与配送

当地渠道建设对国际经营至关重要，但渠道具有明显的当地特点。对于市场运作规则不太健全、市场成熟度不高的国家，国际企业最感困惑的可能是对流通渠道的把握。在当地市场，外来的公司常常有"强龙斗不过地头蛇"的感觉。当地市场的地区分割、极大的地区差异、不同城市的差别，以及中间商的信誉、道德、能力、素质，中间商之间的争夺等因素，使外国公司、厂家深感分销渠道运营的困难。有些发达国家在分销渠道上的特殊性也会造成市场进入的困难。比如，日本独特的多层分销体系、流通体系与制造企业和银行之间的关系，使外国企业要想进入日本市场，只能采取与日本企业合作的方式。应该说，分销配送是极具当地色彩的业务。

3. 政府保护与贸易壁垒

当一国进口品增加超过政府所能容忍的数量时，东道国会采取相应的保护国内市场与企业的做法。对于一些重要产业，东道国也会对外国资本有所限制，这些产业不对外开放。对本国市场的保护，政府除了用关税等手段外，还会使用进口许可、数额限制、政府补贴等非关税壁垒。在这种情况下，进入东道国市场可能只剩下合资方式了。

4. 文化因素

当地文化、习俗、消费观念、价值取向、经营惯例、市场风格等也会影响外国企业在当地开展经营的形态。比如，外国家电企业在中国市场经营多年，几起几落，积累了相当的经验。外国企业终于认识到，中国市场虽然巨大，但绝非一个统一的市场，不同地区的文化、经营惯例和市场风格以及地方保护，造成了中国市场的分割状况。科特勒的《营销管理》（亚洲版）一书告诫跨国经营者：要注重权力与公共关系；可口可乐推行"思考本土化、行动本土化"；摩托罗拉说要以中国为家，比中国公司更中国；飞利浦说不要视我为外国公司。外国公司认识到，在中国这样的市场，要成功就要做一个地地道道的中国公司，把洋品牌做土。这充分表明了国际经营本土化的重要性。

分权与自主决策组织结构的主要优缺点见表4-5。

表4-5　　　　　　　　　分权与自主决策组织结构的优缺点

优点	（1）子公司管理层有较大的自主权 （2）对当地市场能深入了解，能迅速对市场变化作出反应 （3）子公司管理层具有"企业家精神" （4）子公司可以树立良好的当地企业形象，能较好地融入当地市场 （5）能较好地适应当地文化，采取当地习惯的做法 （6）子公司的绩效有人负责 （7）能适应东道国的某些政策要求
缺点	（1）子公司权限过大会使总部全球战略执行起来很困难，目标不易统一 （2）各子公司分权运作，易受到采取全球一致战略公司的挑战 （3）各子公司之间沟通不易，交流与合作很少 （4）规模经济效益较难实现 （5）子公司重复设置的机构带来整个公司的臃肿和成本的增加 （6）资源配置上可能过于分散与不经济

集权与分权决策各有利弊。企业在组织机构设置和决策管理制度的确立上，应该充分利用集中决策的各种优势，如协调各部门和各子公司的活动、降低成本、节约开支，从战略和全局的高度制定企业总的战略目标，实现企业整体最优。同时，也应考虑分散决策的有利一面，如灵活、及时地处理千变万化的国际经营事务，当机立断地作出决策，激发下属机构或部门的经营主动性和积极性，将公司总部管理层从繁杂的具体工作中解放出来，专注于全盘战略和发展方向方面的思考与决策。当然，在实践中，处理集权与分权的关系仍然是比较困难的，布鲁克等学者在研究了9个国家的国际企业在附属机构的组织关系、母公司-子公司决策权以及控制体系后得出了"分权其表、集中其实"的结构。这是一种可供借鉴的组织控制准则。

集权与分权的决策实际上是一种取舍与权衡。许多学者生动地阐释了企业如何在集权与分权中取得均衡；面对挑战时，企业如何实现自己的经营目标。

全球化对集权与分权的影响如图4-14所示。

对集权与分权的决策可以从业务性质、功能特点和活动类型三个方面来决定。企业应对每一项业务进行仔细分析，弄清楚每一项业务所需集权与分权的程度，以确定适合业务的组织结构与工作流程。比如，对许多家电产品来说，全球协调是非常重要的，因此适合采取集权的模式。

企业应对每一项业务的功能、特点进行剖析，分清不同业务功能需要集权与分权决策的程度，从而确定结构形式与工作流程。例如，对大多数企业来说，研究与开发、战略制定及财务比较需要全球协调与集权管理，而销售等功能基本上以当地需要为基础，根据当地市场的特点来作出决策，因此多采取分权与自主权较大的结构形式。而对生产制造来说，集权与分权的区分较模糊，全球性生产、区域性生产及当地化生产的要求都有可能，故可以视具体情况确定决策权的问题。

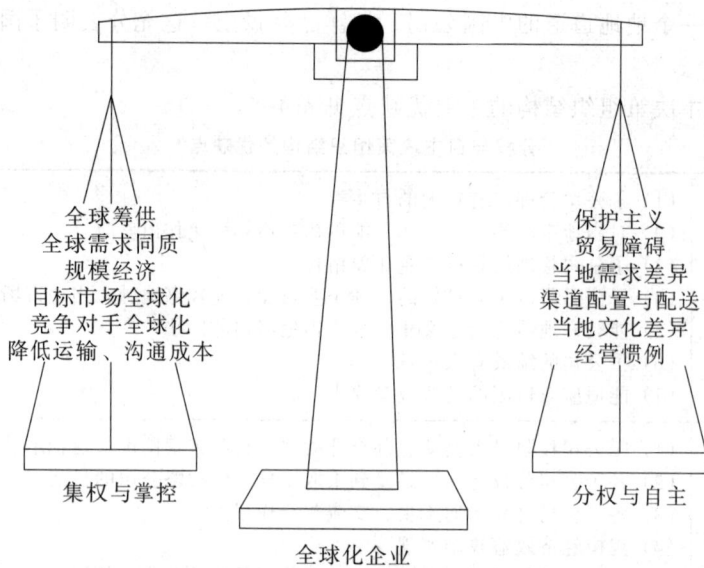

全球筹供
全球需求同质
规模经济
目标市场全球化
竞争对手全球化
降低运输、沟通成本

保护主义
贸易障碍
当地需求差异
渠道配置与配送
当地文化差异
经营惯例

集权与掌控   分权与自主

全球化企业

图4-14 全球化对集权与分权的影响

企业还应对每一功能所需的特定活动进行分析，以确定对集权与分权的要求。例如，在整个公司全球战略远景目标的设立上，需要总部一级来进行规划与设想；而各子公司的具体战略规划，则可以由各子公司制定，再上报总部进行审查与整合。又如，在研发功能方面，研发的主题与主要范围通常由总部决定，研发人员的聘用由总部与分支机构共同决定，而对研发进展的检查与具体管理则由分支机构负责，采用分权制。

同步案例4-1   **跨国公司的集权与分权经营**

2012年，美国强生公司遇到了一个麻烦。这家公司旗下的麦克奈尔消费品公司的产品，出现了一系列质量控制和处理顾客意见方面的问题，并因此受到美国食品药品监督管理局（FDA）的警告。

强生公司一直以来都是一家分权型的公司，旗下的公司或战略业务单位具有很强的自主性。分权架构经常会赢得管理学家的好评，因为它鼓励开拓，并使得企业能够拉近与顾客的关系。但过度分权化也不可避免地带来了监管和控制的问题，一家超大企业要了解和控制200多个战略业务单位，难度可想而知。不仅如此，过度分权化往往也会造成独立性很强的战略业务单位彼此难以协作，这些业务单位之间的交易谈判也很难顺利开展。

对大企业来说，分权化还是集权化管理，似乎都是问题。强生公司的案例证明，多种的、复杂化的业务通过集权，可以有效协作，并推动信息流动和知识分享，在公司内部实现以利于体现规模经济和范围经济的合作。除此之外，公司管理水平很大程度上会决定质量水准。但另一方面，大型的、面向全球的公司也少不了全球化，只有这样，各项业务才能针对各细分领域的技术变革，各细分市场顾客需求和竞争形态，各地经济、法律、规章及文化方面的差异作出回应。

落实战略，有效执行，首先就是解决组织结构问题，其中涉及集权化和分权化的恰当平衡，要弄清不同的组织结构的成本和收益，要明晰战略与组织结构之间的关系（如哪一类组织结构能够最为有效地落实战略，哪一类组织结构的运作效能和质量效益整体最高），如何在战略实施中实现协作和信息分享，怎样明确责任和职权。

美国著名管理学家、宾夕法尼亚大学沃顿商学院管理系教授劳伦斯·赫比尼亚克，曾为微软、强生、AT&T、通用、杜邦等知名企业提供战略与实施以及组织设计方面的咨询服务。他在《有效执行：成功领导战略实施与变革》一书中详细阐述了战略实施中应解决的组织结构问题。关于组织结构的成本和效益，过程型/职能部门型结构与目的型/分部型结构各有利弊，前者容易推动实现知识的专门化，创造规模经济和范围经济，避免稀缺资源的重复浪费，但会带来较高的协调成本，容易与市场中的客户产生"距离"，还可能滋生官僚主义；而后者的优点在于可以将重点放在顾客、产品和市场上，很少出现协作问题，能够对行业变化迅速作出反应，但也会造成稀缺资源的重复浪费使用，不利于形成规模经济，还可能引发控制不力的潜在问题。

前面谈到了强生公司过度分权化导致的控制不力、质量滑坡的问题，过度集权化造成问题的案例也不鲜见，劳伦斯·赫比尼亚克举了2000—2012年法国家乐福公司业绩大幅下降、无力应对强势竞争对手攻势的案例。家乐福公司在那段时期顽固地维持其一贯的高度集权化的管理体系，无法对市场变化作出反应。2012年之后，家乐福公司开始放弃高度集权化的管理体系，探索分权化，并实现了业绩的回升。

劳伦斯·赫比尼亚克指出，要使集权与分权相平衡的组织结构正常运行，必须解决好四个相互紧密关联的问题：惰性、专业知识不足、决策责任分散、横向沟通。

如何确保组织结构能够更好地满足战略实施的需要，以提高执行效率？劳伦斯·赫比尼亚克认为，首先应区分战略需要，即分别根据可选的低成本战略、重点战略、差异性战略、全球战略或多种战略的组合来设计组织结构。

其次要意识到各种组织结构选择上的战略推动力量，如职能部门型组织结构有助于降低成本和实现各种经济性，可以很好地服务于标准化、重复和大批量生产，即非常适用于低成本战略；而目的型组织机构，相对而言比较适用于重点或差异性战略。

最后要分别基于效率需要、市场和技术的关联性来决定组织结构。例如，市场或/和技术与战略的关联程度越高，企业就越可能采用集权型组织结构；反之，在低关联程度下，分权型组织结构就更受欢迎。

资料来源　作者根据相关资料整理.

讨论问题：跨国公司的集权或分权策略各有哪些利弊？

本章小结

国际企业的组织结构基本上可分为两类：组织的法律结构与组织的管理结构。国际企业管理以组织的管理结构为主要研究对象。国际企业组织管理的实质是使企业的组织结构设置有利于提高企业的国际竞争力。

组织的法律结构涉及组织的法律形式，它规定了国际企业母公司与国外子公司及各分支机构之间的法律关系和产权关系。企业在国际化经营过程中，从法律形式上看，形成了母公司、分公司和子公司等结构。国际企业在设置国外组织机构时，需要对企业实力、社会形象、预期经营状况以及所在国的法律等综合地加以考虑，采用更为合适的法律组织形式。

组织的管理结构又称组织的实际结构，是国际企业在经营活动中实际采用的结构，主要涉及企业各部门、各分支机构任务和职权的划分，以及企业的指挥和控制系统。

国际企业组织结构的演变大致经历了四个阶段，即出口部阶段、自治子公司阶段、国际部阶段和全球组织结构阶段。

国际企业的组织结构类型大体可分为两类：传统组织结构和全球组织结构。

国际企业的传统组织结构又称多样化组织结构，主要包括出口部组织结构、自治子公司组织结构和国际部组织结构。这些组织结构的共同特点是国际企业的国内业务和国际业务是相互分离、各自独立的。

全球组织结构又称一体化组织结构，其总的特征是企业把国内业务和国际业务视为一个整体，按照层级制原则设立组织机构。

全球组织结构可以大体分为五种类型：全球职能结构、全球产品结构、全球地区结构、全球矩阵结构和全球混合结构。这五种组织结构类型各有优缺点，适用于不同环境和条件下的国际企业。

国际企业的组织结构随着环境的不断变化也在发展，近年来出现了一些新型的组织结构，如控股公司结构、国际网络结构、虚拟企业结构和无边界企业结构等。

企业的生命周期大致可分为创业、规范化、成熟和衰退四个阶段，在不同的发展阶段，国际企业应采取不同的组织结构和调整策略。

组织结构必须根据多个因素的相互作用而设计，这些因素包括：国际经营在企业经营中的地位、企业从事国际经营的历史与经验、企业经营的性质与产品战略、企业管理特色与经营哲学、企业管理人员的能力、企业对重大组织结构变动的适应能力。

现代企业组织设计一般要遵循以下原则：目标导向原则，分工与协作原则，信息沟通原则，统一指挥、分级管理原则，权责对等原则，精简高效原则，稳定性与适应性原则。对国际企业而言，还需要重点关注全球化与本地化平衡的原则以及文化适应性原则。

按国际企业总部与各子公司间在集权和分权程度上的不同，组织控制模式可划分为三种：母国中心组织控制模式、多元中心组织控制模式和全球中心组织控制模式。

组织控制模式不是一成不变的，它受民族文化、国外子公司的成长阶段、总公司和国外子公司的管理能力、产品特性与市场因素、东道国政府的影响力以及信息和通信技术的应用等多种因素的影响。但不管采取哪种组织控制模式，都必须有助于实现三个目标：一是提供有关企业环境、客户需求以及竞争发展的资讯，供高层管理者据以评估全球战略；二是协调组织内各个单位各行其是的决策，以获取最大的经济效益；三是提供各层级管理业绩评估的衡量基础，看是否能达到预定目标。

影响国际企业采用集权与掌控组织结构的决定性因素包括：规模经济、需求同质化趋势、生产投入品的全球筹供、目标市场的全球化、竞争对手的全球化。

影响国际企业采用分权与自主决策的组织结构的因素包括：当地市场需求的差异、当地化渠道设置与配送、政府保护与贸易壁垒、文化因素。

集权组织结构与分权组织结构各有优缺点，国际企业要根据自身的实际情况谨慎选择。

复习思考题

1.国际企业海外子公司与分公司有何不同？

2.什么是传统组织结构与全球组织结构？其特征分别是什么？

3.试述全球职能结构的适用条件与优缺点。

4.试述全球地区结构的适用条件与优缺点。

5.简述虚拟企业结构的含义及优缺点。

6.简述国际企业组织结构设计的原则。

7.影响国际企业集权与分权的因素有哪些？

第五章

国际企业的战略管理

学习目标

［知识目标］

1.了解国际企业战略管理的含义；

2.掌握国际企业成长战略类型；

3.掌握国际企业战略分析的方法。

［能力目标］

1.理解国际企业战略管理的内容及意义；

2.了解国际企业战略管理的特征；

3.理解国际企业跨国经营战略的含义及构成；

4.了解四种跨国经营战略模式的异同。

［素养目标］

1.掌握销售额增长率–市场占有率矩阵、波特的通用战略模型、国际战略模型及企业价值链模型的主要内容，引导学生从全球、国别、行业等多层次看中国企业面临的宏观环境与风险，帮助学生既正视文化差异，注重求同存异，又坚定文化自信，将中华民族优秀文化传播到海外。

2.掌握企业战略管理的基本理论和内容，并通过真实案例联系实际，培养学生基本的职业素质和职业道德，增强其文化认同感。

引导案例

雀巢的全球征途：从一罐奶粉到全球食品巨头的故事

雀巢，这家全球知名的食品和饮料巨头，经历了一个多世纪的风风雨雨，凭借不断的创新和战略扩展，成长为今天的商业巨头。从一个源自瑞士小镇的婴儿食品公司到业务覆盖全球的多元化企业，雀巢的成功背后是无数的挑战、机遇和关键时刻。

雀巢被称为"最全球化的企业",其2023年度的营收是929.98亿瑞士法郎,相当于人民币7 828.94亿元(按照2023年12月31日的汇率折算),而在其本国瑞士的营收是11.01亿瑞士法郎,只占其公司总营收的1.18%,其绝大多数的收入来自海外。雀巢的业务已经遍布全球,截至2023年,其已经覆盖188个国家,在全球76个国家有340个工厂。

一、初生雏鹰:亨利·雀巢的创新与创业(1866—1905)

雀巢的故事要从1866年开始,当时英瑞炼乳公司在瑞士开设了欧洲第一家炼乳厂。1867年,亨利 雀巢(Henri Nestlé)在瑞士的沃韦创立了公司。亨利·雀巢出生于德国,原本是一名药剂师助手,他在目睹了婴儿营养不良问题后,决定利用自己的专业知识研发婴幼儿配方奶粉。这款产品由牛奶、麦粉和糖组成,为无法进行母乳喂养的婴儿提供了一种安全且营养丰富的替代品。

亨利·雀巢的配方奶粉在瑞士以及其他国家迅速取得了成功,极大地降低了婴儿的死亡率。这款具有突破性的产品不仅挽救了无数婴儿的生命,也为雀巢公司的发展打下了坚实的基础。到1875年,雀巢的婴儿食品销售量已经飙升到100多万罐。亨利·雀巢用鸟巢作为公司的标志,象征着他的名字和对家庭的关怀。

1905年,亨利·雀巢创建的公司与英瑞公司合并,组建了现在雀巢集团的前身雀巢英瑞牛奶公司,奠定了公司未来发展的坚实基础。与此同时,城市的发展、铁路和轮船运输降低了商品成本,促进了消费品国际贸易的发展。

二、战争与机遇:世界大战期间的快速扩张与速溶咖啡的发明(1905—1945)

20世纪初,全球经济不稳定,第一次世界大战的爆发让许多企业陷入困境。然而,对雀巢来说,战争反而带来了扩张的机会。炼乳由于长保质期和高营养价值,成为士兵们的重要食物补给,雀巢因此获得了大量政府合同,极大地推动了公司的生产和销售。在此期间,雀巢为应对战争带来的物流挑战和欧洲市场的供应困难,先后在美国、澳大利亚等国收购了工厂。到第一次世界大战结束时,雀巢已经拥有40家工厂,企业规模扩大了一倍。1929年,雀巢收购了瑞士最大的巧克力公司Peter-Cailler-Kohler,巧克力成为雀巢英瑞公司产品线的一个组成部分。

第二次世界大战(以下简称"二战")期间,雀巢再次面临挑战与机遇。尽管欧洲市场因战争受到了极大影响,但雀巢依托其在美国的业务网络,成功度过了这场危机。值得注意的是,雀巢咖啡(Nescafé)在二战期间成为美军的常备饮品,销量迅速增长,进一步巩固了雀巢在全球食品行业的地位。

雀巢的重大创新之一正是体现在这一时期的咖啡行业。20世纪30年代,巴西咖啡产量过剩,农民难以保存大量的咖啡豆。雀巢受巴西政府的委托,开始研究如何延长咖啡的保质期。经过多年努力,雀巢的科学家于1938年发明了全球首款速溶咖啡产品——雀巢咖啡(Nescafé)。这项发明极大地方便了消费者,凭借其简单易用的特点,雀巢咖啡迅速成为全球市场的热门商品,尤其是在二战期间,方便携带和快速冲泡的雀巢咖啡成为美军士兵的常备品。战后,雀巢咖啡更是风靡全球,巩固了雀巢作为速溶咖啡市场领导者的地位。

雀巢咖啡的成功不仅开拓了咖啡市场的新蓝海，还通过创新奠定了雀巢在饮料行业中的核心地位。今天，"Nescafé"已经成为全球速溶咖啡的代名词，雀巢始终在咖啡行业保持着领先地位。

三、多元化扩展：并购与创新并进（1945—1970）

二战结束后，雀巢进入了一个快速扩张的阶段。1947年，雀巢并购了瑞士著名的调味料品牌美极（Maggi），将其产品线从婴儿食品和乳制品扩展到烹饪调料领域。雀巢逐渐形成了包括牛奶制品、巧克力、咖啡、即食食品在内的庞大产品矩阵。

在这一时期，雀巢通过持续的并购和产品研发，逐步进入更多的食品领域，包括冷冻食品、罐装食品等。

与此同时，雀巢开始采用全球本地化生产战略，确保产品能够更好地适应不同市场的需求。这一战略不仅减少了进口依赖，还提升了生产效率。

四、走向多元化与创新：从健康与美容到胶囊咖啡的诞生（1970—2000）

20世纪70年代，雀巢的扩张战略不再局限于食品领域，公司开始进入医药和美容行业。1974年，雀巢成为法国美容巨头欧莱雅（L'ORÉAL）的股东。这一时期，雀巢通过不断并购，逐步将自己打造成跨行业的全球商业巨头。

1988年，雀巢收购了英国糖果公司Rowntree Mackintosh，将奇巧（KitKat）、After Eight和Smarties等品牌纳入其产品线中。

1992年，雀巢收购了法国巴黎水（Perrier）集团；1998年，雀巢收购了意大利的圣培露集团，从而在世界矿泉水市场上又拥有了一席之地。

此外，雀巢在咖啡领域的创新也从未停步。继1938年推出速溶咖啡后，1986年，雀巢再度引领潮流，推出了Nespresso胶囊咖啡。这一创新始于1976年的研发，但直到1986年才正式推向市场。Nespresso以其小巧便捷的胶囊咖啡机及密封的咖啡胶囊，彻底改变了家庭和办公室的咖啡体验。与传统的速溶咖啡不同，Nespresso保证了每一杯咖啡的品质和风味一致，使得消费者可以在家中轻松享用媲美咖啡馆的意式浓缩咖啡。

Nespresso的成功不仅源于产品创新，还得益于其独特的商业模式。雀巢为Nespresso打造了封闭的胶囊销售体系，顾客只能通过官方渠道购买胶囊，从而为公司带来了持续的高利润。此外，Nespresso通过建立专属的俱乐部会员制，加强与消费者的互动，营造了一种独特的生活方式体验。如今，Nespresso已成为全球咖啡市场中奢侈咖啡的代表之一，其高端定位和创新精神使雀巢在咖啡行业继续保持领先地位。

雀巢在1970—2000年的这段时间，通过进军美容、矿泉水等新领域，并凭借Nespresso等创新产品，成功实现了多元化和全球化扩展，巩固了其在多个行业中的领导地位。

五、全球化战略：应对21世纪的挑战（2000—2023）

进入21世纪后，雀巢加大了在宠物食品领域的投资力度，并于2001年收购了全球知名宠物食品品牌普瑞纳（Purina），迅速提升了其在宠物护理市场的影响力。随着人们对宠物健康需求的增加，雀巢的宠物食品业务快速增长，成为全球宠物食品行业的领导者之一。此外，雀巢继续通过并购和创新巩固其在全球食品行业的领导地位。2007年，雀巢收购了美国婴儿食品品牌嘉宝（Gerber），进一步提升了在婴儿营养食品领域的影响力。同年，雀巢收购了加拿大 Atrium Innovations 公司，开始涉足健康与营养领域。

雀巢深知全球化的挑战，其不仅注重产品多元化，还通过研发和创新提升产品质量。近年来，雀巢加大了对可持续发展的关注力度，一直致力于减少塑料的使用和改进水资源管理。同时，雀巢也不断运用数字化技术，提升供应链效率和客户体验。

2011年，雀巢健康科学公司和雀巢健康科学研究院成立，以科学为基础，研究营养产品来预防和治疗慢性疾病。

2012年，雀巢以119亿美元的价格收购前身为辉瑞营养品的惠氏营养品公司，以巩固其在婴幼儿营养品领域的位置。

雀巢的产品涵盖了从婴儿食品到健康科学产品的广泛领域，满足了全球消费者的多样化需求。

六、创新为先：从速溶咖啡到未来食品的行业先锋

雀巢历史上三个最重大的创新是婴儿产品、速溶咖啡和 Nespresso（浓遇咖啡）。1867年，雀巢创始人亨利·雀巢推出了"Farine Lactée"（奶麦粉）婴儿产品，解决了无法进行母乳喂养的婴儿的高死亡率问题。1938年，雀巢推出了世界上第一个速溶咖啡品牌 Nescafé（雀巢咖啡），即溶咖啡迅速风靡全球。1986年，雀巢推出了高端咖啡胶囊系统 Nespresso（浓遇咖啡），彻底改变了家用咖啡机市场，让每个人都能像咖啡师一样做出咖啡。这些创新改变了人们的生活方式，并极大推动了雀巢的发展。

雀巢始终保持对产品和技术的不断创新，通过内外部的研发团队和实验室推动食品行业的变革。雀巢不仅拥有全球范围的研发中心，还在内部设立了 InGenius 等创新加速器，鼓励员工开展内部创业和产品研发。同时，雀巢与多家顶尖学术机构和公司合作，启动了"未来食品"计划，致力于研发健康、可持续且符合消费者未来需求的产品。例如，为满足环保需求，雀巢承诺在2025年前实现100%可回收包装，并通过减少糖分和脂肪含量的方式改进经典产品，如 KitKat 和 Maggi。

在新品研发方面，雀巢每年都推出大量新产品，以满足市场不断变化的需求。例如，仅在2017年，雀巢就推出了1000多款新产品，包括冷冻有机餐和植物基冰淇淋等。雀巢的创新能力不仅使其持续保持行业领先地位，更让其品牌始终处于消费者关注的前沿。

七、雀巢全球本地化：更本土化，所以更全球化

雀巢的官网上有一个提问：雀巢的产品在全球各地都一样吗？官网上的回答是：不。雀巢鼓励各个市场根据当地的习惯、地区和国家特色、消费者的口味、文化和宗教背景，以及购买力进行产品的本地化调整。虽然所有产品都必须符合公司的质量要求，但它们在成分、配方、包装和品牌方面有很大的差异。

雀巢的全球本地化战略强调"更本土化，所以更全球化"，通过在不同市场因地制宜地调整产品和品牌形象，提升产品的本地适应性和市场接受度。这种因地制宜的

创新策略不仅体现了雀巢对东道国本地文化和饮食习惯的深刻理解，也增强了品牌在全球各地的吸引力和竞争力。

雀巢不仅在产品上实现本地化，还在生产和供应链上注重深耕当地市场。在中国，雀巢通过20多家工厂和5个创新中心，不仅支持本地供应链，还积极推动社区的可持续发展，如通过云南的咖啡种植项目帮助农户提升生活水平。这种本地化的运营模式，不仅提高了供应链的效率，也增强了与社区的关系，让雀巢在全球的扩展更具韧性和社会价值。

八、雀巢的并购管理原则：战略、整合与协同共赢的三重奏

雀巢的并购大多数都是非常成功的，这主要归功于其清晰的战略原则、优选管理良好的并购标的、灵活的"集中-分散型"管理模式以及合理的资源嫁接。其不进行敌意收购，并通过帮助被并购方成长以及利用自身强大的资源，确保并购后企业的稳定发展和市场竞争力的提升。

资料来源　佚名. 雀巢的全球征途：从一罐奶粉到全球食品巨头的故事［EB/OL］.［2024-11-11］. https://www.digitaling.com/articles/1282602.html.有删减.

从引导案例可以看出，在雀巢公司百年的发展历史中，它审时度势，根据环境适时调整其经营战略，取得了丰厚的利润。特别是进入20世纪90年代后，在全球竞争、环境预测困难、技术变化快速、市场竞争非常激烈，以及以消费者对价格和质量越来越重视、要求越来越多为特征的新的竞争环境下，雀巢公司的管理者精心制定跨国经营战略，并根据环境变化快速调整战略，取得了海外经营的成功。

国际企业的组织结构、生产过程、产品销售、技术转移、资源配置有相当一部分是在国际范围内展开的，要受到各国的政治经济、社会文化、产业结构、行业特征、竞争对手以及公司自身条件的种种制约，因而，跨国经营与本国经营在战略格局的深度及广度上有着极大的差异。国际企业不仅要有一定的前瞻性来制定公司的长远战略规划，还要有充分的灵活性与适应性，在动态的国际经营环境中求得生存、发展和壮大。

第一节　国际企业战略管理概述

一、国际企业跨国经营战略的含义

（一）企业战略的含义

法国管理学家塔威尔在《企业的生存战略》一书中指出，工业化分为三个时代：第一个时代以实业家为特征；第二个时代以企业家为特征；第三个时代便是我们今天所面临的战略家的时代。战略在英语中为"Strategy"，源于希腊语"Strategos"，被认为是在地图上对整个战场的战事运筹帷幄的一门艺术。它的原意尽管与军事活动密切相关，但目前已被广泛用在政治、经济、社会、文化、科技、教育等各个领域中。将

"战略"一词导入企业经营管理的理论领域并进行系统的研究是20世纪60年代的事情。

企业战略的定义有多种表述，一些学者将企业战略的概念用传统概念（或广义定义）和现代概念（或狭义定义）来区分。美国哈佛大学的迈克尔·波特教授的观点是企业战略传统定义的典型代表，他认为"战略是公司为之奋斗的一些终点与公司为达到它们而寻求的途径的结合物"，波特的定义概括了20世纪六七十年代对企业战略的普遍认识。它强调了企业战略一方面的属性——计划性、全民性和整体性。H.明茨伯格（H.Mintzberg）的观点是战略现代概念的代表，他将战略定义为"一系列或整套的决策或行为方式"，这套方式包括刻意安排的（计划性）战略和任何临时出现的（非计划性）战略。由此可见，相对于传统概念，现代概念更强调企业战略另一方面的属性——应变性、竞争性和风险性。事实上，企业大部分战略是事先的计划和突发应变的结合。"战略既是预先性的（预谋战略），又是反应性的（适应性战略）"，换言之，"战略制定的任务包括制订一个策略计划，即预谋战略，然后随着业务的进展不断对它进行调整。一项实际的战略是管理者在公司内外各种情况不断暴露的过程中不断规划和再规划的结果"。

（二）国际企业跨国经营战略的含义及构成

国际企业跨国经营战略是一种特殊的企业战略，是指国际企业在分析全球经营环境和内部条件的现状及其变化趋势的基础上，为了求得企业的长期生存与发展所作出的整体性、全局性、长远性的谋划及其拟采取的相应的对策。换言之，国际企业跨国经营战略，就是从机遇和风险的角度评价企业现在及未来的环境，从优势和劣势的角度评价企业的现状，进而选择和确定企业的全球、长远目标，制订和选择实现目标的行动方案。

同样，面对经济全球化的强烈冲击和错综复杂的外部竞争环境，国际企业不仅需要事先制定预谋战略，也需要适时调整其全球战略。国际企业只有在变化中不断调整发展战略，保持健康的发展活力，并将这种活力转变成惯性，再通过有效的战略不断表达出来，才能获得并持续强化竞争优势，实现企业经营的成功。

按照企业的管理层次，国际企业跨国经营战略大致可分为三个层次：公司战略、业务战略和职能战略。由于国际企业在规模、跨越国界的程度、企业所有权以及全球战略等诸方面具有区别于一国企业的显著特征，所以，国际企业跨国经营战略各层次的构成要素有其自身特点：

1.公司战略的构成要素

公司战略层次上的构成要素主要从经营范围和资源配置两个方面展开。对国际企业而言，东道国市场的进入与开发（如东道国市场的选择、进入东道国市场的方式等）、国际化战略定位（多国本土化还是全球化）、经营业务定位（公司的业务布局、归核化与多元化的选择等）、全球资源寻求（价值链的整合：研究开发、生产制造与市场营销的协调；供应链管理：生产筹供的选择等），等等，都是公司战略的重要内容。

2.业务战略（竞争战略）的构成要素

业务战略层次上的构成要素则主要考虑竞争优势的定位和业务单位的资源配置。国际企业子公司、事业部、战略经营单位的业务战略包括基本竞争战略、定价战略（价格歧视、转移价格等）等。

3.职能战略的构成要素

职能战略层次上的构成要素侧重于资源配置与协同作用两个方面，包括技术创新与技术转让、财务与融资、人力资源管理、市场营销、生产运作、组织结构等。

三个层次的战略之间是相互渗透的，它们的界限也很难简单地割裂开来。例如，定价战略是竞争战略的主要手段，但它又是营销战略的重要组成部分。又如，生产运作战略可以看作职能战略，而它又与价值链的整合密不可分。再如，组织结构是公司职能战略的一部分，而国际化战略的不同定位又涉及不同组织形式的选择等。

事实上，严格划分三个层次战略的边界既没有可能，也没有必要。三个层次的战略本身就是相互依存、相互制约的。

二、国际企业战略管理的含义和特征

（一）国际企业战略管理的含义

1965年，H.I.安索夫（H.I.Ansoff）所著的《公司战略》问世，这是现代企业管理战略理论的开始。20世纪70年代，安索夫在其论文《战略管理思想》中正式提出"战略管理"（Strategic Management）的概念，标志着现代管理理论体系的形成。

国际企业战略管理可以定义为：面对错综复杂、竞争激烈的国际经营环境，国际企业以自身经营条件为出发点所制定的具有全局性、长远性、导向性和灵活性的关于生产、营销、采购、财务及人员培训等活动的跨越国界的总体性规划，包括跨国经营总体目标的制定及其实现途径的选择。换句话说，国际企业战略管理就是在全球竞争分析（包括外部环境与内部条件分析）的基础上，确立国际企业的战略模式、战略目标与经营方向，进行战略规划，并组织实施与控制的全过程。

国际企业跨国经营战略是企业经营战略的一个分支，其制定和实施的步骤及方法服从于企业经营战略的总原则。

（二）国际企业战略管理的特征

1.集权与分权的均衡点运动更加灵活和频繁

国际企业规模巨大，跨越国界程度宽广，分支机构地域分散，公司内部层次、部门众多，控制幅度大，组织结构相当复杂。如何既能保证公司战略成为公司各项工作贯穿始终的中心，又能使公司在全球日趋激烈的竞争中保持足够的灵活性，成为近年来国际企业战略管理的重点课题。过度集权管理，可能导致国际企业的本土化战略受到削弱，使公司对各地区的具体情况与问题的反应能力下降，丧失灵活性，患上"大企业病"；但过度分权管理，又会导致公司战略无法有效实施。近年来，国际企业中广泛流行"在思想上集权，在行动上分权"的做法，即总公司强化用战略思想与战略目标"教育"公司各机构、各部门的人员，同时又赋予这些机构和人员相当大的自主权，以决定如何在公司战略框架内解决自己所面对的问题。这种做法较好地将集权与分权在战略框架内结合起来，也使得集权与分权均衡点的上下浮动更频繁。

2.战略控制手段由资本、人事过渡到信息

在传统的国际企业中，对一个组织的控制是通过人事或资本控制来完成的，在有些企业中还有可能是关键性的技术。在当前的信息技术时代，这一情况发生了变化，在相当多的国际企业中，首席执行官（CEO）是通过手中握有的信息来实施战略控制的。

战略控制手段的变迁同时也反映出信息技术在现代社会的扩散。最显著的例子是互联网技术的应用使地理上的距离被无限地压缩，代之以虚拟的或称为数字的距离。互联网的发展给地域分布宽广的国际企业带来了前所未有的机遇。各大国际企业纷纷"触电上网"，制定并实施网络战略。有人预言，在未来5年左右的时间，公司网络建设将决定公司的竞争优势。

3.战略绩效评价标准的范围大大拓宽

国际企业各业务单位分散在不同的国家和地区，经营业务千差万别，各分支机构的功能、水平可能相差甚远。这就要求国际企业战略控制的重要手段——战略绩效评价标准的范围大大拓宽。传统的绩效评价指标大多局限于财务性数字，其绩效评价也主要由财务会计人员完成。现在国际企业认识到，过分强调销售额和利润等财务指标的重要性只会增加企业的短视行为，因此，更多的非财务指标如企业成长、商业信誉、战略优势的建立与维持等被开发出来并付诸应用。国际企业对评价指标的选择也有时间性，其绩效评价标准是与各时期的战略目标相联系的。国际企业设置多层次、不同时期的战略目标，既是灵活性的体现，又起到了很好的激励作用。

4.冲突管理、利益协调、跨文化管理是战略实施中的重要保障

国际企业在多种经济、社会、政治、文化环境下运行，各国相异的社会形态、发展模式、价值观等都使国际企业所面临的外部约束明显不同于国内企业。国际企业往往被视为东道国本体之外的一种异质，因而可能遭遇的冲突的数量和程度也远非国内企业所能比拟。再者，与国内企业相比，国际企业内外部的利益相关者也复杂得多，多方的股东、经理、员工在同一企业中共事，加上形形色色的外部利益相关者，如果不能很好地协调各方利益相关者的利益关系，公司战略也难以付诸实施。此外，文化的多元性不仅影响国际企业的内部管理，也同样制约着公司在东道国的经营。对文化的敏感性可以穿越文化边界将产品营销到特定的市场。冲突管理、利益协调、跨文化管理等职能在国际企业战略实施中发挥着重要的作用。

5.灵活的组织设计和运作

当前，全球经济日趋复杂，对国际企业的组织设计与运作提出了相应的要求。任何单一的组织形式都无法适应战略实施的要求。国际企业的组织设计应能够大大提高公司整体的创造力，使大多数员工都能够在计划的公开交流、战略任务的分散化以及多方面衡量工作绩效的控制系统的帮助下展示自己的战略思想与行动能力。

三、国际企业对战略管理认识的发展阶段

国际企业对战略管理的认识大体经历了三个发展阶段：

第一阶段，计划与长期计划阶段。20世纪50年代后期60年代早期，美国学者开始关注企业战略问题。当时美国经济的繁荣给企业提供了发展机会，也给管理者提出了如何管理复杂的大型企业的问题。这类问题主要是如何协调个人的决策和保持高层管理人员对全局的控制。在这种情况下，作为协调与控制工具的年度财务预算在企业中得到了广泛的应用。但是，要想协调资本投资决策，需要管理者具有长期发展的理念。这使得长期计划开始为管理者所重视。这一发展反映了经济扩张时期企业对协调和共同目标的关心。随着企业通过规模化生产、批量销售、垂直一体化、在技术上的大量长期投资等方式来提高效率和控制风险，基于中期经济和市场预测的长期计划更为流行。那时，大多数美国大企业都设立了计划部。长期计划强调从企业内部进行观察，使人员、设备、技术、产品和财务等各要素得到长期均衡发展。计划的重点主要放在自我诊断、扩张和兼并上。所以，20世纪六七十年代，多元化经营在许多企业的计划中成为关键的部分。

第二阶段，战略计划阶段。20世纪70年代，美国经济处于停滞状态，众多实行多元化经营的企业的失败，不仅放慢了企业向混合公司制发展的速度，而且加剧了经济的不稳定性。20世纪70年代后期，世界进入一个相当动荡的时期，日益激烈的国际竞争已进一步威胁到企业的生存和稳定。同时，美国的国际企业在广泛的全球性行业（从钢铁业到银行业）中的领先地位面临严重的挑战，这迫使企业放弃其中长期计划，转而求助于更灵活的战略计划。此时，企业计划的重点转向行业，企业要在严峻的竞争环境下，研究自身所处的行业，认真对待潜在的进入者、供应者、顾客、替代产品以及本行业内的竞争者。

第三阶段，战略管理阶段。20世纪80年代以后，美国的国际企业进入全球性竞争阶段，战略思维进一步拓宽，对竞争优势的分析又日益转向企业内部。竞争优势被认为更多地依赖独特的内部资源和能力，而不是依赖企业的市场定位。在这一阶段，人们开始更多地研究企业的内部资源和核心能力，将战略管理的注意力集中到如何建立动态竞争优势、革新和内部管理合理化的关键作用上。如今，战略管理已进入鼎盛时期，不仅涌现出了大量的研究成果，而且有大量的企业实践活动，使企业进入了战略制胜时代。

四、国际企业战略管理的过程

从图5-1可以看出，国际企业战略管理包括以下主要过程与内容：

```
┌──────────────────────┬──────────────────────┐
│      外部环境          │      内部条件          │ ┐
│   （国内外环境）        │   （企业优势与劣势）    │ │
├──────────────────────┴──────────────────────┤ │
│                   竞争分析                     │ │
└──────────────────────┬───────────────────────┘ │
                       ↓                          │
┌──────────────────────────────────────────────┐ │
│     战略模式、战略目标与经营方向的确立           │ ┤  信息反馈
└──────────────────────┬───────────────────────┘ │
                       ↓                          │
┌──────────────────────────────────────────────┐ │
│                   战略规划                      │ ┤
└──────────────────────┬───────────────────────┘ │
                       ↓                          │
┌──────────────────────────────────────────────┐ │
│                   战略实施                      │ │
└──────────────────────┬───────────────────────┘ │
                       ↓                          │
┌──────────────────────────────────────────────┐ │
│                   战略控制                      │ ┘
└──────────────────────────────────────────────┘
```

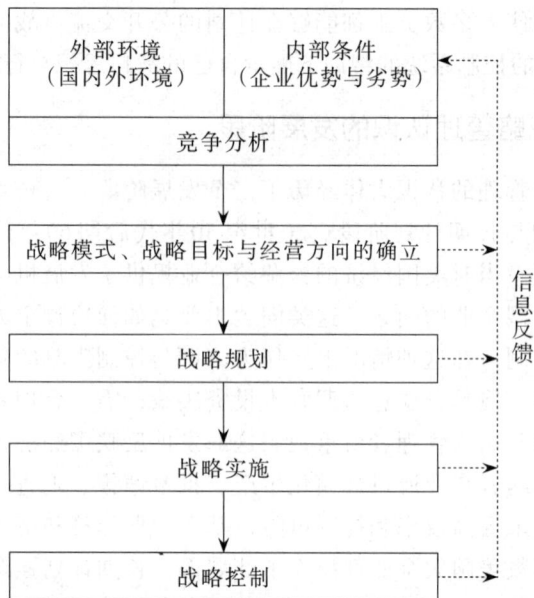

图5-1　国际企业战略管理的主要内容与过程

第一，竞争分析。它包括企业外部环境与内部条件分析两部分。企业外部环境分析涉及国际及国内的政治、经济、科技、文化、社会的变化规律和发展趋势，重点分析行业与市场结构、竞争对手与潜在进入者、供方（卖方）、买方（客户）、替代产品等给企业带来的机会与造成的威胁。企业内部条件分析的重点是从企业的有形资源（包括人、财、物、设备等）与无形资源（包括专利、专有技术、商标与商誉、企业文化等）入手，对企业的优势、劣势及潜力作出全面评估。

第二，战略模式、战略目标与经营方向的确立。企业战略模式、战略目标与经营方向是在系统的外部环境与内部条件分析的基础上形成的，是战略规划的主要依据与指导思想。

第三，战略规划。所谓战略规划，就是运用各种定性与定量相结合的规划理论、方法进行评价、论证及选择的过程。

第四，战略实施。它是指企业通过一系列行政与经济手段，组织、调配企业内外部一切可以利用的资源和条件，把各种战略规划方案从理论构想转化为具体战略行动的过程。企业战略的实践表明，战略制定（包括第二、第三阶段战略管理的内容）固然重要，战略实施同样不可低估。一方面，良好的战略仅仅是战略管理成功的一部分，只有保证有效地实施这一战略，企业的战略目标才能顺利实现；另一方面，即使企业没能制定出完善、合适的战略，但是在战略实施中，能够克服原有战略的不足，也有可能最终实现战略的完善与战略目标的成功。事实上，战略制定与实施之间的界限正逐渐模糊。

第五，战略控制。它是战略管理过程中不可忽视的环节。战略控制贯穿战略实施的全过程，首先必须制定切实可行的控制标准，建立完整的控制与评价系统，以便及

时发现偏差，并采取相应的纠偏与调整对策。

五、国际企业战略管理的意义

制定国际企业经营战略意味着企业聚焦世界市场和世界资源分布。制定跨国经营战略是为了以多国为基础来优化运作，而不是将跨国运作只看作在多个相互独立的国家的经营活动的简单组合。科学合理的跨国经营战略对国际企业的生存和发展有着积极的推动作用。它的意义大致包括：

（1）为将各子公司在全球范围内联系在一起提供手段，把各分支机构和子公司联结起来，增强公司的统一性、合作性和协调性，强化公司在世界市场上的整体功能，使各子公司围绕总体目标相互配合，步调一致地在全球范围内开展生产经营活动，取得既定的经济目标。

（2）为预测和应对环境变化提供途径，使企业接受变化、适应变化。具有长期性、预期性的经营战略能使国际企业在不断变化的环境中发现机会，并通过使用各种创新手段适应和利用这些变化。

（3）为企业协调和整合各种各样而又分散在各国的业务提供工具。通过对资源利用和产品销售的全球统一调配，提高资金、技术、人力和物力的使用效率，使资源得到合理配置，获得来自全球的最大效益。

（4）为国际企业提供新的中枢管理系统，其构建未来结果的现定模型，使企业朝既定目标前进。

总之，国际企业的经营战略是其生产经营活动中必不可少的一个环节，其积极指导作用是十分明显的。一个成功的国际企业必须有一套科学、合理，同时又适应客观环境和经营特色的公司战略。

第二节　国际企业的成长战略

国际企业的成长战略（Growth Strategy）是有关企业基于在国内市场的成长，加快其国际发展的战略。国际企业的成长战略可以"产品"（老产品-新产品）、"市场需求"（老需求-新需求）、"国际化阶段"（国内阶段-进出口阶段-对外直接投资阶段）为轴线，进行立体研究。国际企业的成长战略可以归纳为三大类：密集型成长战略、一体化成长战略、多样化成长战略。

一、密集型成长战略

国际企业采取积极的措施，发挥生产和销售的潜力，开辟新的业务领域，增加新的产品品种，进一步扩大市场面，即密集型成长战略。这种战略的基本特征是发掘产品或市场的潜能，增加现有产品或服务的销售额和利润额，使企业得以较快发展。它包括以下三种战略形式：

（一）市场渗透战略

市场渗透战略指国际企业让老产品在老市场上进一步渗透，从而扩大产品销路，使企业得以成长。这种战略一般采用三种方式：一是尽量使老顾客、老用户的购买数量有所增加，主要方法有增加销售网点、扩大产品的应用范围（如一些消费品被用作礼品等）；二是运用定价策略、质量保证、优质服务、广告吸引等方式争夺竞争对手的顾客；三是争取潜在的新顾客，通过促销活动激发他们购买产品的兴趣。

（二）市场开发战略

市场开发战略指利用老产品去开辟新市场，增加产品销售量，使企业得以成长。正是基于这种战略，许多国际企业为了扩大产品市场，延长产品生命周期，走上了对外贸易和投资的国际化道路。例如，日本松下电器公司在国内收音机滞销时，转向海外市场，从而保持了企业的发展势头。

（三）产品开发战略

产品开发战略指通过改进老产品或开发新产品增加产品在市场上的销量。这种战略要求国际企业根据市场需要不断改进产品的规格、式样，使产品具有新的功能和新的用途；同时，不断推出新产品，以满足不同顾客的需要。随着科学技术的发展和国际市场的变化，新产品层出不穷，产品生命周期越来越短，产品开发领先的国际企业往往在市场竞争中独占鳌头，发展迅速。

实施密集型成长战略的原因一般有：销售量与竞争对手相比不占优势，存在竞争缺口；销售系统不健全，存在销售缺口；产品品种不全，存在产品缺口。与此相适应，就要通过市场渗透战略填补竞争缺口，通过市场开发战略填补销售缺口，通过产品开发战略填补产品缺口。由此，我们可以得到密集型成长战略的组合（如图5-2所示）。

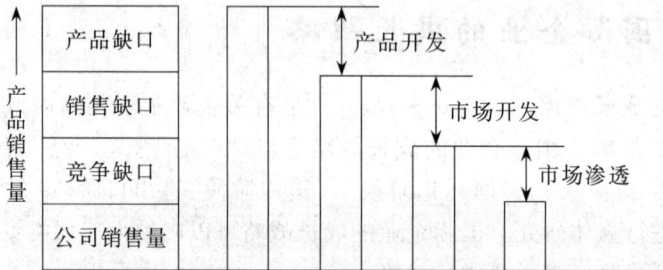

图5-2　密集型成长战略组合

密集型成长战略有效实施是有条件的。根据规模经济理论，生产批量的增加会降低产品成本，但规模增加有一定的限度，如果超过最优规模，产量增加，成本反而上升（如图5-3所示）。因此，该战略受到最优产量的制约。

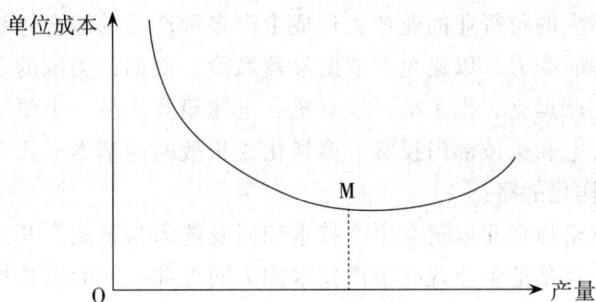

图5-3 产量和成本的关系

二、一体化成长战略

一体化成长战略指国际企业将纵向的具有投入产出关系的不同行业一体化，使企业外部供、产、销之间的市场交易关系变成企业内各部门之间的协作关系，以减少交易费用，从而推动企业成长。其具体形式有：

（一）前向一体化战略

前向一体化战略指国际企业通过新建或并购下游产业的企业，将过去销售的产品当作自己生产的另一类产品的原料，以保证原有产品的市场，扩大企业的经营范围。如石油加工企业利用自己生产的原料向前延伸，生产下游产业的产品，如化工产品、药品等。

（二）后向一体化战略

后向一体化战略指国际企业通过新建或并购上游产业的企业，使过去由原料供应商提供原料变成由自己生产原料，实行供产联合，保证原材料的供应，促进企业成长。如汽车制造厂原来要外购轮胎、铁板，现在通过兼并生产轮胎、铁板的企业，自己生产供应所需的轮胎和铁板。

（三）水平一体化战略

水平一体化战略指国际企业收购或合并同类企业，扩大生产规模，实现规模经济，促进企业成长。如汽车公司通过合并其他汽车生产企业，可以扩大生产规模，降低生产成本。

与密集型成长战略不同，实行一体化成长战略的国际企业，不仅涉及产品经营，而且涉及资产经营，往往通过资产的扩张和有效配置，将不同产业中有投入产出联系的企业一体化，产生1+1>2的效应。实行一体化成长战略的国际企业要取得预期效果，应具备两个条件：一是其所属的产业部门有广阔的发展前景；二是其经营活动如在现有产品的基础上作前向、后向或水平移动，能够提升企业的获利能力、经营效率和控制能力。

三、多样化成长战略

多样化成长战略指国际企业通过创建新厂或兼并其他企业，经营与企业原有业务没有联系或联系不大的跨行业的业务，形成生产多种产品的综合体系，使公司能够保持持续的创新力和应变力，以避免可能的经营风险。例如，美国的通用汽车公司除了生产汽车外，还生产坦克、推土机、洗衣机、电冰箱等产品；主要从事汽车生产的日本丰田公司也向住宅和机械部门投资。多样化成长战略的基本形式有以下三种：

（一）同心多样化战略

同心多样化战略指企业以现有生产技术和研发能力为基础，开发其他新产品，寻找新的成长机会。这是把企业现有生产技术能力同外部可能的成长机会结合起来的一种战略，如掌握高水平电子技术的公司利用原有技术生产公交部门所需的交通信号控制系统、医用电子诊疗仪、商用自动售货机等。

（二）水平多样化战略

水平多样化战略指企业充分利用现有的市场，开发与现有产品的生产技术无关或关系不大的新产品。如经营农业机械的国际企业增设化肥、农药生产线，向原有的农机客户增供化肥和农药。

（三）综合多样化战略

综合多样化战略指企业不以现有生产技术、产品、市场为基础，而在全新的市场中寻找成长机会。如美国 AT&T 公司兼营酒店业；日本住友电工公司从生产电线到生产减震橡胶，近年来又生产核燃料、塑料制品、成型机等。

实行综合多样化战略，有利于公司抓住外部环境提供的成长机会，而不受目前产品和市场的限制；在外部环境不利时，有利于实现公司经营重点的转移；有利于向新的产业部门转移技术；有利于各尽其才，充分发挥员工的潜力；有利于分散风险。但综合多样化战略可能导致企业过分膨胀，或因对新的业务领域不熟悉而导致利润率下降，从而给整个企业的经营带来困难。1995年，世界通信界巨头美国 AT&T 公司自行肢解，分成通信服务、系统制造和电脑三个部分。这种分解也在一定程度上说明：过于膨胀的多样化经营有可能给企业带来负面效应，需要加以纠正。

四、国际企业成长战略的发展

国际企业成长战略有一个发展和变化的过程，从总体上看，国际企业通常交替使用上述三种成长战略。在某一历史环境和条件下，某种成长战略成为主体，但在另一种历史环境和条件下，其他的成长战略就可能取而代之，变成主体。

从国内经营阶段看，企业从密集型成长到一体化成长再到多样化成长，是一个生产不断发展、实力逐步增强的过程。表5-1显示了美国工业多样化发展的历史进程，其中，生产单一产品或几种主导产品的企业一般采用密集型成长战略或一体化成长战略，生产相关产品或非相关产品的企业通常采用多样化成长战略。1949—1969年，美国经济快速发展，大公司不断涌现，公司规模不断扩大。在此期间，美国各国际企业从较多地采用密集型成长战略和一体化成长战略逐步转变为采用以一体化成长战略和多样化成长战略为主导的战略类型。

表5-1　　　　　　　　　　　　　美国工业多样化发展（%）

年份	单一产品	几种主导产品	相关产品	非相关产品	总计
1949	35	35	27	3	100
1959	16	37	40	7	100
1969	7	29	45	19	100

从进出口阶段看，国际企业首先通过密集型成长战略，将国内现有产品投放到国外市场，并进一步渗透。在此基础上，逐步建立当地的市场体系，一方面，可以根据国际市场的需要生产并出口新产品，巩固这个市场体系；另一方面，又为对外直接投资并建立当地乃至全球生产体系做好准备。几乎所有的企业在国际化进程中都首先通过进出口方式，采用密集型成长战略进入并扩大海外市场。英国和美国的国际企业通常依靠独立开发的新产品，利用各国产品生命周期的时间差，以密集型成长战略席卷世界市场，在此基础上进入直接投资阶段。日本的国际企业将欧美处于生命周期起点的产品，通过技术引进，组织生产，投放到国内外市场。日本的经济学家指出，日本国际企业的商品出口之所以成功，是因为迅速完成商品升级，即从"低质量、低价格"产品向"高质量、低价格"产品转移，进而向"超高质量、高价格"的独创产品转移；准确掌握当地需求，开发适销对路的产品；从以低价格为中心的市场战略转变为运用各种市场战略和市场工具；在世界各国建立有效的当地市场体系，进而发展国际市场体系。可见，日本国际企业是通过有效地执行密集型成长战略才打开出口成功之路的。

从对外直接投资阶段看，国际企业通常在当地市场体系的基础上，建立销售子公司和生产基地。在创建的时候，除采用"绿地"（Green Field）政策，自己新建生产基地以外，为了迅速进入国外市场，通常还会采用一体化成长战略或多样化成长战略，收购当地企业，在东道国建立基地。在第二次世界大战以前，世界上的主要跨国公司有37%通过收购方式在国外建立生产型子公司；1946—1958年，这个比例上升到44%；60年代，上升到55%；20世纪末到21世纪初，这个比例上升至80%左右。在进一步拓展国际化经营的过程中，企业会交替使用上述三种成长战略，特别是一体化和多样化成长战略，有助于企业依靠综合产品经营和资产经营的优势，建立全球生产营销体系。

总之，国际企业在成长的初期，由于经营能力有限，会较多地采用密集型成长战略，注重现有产品和市场潜力的挖掘。随着实力的不断增强，其开始注重公司供、产、销的联合，采用各种形式的一体化成长战略，将产品经营和资产经营结合起来。随着市场经营风险的增加和公司实力的增长，企业趋向于选择多样化成长战略，将产品经营、资产经营和风险规避结合起来。当然，这一选择过程和演变并不是一成不变的，关键在于如何根据企业成长的外部环境及内部条件，对增长方式作出恰当的动态选择。

第三节　国际企业战略分析方法

企业在制定战略的过程中要使用各种定性和定量的方法，本节主要介绍产业结构分析模型、业务组合分析和价值链分析。

一、产业结构分析模型

国际企业的竞争战略目标是使自身在复杂的国际竞争环境中保持最好的状态。产业结构分析模型又称五种竞争力量模型，由哈佛大学教授迈克尔·波特提出，是企业在制定战略过程中对行业和企业竞争环境进行分析的重要工具。

（一）迈克尔·波特理论（五个要素）框架

迈克尔·波特认为，企业所选择及所处的行业的竞争激烈程度、行业结构对行业内部企业的获利水平具有决定性意义。一个行业的激烈竞争，其根源在于其内在的经济结构。在行业中有五种基本竞争力量，分别是：潜在进入者的威胁、替代品的威胁、购买者的讨价还价能力、供应者的讨价还价能力、现有竞争对手的抗衡。五种作用力又由产业结构或基本的经济和技术特征所决定。国际企业应分析和研究决定这五种基本竞争力量的因素，确定其影响企业利润率的程度。但是，各种力量的作用是不同的，常常是最强的力量或某股合力共同处于支配地位，起着决定性作用。对一个行业的经营单位来说，可以应用这五种力量分析其竞争战略目标，并在此行业中找到适宜的位置。在这个位置上，该企业能较好地防御五种竞争力量，使它们有利于本企业的发展。波特的产业结构分析模型如图5-4所示。

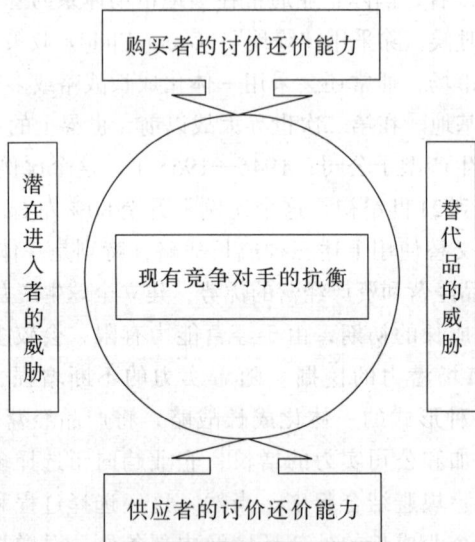

图5-4　影响产业利润的五个要素

（二）大卫·亚非理论（六个要素）框架

近年来，哈佛商学院的大卫·亚非教授在波特教授研究的基础上，根据企业全球化经营的特点，又提出了第六个要素，即互动互补的作用力，进一步丰富了产业结构理论框架。

亚非认为，任何一个产业内都存在不同程度的互动互补（指互相配合一起使用）的产品或服务业务。例如，对房地产业来说，家具、电器、学校、汽车、物业管理、银行贷款、保险、社区和家庭服务等会对住房建设产生影响，进而影响到整个房地产业的结构。国际企业认真识别具有战略意义的互动互补产品，并采取适当的战略（包括控制互补品、捆绑式经营或交叉补贴销售），会使企业获得重要的竞争优势。通过进一步研究还发现，许多互补品（或业务）对房地产业的发展起到了积极的促进作用，如银行个人购房贷款业务的发展，极大地促进了住宅市场的需求；家庭小轿车拥有量的增加，以及公共交通条件的改善，促进了郊区住宅的销售等。根据亚非教授提出的互动互补作用力理论，房地产行业中的企业在进行经营战略定位时，可以考虑控制部分互补品的供应（尤其是在行业发展的初期阶段），这样有助于改善整个行业结构，包括提高行业、企业、产品、服务的整体形象，提高行业进入壁垒，降低现有企业之间的竞争程度。企业还可以有意识地帮助和促进互补行业的健康发展，如为中介代理行业提供培训服务、共享信息等，如图5-5所示。

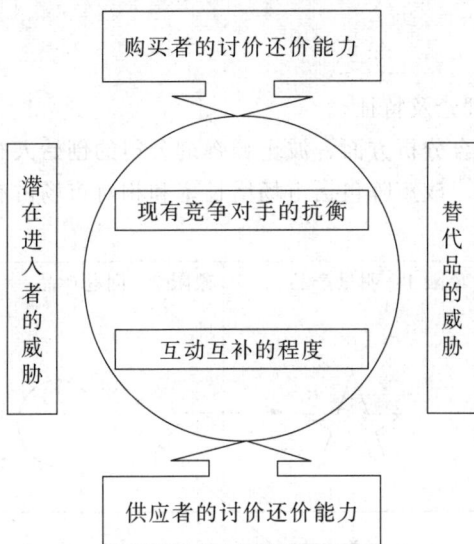

图5-5　大卫·亚非的六个要素框架

对亚非教授的六个要素具体分析如下：

（1）购买者的讨价还价能力。其包括消费者的需求规模、消费者的购买能力、可供选择产品的范围、产品的区分度、消费者转换产品的成本、消费者的满意程度、消费者获得信息的程度。

（2）供应者的讨价还价能力。其包括供应商的集中程度、供应商的供货能力、产品的区分度、品牌的识别度、价格的调整余地、信息可获取程度、供应商之间联手的程度。

（3）现有竞争对手的抗衡。其包括产业增长速度、固定成本与增值的幅度、生产能力和目前的开工率、产品的区分度、转产成本、竞争对手的市场分布程度、产业退出障碍。

（4）替代品的威胁。其包括直接替代品（柴油车替代汽油车）和间接替代品（VCD部分替代录像机）的威胁，以及替代品导致需求下降。

（5）互动互补的程度。其涉及使产品或服务增值（如硬件与软件、住房与住房贷款、商品房与室内装修、电力供应与家电生产、买车与保险、网络与计算机等），扩大市场需求。

（6）潜在进入者的威胁。其涉及产业目前的获利程度（如无线通信、飞机制造、制药、软件开发、管理咨询等产业平均利润率均在20%以上）、规模经济和范围经济状况、产品或服务的新颖程度、政府规划和政策转换成本、引起恶性竞争（如价格战）的可能性。

21世纪初，全球产业出现了新的六大发展趋势：市场越来越大，越来越自由；市场无国界；超分工整合；由产品导向变成顾客导向；创造价值；新经济体系的数字革命。在全球超分工整合的趋势下，产品如果不是全球最好的整合所产生的结果，企业就没有竞争力，更无法真正做到"基业长青"。

二、业务组合分析

（一）BCG矩阵的理论及特征

在业务（产品）组合分析方面，波士顿咨询公司的创始人布鲁斯·亨德森发明的矩阵分析方法久负盛名。该矩阵包括市场增长率和相对市场占有率两个变量，形成四种场景，如图5-6所示。

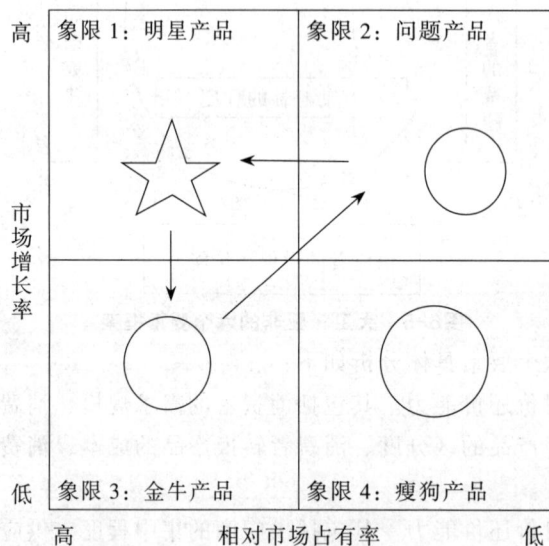

图5-6　BCG矩阵组合示意图

1.明星产品

明星产品的特点是"双高"，即处在增长的市场环境中，享有很高的市场占有率。处在该象限的企业往往投入大量资金以维持其明星产品的地位，但是，由于经验曲线效应，生产成本随着时间的推移会逐渐下降。

2.金牛产品

金牛产品处在成熟的市场环境下，市场占有率很高，因而企业无须增加促销投入。该项业务是企业进行新产品开发的主要资金来源。

3.问题产品

问题产品处在增长的市场环境下，但是市场占有率低。为了提高市场占有率，企业需要投入大量的资金，其结果往往并不一定理想。在获利低的情况下，问题产品可能最终不得不退出市场。

4.瘦狗产品

瘦狗产品的特点是"双低"，即处在静止或衰退的市场环境下，市场占有率也很低，往往耗费企业大量的资金，与企业资源总量不成正比。

从事国际化经营的企业可以根据产品生命周期理论，运用业务（产品）组合分析矩阵，认真分析其主要产品所处的发展阶段和在国际市场上的占有率，以制定行之有效的国际生产和营销战略。

（二）BCG矩阵运用的战略方针

BCG矩阵的主要用途在于使人们注意到企业各类业务的现金流动、投资特性和需求。很多企业的各类业务会随着时间的推移而发生变化，随逆时针方向由"瘦狗"变为"问题"，由"问题"变为"明星"，由"明星"变为"金牛"，再由"金牛"变为"瘦狗"。但并非所有的企业一定会出现这种循环式的演变。企业进行市场增长率–市场占有率分析的目的在于，把用于企业中低盈利、低发展潜力的资金投向高盈利、有长远发展潜力和有吸引力的业务中去，通过这种调度资金平衡实现公司的总体优化。

三、价值链分析

企业要生存与发展，就必须为股东和消费者创造价值。可以把企业创造价值的过程分解为一系列互不相同但又相互联系的经济活动，美国学者迈克尔·波特将这些活动称为"价值链"，如图5-7所示。企业所有生产、营销及服务带来的总收入减去总支出便是其增加的价值。

价值链分析模型分为两大部分，下方是企业的基本增值活动，即原料供应、生产加工、成品储运、市场营销和售后服务，这些活动与产品实体的生产和流转直接相关；上方是辅助性活动，包括企业基础管理、人力资源管理、技术开发、采购等。企业的价值增值活动可分为"上游环节"和"下游环节"两大类：在企业的基本增值活动中，原料供应、产品开发、生产等可以称为"上游环节"；成品储运、市场营销和售后服务可以称为"下游环节"。上游环节增值活动的中心是产品，与技术特性紧密相关；下游环节增值活动的中心是顾客或客户。

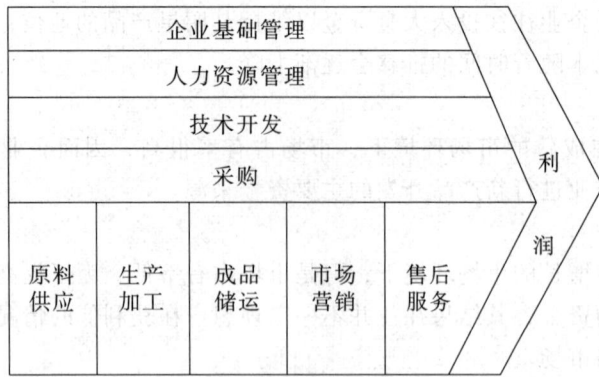

图5-7　价值链分析模型

价值链是企业所从事的各种业务，如设计、生产、营销、技术开发及支持性活动等的综合体。一个企业的价值链显示了其产品生产的整体价值。它是由价值活动和利润两部分组成的。企业的价值活动分为两大类。

（一）基本活动

基本活动主要涉及如何将企业的输入有效地转化为输出，这部分活动直接与顾客发生各种联系。

（1）来料储运，包括资源接收、储存、分配、材料处理、库存控制和运输等。

（2）生产运营，将各种输入转化为最终的产品和服务，如制造、工艺和检测等。

（3）外部后勤，包括产品接收、储存和分销活动。

（4）市场营销，包括消费者行为研究、广告和促销活动等。

（二）辅助性活动

辅助性活动主要体现为一些内部管理活动，包括：①基础性活动，如计划、财务和质量控制及法律服务；②技术活动，如技术开发、技术创新与发明等；③人力资源管理与开发，如人员的招聘、选拔和激励等；④采购管理，如价值链中的生产要素投入等职能活动。

需要引起深思的是，不同行业的企业价值链的具体构成并不完全相同，同一环节在不同行业的重要性也不相同。如农产品行业，由于产品本身简单，竞争主要体现为价格竞争，下游环节对企业生产经营的整体效益影响不是很大；而对于制造行业，市场营销和售后服务不仅重要，有时甚至是企业竞争成败的关键。因此，下游环节的战略地位就显得非常重要。对国际企业而言，由于价值链各环节所要求的生产要素差异很大，而各国（地区）生产要素禀赋条件又不一样，因此就有必要将价值链各环节放在拥有其所需的生产要素的国家或地区中去。国与国之间的比较成本优势就体现为价值链上某一特定环节的优势，从而出现国与国之间按不同的价值链环节分工的现象。例如，汽车产品的研发环节需要有接受过高等教育、具有专业技术的高级人才，而装配环节则需要大量劳动工人，于是美国的汽车厂商就向墨西哥出口汽车零部件，然后从墨西哥进口整车。

第四节　国际企业战略联盟

20世纪80年代以来，西方企业尤其是国际企业迫于强大的竞争压力，开始对企业竞争关系进行战略性调整，纷纷从对立竞争走向大规模合作竞争。其中，合作竞争最主要的形式之一就是建立企业战略联盟。企业战略联盟作为现代企业组织制度创新中的一种形式，已经成为现代企业强化其竞争优势的重要手段，被誉为"20世纪20年代以来最重要的组织创新"。

据统计，20世纪90年代初，全球实行跨国战略联盟的企业已比80年代中期增长了6倍，且仍有上升之势。在世界150多家大型国际企业中，以不同形式结成战略联盟的已达90%，国际企业战略联盟主要集中在汽车制造、航空、半导体、信息技术、电子通信等行业，其战略合作覆盖从技术开发到生产、销售和服务的全过程。

一、国际企业战略联盟的含义及特征

（一）国际企业战略联盟的含义

战略联盟的概念最初是由美国 DEC 公司总裁 J.霍普兰德（J.Hopland）和管理学家 R.奈格尔（R.Nigel）于20世纪70年代提出的，很快这一概念得到理论界和实业界的广泛赞同。关于战略联盟的定义，学术界至今尚未达成共识。从资源基础理论的角度来看，企业是资源的集合体，企业的一切经营活动都是企业资源的整合活动，企业资源的整合活动既可以发生在企业内部，又可以发生在企业与企业之间，而企业战略联盟进行的则是企业间的资源整合活动。结合上述分析，我们认为，战略联盟是两个或两个以上的独立企业为了实现一定的战略目的而进行的有关企业资源整合活动的一种长期合作安排。这个定义包含以下几层含义：

（1）战略联盟是两个或两个以上企业间的长期合作安排。首先，战略联盟的主体至少是两个企业，即具有法人资格的经营实体，一个企业内部分公司之间的合作关系以及经济活动中自然人之间、自然人与企业之间的合作关系不属于战略联盟；其次，战略联盟是一种通过契约或股权参与联结的企业间的长期合作安排，企业之间短期的合作关系不属于战略联盟。

（2）结成战略联盟的企业是相互独立的。战略联盟伙伴之间是相互独立的、平等的，企业不会因为建立战略联盟而丧失其独立性，当某一企业在战略联盟中丧失了其独立性时，则意味着该企业被战略联盟伙伴兼并，战略联盟终结。这一含义把企业战略联盟与企业兼并区别开来。

（3）企业结成战略联盟的目的是实现某种战略目的。从一般意义上讲，企业建立战略联盟的战略目的是获得、维持或发展企业的战略资源。不同的企业可能有不同的战略目的，如有的企业建立战略联盟的目的是获得某种战略资源，有的是保护并充分利用企业的战略资源，有的则是发展企业新的战略资源。但结成战略联盟的根本战略目的是获得并维持企业的持续竞争优势。也就是说，企业结成战略联盟必须是站在整

体战略的高度，为了实现某一战略目的而建立企业之间的长期合作关系。企业之间那种没有明显的战略目的的合作关系，如企业间日常交往中的互助协作关系和其他形式的企业间非正式合作关系都不属于战略联盟的范围。

（4）战略联盟所从事的活动是企业间的资源整合活动。企业战略联盟的本质是企业间的资源整合活动，这种企业间的资源整合活动不是通过市场交易进行的，而是企业与企业之间直接进行的，那些不涉及企业间资源整合活动的企业间的合作关系，如企业间的价格联盟和卡特尔，都不属于战略联盟范畴。

国际企业战略联盟又称为跨国战略联盟，属于战略联盟的范畴。根据上述战略联盟的含义，相应地，国际企业战略联盟是指不同国家的两个或两个以上的独立企业为了实现一定的战略目的而进行的企业间资源跨国整合活动的一种长期合作安排。

（二）国际企业战略联盟的特征

1.跨国性

国际企业战略联盟的跨国性特征主要体现在两个方面：一是结成跨国战略联盟的企业来自不同国家；二是跨国战略联盟的活动是企业间资源的跨国整合。这是跨国战略联盟区别于国内战略联盟的根本标志。战略联盟的主体既可以是同一国家的企业，也可以是不同国家的企业，但只有由不同国家的企业结成的战略联盟才能被称为跨国战略联盟。另外，即使企业权属归于不同国家，但如果不存在企业间资源的跨国整合活动，则这类战略联盟仍不能称为跨国战略联盟，而只能归入国内战略联盟。跨国战略联盟只能是在不同国家的企业之间建立，而且进行着企业间资源的跨国整合活动。

2.战略性

跨国战略联盟不是企业对瞬息变化的环境所作的应急反应，而是企业在对未来的竞争环境趋势作出判断，并对企业未来发展战略进行深思熟虑之后作出的战略选择。因此，跨国战略联盟会对企业未来的发展产生深远的影响。跨国战略联盟的战略性体现在两个方面：一是企业间合作关系的长期性。跨国战略联盟注重从战略的高度和企业发展的整体角度来谋划跨国企业间的合作关系，因此，跨国战略联盟的合作期限较长，短则3～5年，长则几十年。二是跨国战略联盟的结果对企业未来发展影响的长期性。由于企业建立跨国战略联盟是其从战略高度和企业发展整体的角度出发，经过深思熟虑之后作出的战略决定，其着眼点是从国外获得战略资源或向国外扩散企业的战略资源，并进一步发展企业新的战略资源，获得持续的竞争优势，因而跨国战略联盟的成败必然会对企业的未来发展产生长期的影响。

3.独立性

结成跨国战略联盟的企业之间是相互独立的，它们都是独立的法人实体，始终拥有自己独立的业务、自己的产品、自己的市场和自己的利益，对企业自身经营的业务始终拥有独立的决策权，而不为联盟伙伴的企业决策所左右。一旦某个联盟伙伴丧失了其独立性，跨国战略联盟就可能转化为跨国合并或跨国兼并。

4.平等性

既然跨国战略联盟伙伴是相互独立的，那么它们在合作中的关系也应该是平等的。跨国战略联盟伙伴之间既不是组织内部的行政隶属关系，也不是组织与组织之间的市场交易关系，而是合作伙伴之间的平等互利关系。跨国战略联盟的平等性体现在：一是资源投入的平等性。虽然联盟伙伴可能投入不同类别和不同数量的资源，但联盟伙伴都有平等的权利和机会选择所投入的资源。二是地位的同等性。不管联盟伙伴原有的实力如何，在联盟组织中，联盟伙伴之间在地位上是同等的，大家都是合作伙伴，应该相互尊重，避免一方凌驾于另一方之上。三是收益分配的均等性。联盟伙伴之间在收益分配上应体现单位投入享受同等的权利和均等的收益。保持联盟伙伴平等性的关键是联盟伙伴间在思想观念上要有平等的意识，在行动上要充分体现联盟伙伴平等的地位。保持跨国战略联盟的平等性，联盟伙伴之间才可能相互信任、相互合作、互惠互利，最终实现跨国战略联盟的战略目的，否则将会导致跨国战略联盟的失败。

5.复杂性

跨国战略联盟的复杂性主要体现在两个方面：一是跨国战略联盟组织形式的多样性，二是跨国战略联盟伙伴存在的差异性。跨国战略联盟的组织形式多种多样，有的涉及股权参与，有的不涉及股权参与；有的彼此之间有较高程度的参与，有的参与程度很低。由于跨国战略联盟采用的组织形式不同，联盟伙伴参与的程度不同，相互之间关系的密切程度也不同，因而所采取的管理方式不同。由于跨国战略联盟伙伴来自不同国家，因而联盟伙伴之间存在诸多差异性。这体现在：跨国战略联盟的战略目标和利益不同、企业文化不同，以及各国经济体制、国家政策导向和企业制度不同。跨国战略联盟组织形式的多样性和联盟伙伴间的差异性导致了跨国战略联盟管理的复杂性。

二、国际企业战略联盟形成的动因

形成国际企业战略联盟有许多直接的动因，根据近年来国际企业战略联盟的实践和发展，推动国际企业战略联盟形成的主要动因可归结为以下五个方面：

（一）促进技术创新

当前，全球竞争已进入高科技竞争时期，拥有先进技术是企业提高竞争力的关键。新技术的突破，往往带动新产品、新工艺、新材料的全面发展，并为企业开辟新的经营领域，使企业现有的效率和效益得到显著提高。随着技术创新和普及速度的不断加快，企业在充分利用和改进原有核心技术的同时，必须不断创新，开拓新的技术领域。而高新技术产品的开发费用日益增加，单个企业难以独立支付，必须通过建立战略联盟的方式共同分担，如美国通用电气公司和法国斯奈克玛公司（SNECMA）合作开发了一种新型的飞机引擎。这项研发约需10年时间，耗资10亿～20亿美元。这一巨额的开发费用是单个企业无法独立承担的。在高科技项目的开发活动中，各种尖端技术相互融合、相互交叉，高科技产品正朝着综合方向发展。单个企业往往很难拥有足够的技术力量去开发每一个高科技项目，而在产品技术日益分散化的今天，已经没有哪一个企业能够长期垄断某项技术，企业期望依靠自身力量掌握竞争主动权的难度正变得越来越大，因此，需要通过跨国界的同行业合作来获得互补性技术。比如，IBM公司为了研究和开发新一代个人电脑的硬件、软件和网络，需要综合性的技术力量，因此也不得不与其头号竞争对手苹果公司（Apple）进行合作。Apple公司前总裁约翰·斯卡利（John Sculley）曾大发感慨：如果没有20世纪90年代的战略联盟，现代高科技公司要想生存和发展是不可想象的。此外，战略联盟还能缩短产品创新的时间。在激烈的现代市场竞争中，随着同行业竞争对手的不断涌现，产品的不断创新已成为各个企业参与竞争的主要手段之一，产品的设计周期变得越来越短，谁能抢先推出新产品，谁就能占领市场。然而，科学技术的突飞猛进，已经使产品技术高度复杂化，一件复杂的高新技术产品的完成，涉及越来越多的科技领域和越来越多的生产环节，从设计、试制到有关设备的筹备，乃至生产的实现和市场渠道的开拓，已表现为规模越来越大的系统工程，而这种系统工程是任何企业都难以在短期内独立完成的。

这种以企业间结成战略联盟来促进技术创新的模式已成为一种新的经营模式，特别是在航空、电子、信息、自动化、汽车等高技术产品领域，这种企业战略联盟现象尤为引人注目。这种战略联盟往往是交叉、网络式的，技术创新的需要使一些企业从激烈的竞争关系逐渐转变为既是对手又是伙伴的关系。

（二）规避经营风险

国际企业可能面临的风险一般包括政治风险和经营风险。随着苏联的解体，世界由"冷战"进入"冷和"时期，全球各地区的民族、政治等诸多矛盾不断涌现，动荡的政治局势也给国际企业的跨国经营带来了巨大风险。美国、日本、欧洲的国际企业纷纷采取国际战略联盟的形式进行国际化经营，对单个国际企业来说，无疑可以减少因政治风险所带来的损失。除政治风险外，国际企业进行国际化经营还会遇到经营风险，即市场风险。这种风险对公司经营也将产生巨大的负面影响。国际企业国际战略联盟在相当大的程度上可以减少上述风险。例如，美国通用汽车公司与日本丰田汽车公司结成战略联盟，从日本引进小型轿车的生产技术和生产方式，从而使通用汽车公司可以拿出原先必须用于开发小型轿车的25亿美元，转而用于改进和开发大中型轿车系列产品。这样，通用汽车公司在开发新型同类产品上不仅节省了时间，而且通过迅速满足消费者在油价上涨情况下购买小型节能汽车的需要，加快了开发投资成本的回收，从而避免了生产投资的风险。

国际战略联盟还有利于避免技术创新风险。剧烈变动的外部环境给企业的研发提出了如下三点基本要求：不断缩短研发时间，降低研发成本，分散研发风险。对任何一个企业来说，研发一项新产品、新技术常常要受到自身能力、信息不完全、消费者行为等因素的制约，需要付出很高的代价。而且随着技术的日益复杂化，开发的成本也越来越高。这些因素决定了新产品、新技术的研发需要很大的投入，也具有很高的风险。在这种情况下，国际企业自然要从技术自给转向技术合作，通过建立国际战略联盟提升信息传递的密度与速度，以避免单个企业在研发中的盲目性和因孤军作战而导致全社会范围内的创新资源浪费，并降低技术创新风险。

在现代市场经济条件下，单个企业要想进入新的市场，不仅需要巨额投资，还可能会遇到许多意想不到的市场进入限制。因此，企业如果依赖内部的增值链体系，就要承受越来越大的经营风险，因为其所有的新增值都要在产品的最后一次销售上得到实现，一旦受阻则全线瓦解。除此之外，当多元化经营普遍作为企业发展的一种有效战略时，由于新业务对某一企业来说通常是一个陌生的领域，而且存在行业进入壁垒，因此需要企业承担相当大的市场风险。采用国际战略联盟降低风险的原因在于：一是其价值实现是分段进行的，联盟实现了优势互补，从而拓展了经营范围，分散了经营风险；二是能够以更为广泛的网络掌握更多的市场渠道，减少市场风险。

目前，国际上大多数行业，特别是一些高技术产业，其竞争结构以寡头垄断竞争为主导，如半导体、计算机和汽车等行业的国际竞争主要是少数几家或十几家世界主要国际企业之间的竞争。这种寡头垄断竞争结构具有极大的不稳定性，一旦其中一家公司与其他公司结成战略联盟，就会造成原有竞争局势的失衡，就会对其他竞争对手的市场地位构成直接威胁，从而引发其他公司"追随领先者"的反应，导致更多的公司寻求战略伙伴。

当前，国际竞争环境变化迅速，而且许多环境因素的变化方向与变化速度都具有较大的不确定性，难以准确地预期，这都在不同程度上给国际企业带来了强大的竞争压力。这种国际竞争环境要求国际企业建立高度灵活的经营结构和组织结构。为避免经营风险，一些国际企业会另辟蹊径，决定走公司间战略联盟与合作的道路。

（三）避免或减少竞争

建立战略联盟，有利于形成新的竞争模式，以合作竞争取代单纯竞争，减少应对激烈竞争的高昂费用。战略联盟竞争与合作是一种新的辩证关系，竞争并不排斥合作，而且从某种程度上讲，合作有利于充分提高竞争效率。例如，当企业准备开发某种新产品或打入某一市场时，竞争对手可能早已确立了竞争优势，如果与竞争对手直接交锋，其结果可能是趋于失败或两败俱伤，这必将浪费稀缺的社会资源。因此，与竞争对手携手建立战略联盟，共同促进社会经济的发展，不失为新市场环境下的理性选择。

另外，由于在一定时期内市场需求量都是有限的，如果企业之间仍在有限的市场中继续展开恶性竞争，不仅会增加市场竞争中的成本，而且可能因为竞争过度而失去自身现有的市场。因此，企业之间建立国际战略联盟，加强合作，可以共同理顺市场，维持竞争秩序。比如，日本东芝公司与美国摩托罗拉公司为了巩固在半导体领域的竞争地位，通过签订一系列协议，建立起了全面的分工与协作关系。这种联合方式就是出于避免过度竞争的考虑。

企业建立战略联盟还可以促使联盟伙伴共同开拓市场，从而提高各自的市场销售额。这也正是战略联盟创造新市场的思路，即不是去"抢"对手的市场，而是与对手共同创造并分享一个更大的市场。比如，数年前空中客车公司着手开发600～700座的超级大型客机，波音公司想随后跟进，但市场需求可能只允许一家公司收回高达150亿美元的巨额投资。如果双方投入到这场你死我活的竞争中，将不可避免地导致"双输"。最后这两家制造商结成战略联盟伙伴关系，共同开发这种巨型客机，共享潜在市场的巨大利润。

（四）实现资源互补

近20年来，国际竞争环境的深刻变化给公司的绩效目标造成了巨大的压力，竞争的客观环境使得它们制定的战略绩效目标与它们依靠自身资源和能力所能达到的目标之间存在一个缺口，这个缺口被称为战略缺口。战略缺口在不同程度上限制了公司走一切依靠自身资源和能力自我发展的道路，在客观上要求国际企业走战略联盟与合作的道路。因此，战略缺口是推动国际企业在全球竞争中结成战略联盟的重要动力，公司的战略缺口越大，参与战略联盟的动力越强烈。

资源在企业之间的配置总是不均衡的，在资源方面或拥有某种优势，或存在某些不足，通过战略联盟便可达到资源共享、优势互补的效果。典型的例子是Honeywell、Groupe Bull 与 NEC 建立的长期互补关系。NEC 为 Honeywell 与 Groupe Bull 的大型计算机生产中央处理器，还为 Honeywell 生产个人电脑；Groupe Bull 则在美国本土以外生产 Honeywell 设计的中型计算机并经销其部分产品；Honeywell 在美国市场推销 NEC 的超级计算机生产线和 Groupe Bull 的网络技术。Honeywell 认为，这种合作方式可促使各自资源与核心能力实现互补，同时还能减少竞争对手，使业务集中并维持现有的市场地位；其他合作方则认为此举能使其进入美国市场的费用减少。此外，在航空、环保领域也常采用类似的联盟合作形式。

战略联盟有利于企业在实现资源互补中分摊高昂的开发和投资费用，因为企业的发展除了技术要素外，还有赖于资本与人力要素的组合，而对资本和人力资源需求量的激增促使投资成本大幅度提高。这种状况对大多数企业（即使是大型企业）来讲，其开发和投资的规模也会受到成本的制约，从而减少了开发新产品和进入市场的机会。在企业采取内部增值途径受阻的情况下，战略联盟能够以少量投资有效、适当地调动所需要的各种资源，联盟伙伴在各自所负责的环节上也有更多的机会来降低投资成本和提高经营效益。战略联盟通过协调性合作促使各企业实现资源优势互补，这主要体现为战略联盟借助同类产品生产者的联合，使各自的相对优势在生产规模扩大的条件下得到更大限度的发挥，从而降低生产成本和投资成本，增强企业的竞争实力。此外，联盟使生产专业化和分工程度提高，合作伙伴在零部件生产、部分和总体组装各环节上的多种相对优势叠加，为不同企业之间资本、技术和人力资源等生产要素的灵活组合提供了机会，推动了技术进步，最大幅度地降低了最终产品成本。比如，英国国际计算机公司 ICL 在众多强劲对手的挑战下处境艰难，但与富士通公司联盟后，迅速摆脱困境，实力和信誉都大大增强。

（五）开拓新的市场

企业要想在激烈的市场竞争中长期立于不败之地，就必须不断地开拓市场，尤其是在世界经济一体化进程中，企业必须向国外市场渗透。国际竞争要求参与竞争的企业必须实现经营范围和地区多样化。只有实现经营范围多样化，包括经营产品和行业的多样化，才能对变化莫测的技术创新作出迅速的反应，并充分利用新的技术开发成果，取得范围经济。只有实现经营地区多样化、全球化，才能获得国际分工的利益，增强国际竞争力。同时，通过全球生产、营销网络，在最短的时间内和最广阔的市场应用新的技术成果，加速技术创新的成本回收与获利。国际企业通过建立广泛的战略联盟可迅速实现经营范围的多样化和经营市场的扩张，这突出表现在日本国际企业与欧洲和美国公司的战略联盟上。根据一项对日本公司与美国公司战略联盟的调查分析，在高新技术产业，日、美公司战略联盟的合作领域大都与美国公司的核心经营领域相一致，而与日本公司的核心经营领域相异，这是因为日本公司将与美国高新技术产业公司的战略联盟作为进入这些产业并获取技术优势的一种重要手段。而日本公司与欧洲公司的战略联盟则不同，其主要是为了利用欧洲合作伙伴在欧盟市场的重要地位来渗透和拓展其欧洲市场。

综上所述，建立战略联盟是迅速进入新市场或新行业的捷径，并且可极大地降低其中的市场风险。比如，丰田通过与通用建立战略联盟，就顺利地突破了美国对日本汽车的进口限制，丰田在此联盟中仅投入了1亿美元，就获得了在美国从事汽车制造所需要的全部信息，以及如何与工会、地方政府和经纪商打交道的经验。

为了应对潜在对手的挑战，企业之间可以通过组建战略联盟，与其他企业建立产品开发合作关系，以市场为纽带，营造灵活、协调的营销网络，不断开拓新的市场空间。在当今竞争激烈的国际环境中，越来越多的企业认识到，进行国际化经营单靠企业自身的力量是不够的，与竞争对手结成联盟不失为一种降低风险和成本、提高企业总体竞争力的有效手段。例如，英国石油公司与美国美孚石油公司于2000年7月结成了价值50亿美元的战略联盟，成为欧洲石油业最大的公司，在欧洲石油市场上的占有率达到18%。由于两家公司共同享用输油管道、储油罐、炼油设备和加油站等，每年预计可节约5亿美元的费用，年营业额可达200亿美元。

三、跨国战略联盟的组织形式

跨国战略联盟的组织形式是多种多样的，至少包括合资企业、少量股权参与联盟、研究开发合同、联合研究与开发、联合生产、合作营销、供应商伙伴关系、分销协议和许可证协议。许多学者根据是否涉及股权，将跨国战略联盟分为股权联盟和非股权联盟。股权联盟包括合资企业和股权参与联盟，非股权联盟包括不涉及股权交易的其他所有的合作协议。但从资源基础理论的角度来看，根据联盟伙伴投入的资源类型，可以把跨国战略联盟分为四类：非对等契约联盟、对等契约联盟、股权参与联盟和合资企业，见表5-2。

表5-2　　　　　　　　　　　　**四种跨国战略联盟模式比较**

企业为（A）	伙伴企业（B）	
	基于财产权的资源	基于知识的资源
基于财产权的资源	非对等契约联盟	合资企业
基于知识的资源	股权参与联盟	对等契约联盟

（一）非对等契约联盟

当联盟伙伴双方都为联盟投入基于产权的资源时，这类联盟就是非对等契约联盟。非对等契约联盟往往包含明确的产权转移，如许可证协议中的"以技术换资金的交易"。许可证、分销协议以及研究与开发合同都是非对等契约联盟的主要形式。其关键特征是每个企业都要独立地履行对其联盟伙伴的义务。这类契约往往是完备的、具体的，因而要求联盟伙伴独立地执行契约，而不需要过多的协调与合作。因此，非对等契约联盟是一种松散型的战略联盟形式。

（二）对等契约联盟

对等契约联盟是指联盟伙伴投入的资源都是基于知识的资源的战略联盟。这类联盟的伙伴之间都保留了产权成果。它要求联盟伙伴持续不断地投入资源并共同合作。联合研究与开发、联合营销与促销、联合生产以及增强供应商伙伴关系都是对等契约联盟的主要形式。由于这类联盟要求联盟伙伴持续不断地投入资源并共同合作，因此，它是一种较为紧密的战略联盟形式。相对于非对等契约联盟，对等契约联盟的契约常常是不完备的、更开放的。

（三）股权参与联盟

当企业在联盟中投入的资源是基于知识的资源，而其联盟伙伴投入的资源是基于产权的资源时，这类跨国战略联盟就属于股权参与式联盟。股权参与联盟的基本特征是联盟伙伴之间长期地相互持有对方的少量股权。在有些联盟中也有单向、少量投资于其他公司的情况，如IBM公司在1990—1991年间，购买了西欧国家大约200家软件和电脑服务公司的少量股权，借此与当地的经销商建立起良好的联盟关系，从而利用它们的渠道打入西欧市场。股权参与联盟与证券投资的差异在于：联盟各方通常需要制定一些具体的协议，以相互利用联盟各方在特定领域的优势。与非股权联盟相比，由于股权安排的执行与退出是相当复杂的，联盟伙伴之间的合作关系往往会延续很长的时间。而长时间的合作关系为联盟伙伴提供了一种激励，即激励联盟伙伴采取诚实的行为并约束其机会主义行为。一般来说，那些希望保持一种持续合作关系的企业将会更关心这种股权参与联盟的发展。如果某个联盟伙伴被发现窃取其他联盟伙伴基于知识的资源且已超出了适当的限度，那么作为一种"惩罚"，窃取者的股权将转由被窃取者持有。因此，股权安排为联盟伙伴基于知识的资源的意外转移提供了一些保护。

（四）合资企业

当企业投入的资源是基于产权的资源，而联盟伙伴投入的资源是基于知识的资源时，这类跨国战略联盟就属于股权式合资联盟。在股权式合资联盟中，合资生产和经营的项目往往分属于联盟伙伴的局部职能，双方母公司各拥有50%的股权，以保持相对的独立性。合资企业的股权安排可以是多数股权安排，也可以是少数股权安排，但大部分公司往往采取各占50%的股权方式成立合资企业。股权式合资联盟可以集中联盟各方的优势，共同开发研究、生产和销售。战略联盟中的一个关键问题是参加联盟的企业存在追求自身利益最大化而损害其他联盟伙伴利益的机会主义行为，特别是涉及不受产权保护的基于知识的资源时，这种机会主义行为更为严重。当联盟伙伴各方在一个企业实体内长期共同生产经营时，很难排除基于知识的资源的转移。因此，股权式合资联盟是企业获得其他联盟伙伴基于知识的资源的最好的方式。在所有的战略联盟形式中，股权式合资联盟是最容易发生基于知识的资源转移的方式，原因是联盟伙伴各方在合作中最大限度地将资源暴露给对方。其他联盟方式，如许可证协议，提供的学习机会就要少得多。所以，如果一个企业拥有基于产权的资源，而希望最大限度地获得另一个企业基于知识的资源，则股权式合资联盟是最好的联盟形式。

同步案例5-1　　　　　　　　北汽集团与奔驰：跨国战略联盟中的成功，
其他汽车企业如何借鉴？

中国自2001年加入WTO以来，国内越来越多的企业走出国门、参与国际竞争。面对汽车行业竞争日益激烈的市场环境，越来越多的汽车企业选择与外商组建跨国战略联盟，作为提升自身实力的发展路径。

北汽集团作为中国五大汽车集团之一，是国内第一家与外商成立合资企业的车企，开启了中国汽车行业的对外合作之路。

北汽集团与梅赛德斯-奔驰集团的战略合作长达20年之久，该跨国战略联盟是中国汽车行业跨国战略联盟的经典案例，对中国其他汽车企业有一定的借鉴意义。

一、北汽与梅赛德斯-奔驰跨国战略联盟案例介绍

改革开放以来，随着中国打开对外开放的大门，国内外企业也进行了交流与合作。汽车行业是中国企业建立跨国战略联盟的重点领域，可以说，近年来中国汽车工业的发展史也是与外商组建跨国战略联盟的合作史。

中国加入世贸组织后，国际化进程加速，汽车行业也参与到全球生产价值链中。国内汽车企业与国外企业组建的跨国战略联盟的数量明显增加，联盟的形式和内容也逐步呈现出多元化特点。

中国头部汽车集团如上汽、一汽、东风汽车、长安汽车和北汽等纷纷选择与国外汽车公司合作，通过合资等跨国战略联盟的方式占据着各类细分汽车市场。

北汽集团组建跨国战略联盟的动因：北汽与梅赛德斯-奔驰组建跨国战略联盟，能够获得奔驰汽车的技术资源，双方共同致力于合资品牌的发展。梅赛德斯-奔驰是全球顶级的汽车制造公司，拥有先进的生产技术，在整车制造、发动机、变速箱、安全系统等领域处于世界领先水平。

双方的跨国战略合作始于建立合资公司北京奔驰，经过不到20年的发展，北京奔驰拥有了梅赛德斯-奔驰合资公司中最大的研发中心。近年来，北京奔驰进行了纯电动车和动力电池的本土化生产，双方不断在动力电池等新能源领域开展研发合作。

梅赛德斯-奔驰进行跨国战略联盟的动因：2015年以来，中国新能源汽车产业发展迅速，目前中国已成为全球最大的新能源汽车市场。

世界各大车企纷纷加入对中国市场的争夺，相较于其他竞争对手，梅赛德斯-奔驰在新能源领域的布局稍显滞后，所以找到一个在该领域已有成绩的合作伙伴对奔驰汽车来说可能是一个更好的选择。北汽集团早在2009年就成立了北汽新能源公司，在新能源领域进行战略布局。

北汽集团拥有国际一流的新能源汽车实验中心，在世界六国八地建立了研发中心，掌握了三电核心技术，同时与产业链上下游的企业进行合作，在新能源领域积累了一定优势。因此，北汽仍然是奔驰汽车在新能源领域的最佳合作伙伴。

二、关于北汽在跨国战略联盟中的问题与思考

（1）过度依赖合资公司北京奔驰：在国内汽车行业逐渐放开合资企业股比限制的背景下，北汽对北京奔驰的过度依赖会使其压力倍增。虽然北汽集团表现得比较强势，分别于2019年和2021年收购了德方的部分股权，但是北汽持续依靠北京奔驰的支持并不是长久之计，因为在合资公司中的股权比例直接关系着合作双方的利益分配，未来奔驰集团是否会争夺北京奔驰的股权尚不清楚。北汽集团接下来需应对各种风险，重视自主品牌的发展或许是其合理选择。

（2）研发力度不足，未很好地整合技术资源：北京汽车的研发投入在营业收入中的占比最低，而且与行业可比企业有一定的差距。

横向对比，北京汽车近三年研发投入占总营业收入的比例在1.58%左右，而广汽、比亚迪的该项指标分别在7.8%和5.6%左右，这一情况表明北京汽车的研发进展迟缓、投入力度不足。

此外，近三年北京汽车的北京品牌连续亏损，也可能与创新不足有关。总之，从研发投入占营业收入的比例这一指标来看，北汽在与梅赛德斯-奔驰的跨国战略联盟中并没有很好地整合技术资源，自主研发能力有待加强。

三、启示

要想在跨国战略联盟中实现共赢，前提是选择有共同的利益驱动和优势互补的结盟对象。在选择合作伙伴时，客观真实地评价自身和对方的优势和不足是实现优势互补、资源共享的前提。

在北汽与奔驰的跨国战略联盟中，梅赛德斯-奔驰作为世界一流汽车制造商，拥有先进的生产技术和成熟的管理体系，这对刚刚改制的北汽而言有十足的吸引力。

同时，北汽作为北京市重点国有企业，拥有完善的市场渠道和地域优势，这是奔驰进入中国市场不可或缺的，双方正是有着各自的优势以及共同的乘用车市场战略目标，才能够进行长期战略合作，实现双赢。

在国内汽车企业的跨国战略联盟中，大多数中方企业只注重引进和模仿技术，忽视了自主研发和创新，究其原因就在于只满足合资合作带来的眼前利益，没有重视自身技术研发的长久发展。

因此，在未来的跨国战略联盟中，中国汽车企业应完善主动学习机制，坚持"引进-消化吸收-再创新"的发展路径，不断提升核心竞争力，以取得更好的跨国战略联盟效果。

资料来源 佚名. 北汽集团与奔驰：跨国战略联盟中的成功，其他汽车企业如何借鉴？[EB/OL]. [2023-09-18]. https://baijiahao.baidu.com/s?id=1777363884210505577&wfr=spider&for=pc.

讨论问题： 北汽集团与奔驰组建跨国战略联盟所形成的组织原则是否具有普遍适用性，为什么？

本章小结

跨国经营战略是国际企业在生产经营活动中必不可少的一个环节，科学合理的战略计划对国际企业的生存和发展具有积极的推动作用。所谓国际企业跨国经营战略，是指国际企业在分析全球经营环境和内部条件的现状及其变化趋势的基础上，为了求得企业的长期生存与发展所作出的整体性、全局性、长远性的谋划及其相应的对策。面对经济全球化的强烈冲击和错综复杂的外部竞争环境，国际企业不仅需要事先制定经营战略，也需要适时调整其全球战略。

按照企业的管理层次，国际企业跨国经营战略大致可分为三个层次：公司战略、业务战略和职能战略。国际企业在规模、跨越国界的程度、企业所有权以及全球战略等诸多方面，具有区别于一国企业的显著特征，所以说，国际企业跨国经营战略各层次的构成要素有其自身的特点。

国际企业战略管理就是在全球竞争分析（包括外部环境与内部条件分析）的基础上，确立国际企业的战略模式、战略目标与经营方向，进行战略规划，并组织实施与控制的全过程。国际企业战略管理包括竞争分析、战略模式、战略目标与经营方向的确立、战略规划、战略实施以及战略控制等内容。

国际企业战略管理的特征主要体现在五个方面：集权与分权的均衡点运动更加灵活与频繁；战略控制手段由资本、人事过渡到信息；战略绩效评价标准的范围大大拓宽；冲突管理、利益协调、跨文化管理是战略实施中的重要保障；灵活的组织设计和运作。

国际企业的成长战略可以归纳为三大类：密集型成长战略、一体化成长战略、多样化成长战略。

密集型成长战略包括市场渗透战略、市场开发战略和产品开发战略。一体化成长战略包括前向一体化战略、后向一体化战略和水平一体化战略。多样化成长战略包括同心多样化战略、水平多样化战略和综合多样化战略。

得出国际企业各种战略类型后，可通过不同的模型对其进行分析评估，包括产业结构分析模型、业务组合分析模型和价值链分析模型。

关于战略联盟的定义，学术界至今尚未达成共识。就资源基础理论的角度而言，战略联盟是指两个或两个以上的独立企业为了实现一定的战略目的而进行的企业资源整合活动的一种长期合作安排。

国际企业战略联盟又称跨国战略联盟，是指不同国家的两个或两个以上的独立企业，为了实现一定的战略目的而进行的企业间资源跨国整合的一种长期合作安排。根据联盟伙伴投入的资源类型，国际企业战略联盟可分为四类：非对等契约联盟、对等契约联盟、股权参与联盟和合资企业。国际企业战略联盟主要有跨国性、战略性、独立性、平等性、复杂性等特征。

促使企业组建战略联盟的直接动因有很多，根据近年来企业战略联盟的实践和发展，可把企业战略联盟形成的主要动因归结为五个方面：促进技术创新、避免经营风险、避免或减少竞争、实现资源互补和开拓新的市场。

复习思考题

1. 简述国际企业跨国经营战略的含义及构成要素。
2. 简述国际企业战略管理的含义和内容。
3. 简述国际企业战略管理的特征。
4. 为什么说国际企业战略管理是国际企业在生产经营活动中必不可少的一个环节？
5. 国际企业成长战略的类型有哪些？
6. 国际企业战略分析包括哪些方法？
7. 何谓国际企业战略联盟？其形成的动因有哪些？

第六章

国际企业对外直接投资理论

学习目标

[知识目标]

1. 了解国际资本移动的一般理论；
2. 了解垄断优势理论和区位优势理论、国际投资的产品生命周期理论；
3. 了解内部化理论、国际生产折中理论和小岛清理论模型。

[能力目标]

1. 掌握国际资本移动的一般理论内容；
2. 理解区位优势理论的内容；
3. 掌握小岛清理论的主要观点。

[素养目标]

掌握垄断优势理论、内部化理论的主要内容，引导学生理解市场机制和竞争环境，培养他们的市场意识和经济思维；同时，树立遵守行业规范和道德准则、坚持诚实守信的投资原则的理念。

引导案例

为促进企业海外投资，日本做了什么？

40多年来，日本民间企业（后文简称日企）海外直接投资一直在持续增长，政府的政策支持发挥了不可或缺的作用。20世纪90年代以来，日本先后实施多项支持政策，为日企海外扩张提供政策保障。日本政府认为，日企在具有技术优势的领域进行全球扩张对日本参与国际竞争非常重要。2022年8月，日本政府专门成立"内阁官房海外商务投资支援室"，并制定了许多新的促进措施。尽管这些措施带有日本特色，但仍然具有研究和借鉴意义。

一、日企海外投资概况

早在20世纪50年代，日企就开始海外投资，其快速发展则是在被称为"失落的30年"中。1985年，日美签订"广场协议"后，日元大幅升值，国际贸易摩擦加剧；90年代日本经济泡沫破裂，国内消费持续低迷。在此背景下，为降低生产成本和扩大销售市场，日企包括中小企业加快了海外投资步伐。进入21世纪后，全球化浪潮兴起，日企的海外直接投资进一步加速。日企海外投资包括在海外进行"绿地投资"、"跨境并购"和其他"合作和业务联盟"等多种形式。

2001—2009年间，日本有海外子公司的企业由6 074家（其中大企业1 931家、中小企业4 143家）增加到7 977家（其中大企业2 347家、中小企业5 630家），增长了31.3%。海外子公司由2001年的29 500多家增加到2009年的36 800多家，增长了24.7%。

1997—2021年间，日本有海外直接投资的大企业和中小企业占比，分别由27%和8%上升到32.0%和14.2%，分别提高了5个和6.2个百分点。日本上市公司中有海外直接投资的公司占比更高，由1986年的32.5%上升到2021年的65.6%。据日本外务省统计，截至2017年年末，日本海外企业总数为75 531个，其中本国企业5 347个（指日企在外国的分公司），当地法人企业36 499个，分类不明的企业33 685个。

2022年，日本海外当地法人的销售额为365.5万亿日元（其中制造业为161.5万亿日元，占44.2%），实现利润19.64万亿日元，比2013年的9.87万亿日元增长98.9%。其中，制造业企业利润7.48万亿日元，比2013年的4.9万亿日元增长了52.6%。日本的企业海外投资是由制造业带动的，据2023年经济产业省的抽样调查，制造业公司占42.7%。全产业从业者557万人中，制造业从业人员408万人，占73.2%。

近几年来，日本企业的海外投资面临着新的挑战。由于国际环境变化，日企海外直接投资的意向明显下降。JETRO（日本贸易振兴机构）2022年的问卷调查结果显示，已拥有海外生产基地的公司中，拟扩大海外生产基地的公司比例由2019年的66.9%下降到2022年的43.5%（其中大企业的比例由69.8%下降到45%；中小企业比例由65.7%下降到41.5%）；拟维持现状的公司比例由2019年的28.5%上升到49.1%（其中大企业由27.5%上升到为45.3%；中小企业由29%上升到50.8%）。

二、后疫情时期，日本政府为何更加支持企业海外投资

2022年8月，日本政府正式成立"内阁官房海外商务投资支援室"，旨在"制定规划措施，并与相关部委和机构协调，以支持具有'技术优势和发展抱负'的企业进行海外商务投资"。在疫情后，日本政府特别强调支持企业海外投资，主要有三方面的考虑：

首先是维护"经济安全"。日本政府认为，"产业链过度依赖外国必然会导致经济安全风险增加，特别是依赖特定国家和地区的供应链更无法确保人民的健康和国家的经济安全"。截至2022年年底，在中国的日企数占其海外法人总数的比例已由2013年的32.6%下降到28.3%；在东盟10国的占比，则由2013年的24.3%提高到29.7%。

其次是提高企业的生产力和增长潜力。日本经济产业省经过长期研究发现，海外

直接投资有利于提高国内企业的生产力和增长潜力。据 JETRO 2022 年的问卷调查，日企海外发展主要是为了在最有利的地区生产，以利于拓宽国际市场，降低生产成本，利用当地的人才、技术和能源、原材料等资源，从而有效提高企业的生产力和增长潜力。对员工数 50~99 人的制造业企业海外投资后的成长状况进行研究后发现，5 年后它们的销售额增长 5.8%，其全要素生产率为 5.1%；而无海外直接投资的企业的销售额仅增长 1%，全要素生产率为 4%。

最后是应对国内市场萎缩，保持日企的全球竞争力和影响力。

一是海外投资将推动产品和服务贸易的良性循环。如通过加强海外生产基地与国内基地之间的产品和材料供应，并结合相关设备出口及服务，就能有效促进日本的服务贸易。

二是海外投资将促进日企包括初创企业在内的创造创新，提高生产率和竞争力；海外投资还能带动国内企业的产品贸易量增长和出口。研究表明，当资本金 10 亿日元以上的全球公司海外生产比例提高时，该公司国内总部所在地周边 5 千米以内区域的出口额有明显增加，原因在于全球公司海外生产比例的提高可能通过其海外子公司对国内总部周边公司的采购来增加国内公司的产品出口。

三是通过多层次价值链将众多海外投资公司连接起来，寻求跨行业、跨层次和跨地区的投资新价值。

此外，海外投资还有利于改善国际关系。日本特别重视通过企业海外投资，致力于解决全球南方面临的社会问题，并在近几年实施了"全球价值共创事业推进项目"（JECOP）计划，在新兴国家中寻找当地需要解决的社会问题和有相关需求的当地公司，然后寻找拥有相关技术的日本公司与其匹配，帮助这些企业进行海外投资。2022 年，该计划先后在越南、泰国、印度和埃塞俄比亚实施，并在可持续发展目标（SDG）方面取得了显著成果。

三、后疫情时代支持海外投资的新措施

为了帮助企业应对和克服海外业务固有的风险和障碍，日本政府制定了许多新的促进措施，以进一步推动日企的海外投资。其主要包括：

1. 强化海外投资的支援体制

新的强化措施包括两个方面：

一是建设"团队型政府体制"。支援海外投资共涉及总务省、经济产业省、农林水产省、国土交通省、环境省、外务省 6 个中央政府部门，驻各国外交公馆，以及贸易振兴机构（JETRO）、国际协力机构（JICA）、中小机构（中小企业基盘整备机构）、政策金融公库（JFC）、国际协力银行（JBIC）、贸易保险公司（NEXI）、日本全国信用担保协会等 10 多个政府所属支援机构。为提高支援效率，这些政府机构要像一个团队一样工作，相互密切配合、无缝对接，为企业海外投资提供服务。

二是从横向和纵向两方面与地方各级政府部门和所属机构、商工会议所等民间支援机构紧密合作，以建立政府支援大平台和支援组织大网络，为企业海外投资提供广泛而具体的支援服务。

2.制定覆盖海外投资全过程的一揽子措施

日本把企业海外投资过程划分为4个阶段，并列出19项支援任务，由相关省厅、政府机构、民间组织和驻外使馆分工合作提供支援。

第一阶段的支援内容，主要是为企业提供海外信息收集、了解伙伴国家制度、研究发展战略、完善企业内部制度、就海外投资进行初步咨询5项服务。

第二阶段的支援内容，主要是投资计划制订及项目可行性研究、确定投资目的地等5项服务。

第三阶段的支援内容，主要是为企业海外投资提供信贷融资、投资保险和信贷担保等4项服务。

第四阶段的支援内容，主要涉及签订合同，设立当地法人，扩大海外业务，应对人力资源本地化、环保问题，海外安全情报5项服务。其重点是为从事海外直接投资的中小企业提供服务。

以上19项支援任务由相关省厅、政府机关、支援机构和民间组织负责实施，如第一阶段支援由国土交通省、农林水产省、贸易振兴机构、中小机构、国际协力银行、商工会议所等机构合作实施；第二阶段支援由贸易振兴机构、国际协力机构、国际协力银行实施；第三阶段支援由中小机构（出资支持）、海外需要开拓支援机构、国际协力机构、国际协力银行、政策金融公库、商工中金、贸易保险公司、海外通信邮电事业支援机构、全国信用担保协会等机构实施；第四阶段支援由贸易振兴机构、外务省、国际协力机构、国际协力银行等实施。

3.确定实施进度并跟踪检查

为落实好各项海外投资支援措施，日本政府在编制海外投资支援方案的同时，还设定实施基准，每六个月编制和发布一次，并根据支援进度进行审查。例如，根据2022年10—12月的基准报告，在此期间在加强政府机构合作方面的实绩有国际协力机构、国际协力银行等举办研讨会，贸易保险公司与政府签署协议，国际协力银行和贸易保险公司协调融资和进行保险协商等12项。

各机构的支援都有较好绩效。在金融支援方面，国际协力银行2021—2022年对企业海外投资的融资承诺分别为177件和100件，融资金额分别为1.17万亿日元和1.64万亿日元。政策金融公库针对符合条件的日企在海外投资所需的设备资金和长期流动资金（包括向海外公司转贷资金）提供贷款，限额14.4亿日元，利率上限为2.5%。对于进行海外直接投资（包括追加投资）者，收购海外公司所需的资金可享受高达4亿日元的贷款，利率上限为2.5%。当海外子公司从当地金融机构获得贷款时，日本的全国信用担保协会可就其母公司（日本的中小企业）向国内金融机构贷款产生的债务，提供与国内金融机构向当地金融机构开具的信用证有关的债务担保，担保额度为2.5亿日元，担保比例80%。

资料来源 浦文昌.为促进企业海外投资，日本做了什么？[EB/OL].[2024-09-16].https://business.sohu.com/a/809296018_260616.有删改.

看完引导案例后，我们不禁要问：日本企业为什么要进行国际经营？为什么能进行跨国经营？为什么选择那些区域、那些行业进行跨国经营？为什么在多年的跨国经营过程中，对外直接投资的地区结构和行业结构要进行调整？日本对外直接投资结构的变化对中国有哪些借鉴意义？

亚当·斯密（Adam Smith）和大卫·李嘉图（David Ricardo）等经济学家的自由贸易理论已经为跨国公司的行为奠定了理论基础。到20世纪60年代，随着跨国公司的发展遍及世界各地，并开始成为世界经济中的重要力量，对跨国公司行为的理论研究迅速发展，经济学家们从各个方面和角度探索、研究跨国公司的行为特点及其作用与影响，提出了许多理论与主张。目前，理论界大致形成了两大类跨国经营的基础理论，即基于贸易视角的跨国经营理论和基于对外直接投资视角的跨国经营理论。同时，针对发展中国家和地区的跨国经营理论也在形成与发展中。所有这些理论不仅对存在的跨国经营现象作了合理的解释，加深了对此问题的理解，更为重要的是对企业今后的跨国经营实践活动起到了相当大的指导作用。

第一节 国际资本流动的一般理论

第二次世界大战后的五六十年代，人们试图用传统的国际资本流动的基本理论来解释对外直接投资现象。这种理论只是一般性地研究资本的国际流动问题，用于解释资本流动的动机及其产生的效果。

假定一个纯粹的分析模型：世界由一个资本充裕国和一个资本短缺国组成，世界总资本量为OO′（如图6-1所示）。其中，资本充裕国的资本量为OC，而资本短缺国的资本量为O′C，AA′和BB′分别表示两个国家在不同投资水平的资本边际产值，根据边际产出递减原理，投资水平越高，每单位资本投入的产出就越低。

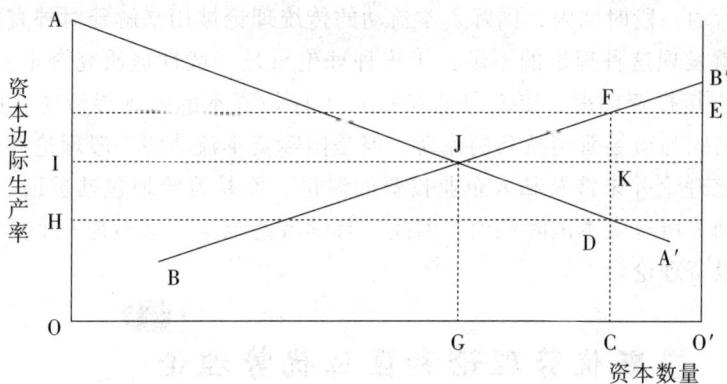

图6-1 资本流动的分析模型

在封闭经济中，没有资本流动，资本充裕国将全部资本投入国内生产，其资本的边际收益为OH，总产量为OADC，其中HAD这块面积归其他生产要素投入的收益，OHDC是资本所有者的收益。同样，资本短缺国也将全部资本O′C投入国内生产，国内资本边际收益为 O'E，国内总产量为 O'B'FC，其中 O'EFC 为资本所有者享有，其余 EFB' 为其他生产要素的所有者享有。

现在，假定资本在国际上可以自由流动。那么，资本充裕国就将 OG 资本量投入国内，而将其余部分投入资本缺乏国。这样，国内资本的边际收益率由 OH 提高到 OI，国内总产量为 OAJG，国内资本所有者收益为 OIJG，其他生产要素的收益是 AJI。

再看资本输入国的情况。外国资本 GC 输入后，总资本量增至 O'G，总产量由 O'B'FC 增至 O'B'JG，产量增加 CFJG，这部分增加的产量中 CKJG 作为外国资本的报酬付给外国投资者，本国由于引进外资而获得的收益是 KFJ。

这样，资本输出国在国内的产量为 OAJG，加上资本输出的收益 CKJG，总产量为 CKJAO，比没有资本输出的封闭经济增加产量 DKJ。

从全世界的观点来看，总产量由封闭经济的 OADC+O'B'FC 增加到开放经济的 OAJG+O'B'JG，增加的产量完全是资本流动带来的好处，可以用两块三角形 KJF+KJD 表示。

从以上资本流动的分析模型中，我们可以得出以下结论：

第一，在资本不流动的封闭经济中，资本充裕国的资本边际生产率较低，资本所有者的收益率较低；而在资本短缺国，由于资本"稀缺"，资本边际生产率较高，资本所有者的收益率虽高，但是由于资本短缺，产量较少。这样，从世界角度而言，资本总体的利用效率较低。

第二，一旦资本可以自由流动，资本充裕国将部分资本输出，从而使本国的资本边际收益率提高。

第三，由于资本匮乏国的资本输入，其产量增加，其中一部分作为资本收益付给资本输出国，另一部分则是国内新增的收益（产量）。

第四，资本的国际流动，可以使资本收益率均等化，通过重新配置资本资源，使资本总体利用效率提高，从而世界总产量增加，对资本输出国和输入国都会带来好处。

在二战后的一段时期内，国际资本流动的传统理论被用来解释对外直接投资，但是人们很快就发现这种理论的不足：①这种理论只是一般性地研究资本的国际流动，并不是讨论直接投资问题；②对外直接投资不仅是资本的跨国界流动，而且包括技术、管理、组织与市场营销技巧的流动，但是国际资本流动的一般理论并没有涉及这些内容；③该理论并未涉及私人企业投资的讨论，而是笼统地包括援助、证券投资、短期资本流动等所有资本国际流动。因此，有学者甚至认为这不是一个具有独立意义的对外直接投资理论。

第二节　垄断优势理论和区位优势理论

一、垄断优势理论

垄断优势理论（Monopolistic Advantage Theory）是西方最早研究对外直接投资的独立理论，是加拿大经济学家斯蒂芬•H.海默（Stephen H.Hymer）于 1960 年在其博士论文《国内企业的国际性经营：对外直接投资的研究》中首先提出的。海默根据美国商务部关于直接投资与间接投资的区分准则，对美国1914—1956年对外投资的有关资料进行了实证分析，发现对外直接投资与对外证券投资有不同的行为表现，而传统理论中解释国际资本移动的要素禀赋论又难以对此作出科学的解释。于是，海默开创性地将传统产业组织理论中的垄断理论应用于跨国公司对外直接投资的分析中，提出了企业特定优势理论。企业特定优势实际上是企业只有进行对外直接投资才具有的一种垄断优势，所以，特定优势理论又被称为垄断优势理论。这一理论的提出，标志着跨国公司理论的诞生，因此，海默也被一些西方学者誉为"跨国公司理论之父"。

（一）垄断优势理论的基本内容

传统的国际资本移动理论认为，各国的产品和生产要素市场是完全竞争的，资本从"资本过剩"的国家流向"资本短缺"的国家的根本原因在于各国之间利润率的差异，即对外投资的主要动机是追求较高的利润率。海默对传统理论进行了突破：第一，把国际企业的形成与对外直接投资联系起来进行研究，认为利润率的差异根本无法区分对外直接投资与证券投资，不能解释对外直接投资的真正原因。这是因为：①如果说美国公司对外直接投资的原因是海外利润率高于美国，那么，这与美国公司从海外大量借款来投资建厂自相矛盾；②当时海外有大量资金涌入纽约金融市场，购买美国的各种证券，而美国公司却大量进行对外直接投资，这说明，对外直接投资与证券投资的流向是相反的，如果用"利润率"来解释这种现象，则难以自圆其说；③当时美国的对外直接投资明显集中在汽车、石油、电子、化工等制造业，这说明对外直接投资还有别的动机，并非仅为了追求高利润率。第二，对外直接投资与国际企业的经营活动有关，而国际企业的经营活动又集中在知识密集型产业上，所以，知识密集型产业最容易产生国际直接投资。第三，摒弃了传统理论关于完全竞争的假设，主张从不完全竞争即市场不完善的角度出发来研究对外直接投资，认为任何关于企业国际化经营和对外直接投资的讨论都要涉及垄断问题。

海默认为，垄断优势是企业对外直接投资的根本原因。一个企业之所以要对外直接投资，是因为它拥有比东道国同类企业更有利的垄断优势。对外直接投资可期望的长期收益，不仅要高于国内的最佳投资机会，同时要高于东道国同类企业的最佳投资机会。企业的垄断优势可以分为两类：一类是包括生产技术、管理技能、营销能力等所有无形资产在内的知识资产优势；另一类是企业凭借巨大规模而产生的规模经济优势。海默的导师查尔斯•P.金德尔伯格（Charles P.Kindleberger）根据垄断优势理论，把对外投资企业所具有的垄断优势按其来源分为四类：一是在不完全竞争的产品市场上形成的优势，包括产品差异、营销技术和定价策略等；二是在不完全竞争的生产要素市场上形成的优势，包括获得专利的机会、融资条件的优势以及管理技能上的特色等；三是由于企业垂直合并等因素所产生的内部或外部的规模生产效益优势；四是由于政府干预特别是对市场进入以及产量的限制所形成的企业优势。金德尔伯格用收入流量资本化来说明垄断优势论的精髓，其表达式为：

$$C = I/R$$

式中：C为对外投资的资产额；I为该项资产获得的利润；R为利润率。

企业之所以选择对外直接投资，而不采用产品出口，是由于关税和运输成本的限制，产品出口在许多情况下不理想。国际企业以特许转让形式出售其知识资产也不可取，因为缺乏一个完善的市场来交易此类专门知识。导致市场不完善的因素主要有两个：一是卖者需要保密；二是买者不确知，即买者只有在了解了卖者的知识资产后，才知道它的真实价值。

（二）垄断优势理论的发展

在企业的各种优势中，究竟什么较为重要或最重要？海默的支持者们围绕这一问题展开了研究，较有代表性的说法如下：

1.核心资产论（Core Asset Theory）

企业资产中最核心的部分是技术和知识。企业通过对核心资产的独占形成垄断优势，并凭借这种优势到海外去投资建厂，攫取高额利润。这一理论有两个代表性论点：一是以理查德·E.凯夫斯（Richard E.Caves）为代表的"产品差异能力论"，强调产品的差异性，即企业创造差异产品的能力；二是以哈里·G.约翰逊（Harry G.Johnson）和史蒂芬·梅吉（Stephen Magee）为代表的"占有能力论"，强调信息、技术、知识等的专有性，即企业对信息所产生的成果的占有能力。

2.风险分散论（Risk Diversification Hypothesis）

为了分散风险、巩固自身的地位，企业不仅要使自己的产品多样化，也要使自己的投资布局多样化，这就是跨国经营的动机。

3.寡占反应论（Oligopolistic Reaction Theory）

20世纪70年代初，尼克博克在《垄断性反应与跨国公司》一书中，主张从寡占市场结构中的企业行为角度来解释其对外直接投资的动机，并提出了寡占反应论。尼克博克认为，只有少数几家大厂商，它们互相警惕地注视着对方的行为，如果一家厂商率先到海外去投资建厂，其他几个对手就会相继效仿，采取跟进策略，追随带头的厂商也到海外去投资。这固然是由于海外投资的利益诱人，但更重要的还是为了保持竞争关系的平衡，巩固竞争地位，故这种观点又可称为"追随领袖论"，有的人还称其为"交互威胁论"。这种说法表面上符合美国一些由寡头统治的产业（如汽车、石油、电子等）在一定时期内突发性地大量对外直接投资的情况，但它并未深入分析带头到海外去投资的厂商的动机。

（三）对垄断优势理论的评价

海默的研究突破了国际资本流动带动对外直接投资的传统理论框架，将国际企业理论从传统的国际贸易和国际投资理论中独立出来，把国际企业研究从流通领域转到生产领域，奠定了研究对外直接投资的理论基础，后来的学者基本上都是在"对外直接投资"与"市场不完善"这两块基石上来构筑其理论体系的。但是，垄断优势理论也有其局限性：①海默沿用静态分析方法，没有阐明国际企业垄断优势的发展，也没有论述各种市场不完全竞争状态的变动性；②海默将主要精力用在对结构市场缺陷的分析上，没有明确界定因交易成本而导致的各种缺陷，因而不能全面把握市场失效的含义；③垄断优势论是美国对外直接投资实践的产物，它所研究的对象是技术经济实力雄厚、急剧对外扩张的美国国际企业。

根据垄断优势理论可以得出这样的结论：没有垄断优势的中小企业是无法进行对外直接投资的。然而，20世纪60年代以来，发达国家许多并无垄断优势的企业也进行对外直接投资，特别是广大发展中国家的一些企业也加入了对外直接投资的行列。

二、区位优势理论

区位优势理论被用来解释对外直接投资的投向问题，最初的区位理论（Southard提出）用来研究国内资源的区域配置问题。后来，沃尔特·艾萨德（Walter Isard）将其发展成为用于解释对外直接投资的区位优势理论。该理论认为，国际企业之所以对某个特定的区位（东道国）进行直接投资，是由于它要获取一定的区位优势，而这些区位优势可能是其他东道国所不具备的。国际市场上的某个区域，包括以下这些外来直接投资者所关心的"区位因素"：劳动成本、市场位置和市场潜力、贸易壁垒、国家风险。

因此，具有区位优势的东道国，即劳动成本低、要素成本低的地区，运输成本低、市场潜力大的地区，实行贸易保护主义的地区，国家风险低、基础设施好、人口素质高的地区等等，是国际企业对外直接投资的热点，亦是外来投资较多的场所。

区位优势理论还可以从供给和需求两方面阐述。供给导向的区位优势理论认为，在一定的市场条件下，当竞争产品足够多，买方市场决定价格水平时，公司若已达到最大盈利水平，它就会寻找生产要素供给成本最低的地方（具有供给方面的区位优势）从事直接投资，进行国外生产，从而提高竞争力。需求导向的区位优势理论则认为，主要是市场需求方面的区位优势和竞争者的分布情况决定对外投资地域的选择。这里有两种情况：其一，假如由于当地生产者加入竞争，或原出口市场受关税限制，就会出现对当地直接投资的情况，以确保获得、提高市场占有率；其二，假如寡头竞争中某个厂家对外直接投资，其他厂家亦会采取相应的措施，以确保竞争中立于不败之地。这两种区位优势理论特别有助于解释对外直接投资的空间分布格局。

第三节　国际投资的产品生命周期理论

一、产品生命周期理论的内容

产品生命周期理论形成于20世纪60年代末至70年代中期，是由美国哈佛大学教授雷蒙德·弗农（Raymond Vernon）首先提出的。1966年，弗农在《产品周期中的国际投资与国际贸易》一文中分析了美国企业产品出口和对外投资的发展过程，提出美国企业的对外直接投资是与产品生命周期密切相关的。在大量实证分析和理论研究的基础上，弗农提出了国际投资的产品生命周期理论（简称PLC理论），并把产品的生命周期分为创新、成熟和标准化三个阶段，如图6-2所示。

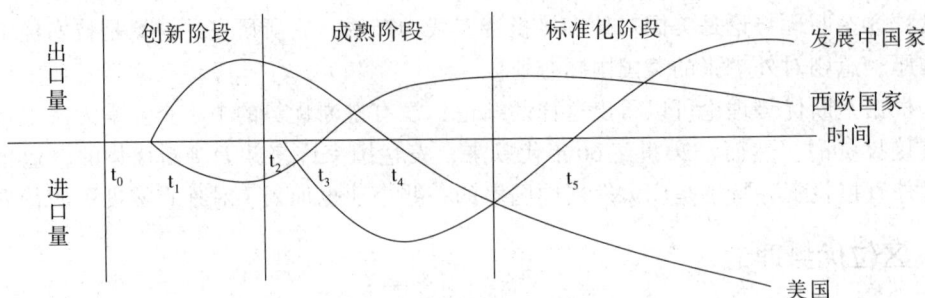

图6-2　产品生命周期理论

注：t_0为美国开始生产的时间，t_1为美国开始出口和西欧开始进口的时间，t_2为发展中国家开始进口的时间，t_3为西欧国家开始出口的时间，t_4为美国开始进口的时间，t_5为发展中国家开始出口的时间。

所谓产品生命，不是指产品使用价值的使用和磨损过程，而是指产品在市场上的营销寿命。产品生命周期则是指产品在不同国家市场上竞争地位的变化过程。弗农认为，产品和人的生命一样，要经历形成、成长、成熟、衰退这样的生命周期。而这个周期在技术水平不同的国家，其发生的时间和过程是不一样的，其间存在着一个较大的时差。正是这个时差，表现为不同国家在技术上的差距，它决定了同一产品在不同国家市场上竞争地位的差异，从而决定了国际贸易和国际投资的变化。

产品生命周期的各个阶段在不同的国家具有不同的特征，国际企业的对外直接投资与产品生命周期有关。为了叙述方便，我们把所涉及的国家划分为创新国、其他发达国家和发展中国家三类。通过对产品生命周期各个阶段在不同国家的特点的考察，可以分析国际贸易和国际投资的变化情况。

对创新国而言，在第一阶段，产品由主要在国内销售发展到逐渐有少量出口；在第二阶段，产品大量出口，成为净出口国；在第三阶段，则逐渐由净出口国变为净进口国。对其他发达国家而言，直到第二阶段都是净进口国，到第三阶段才开始由进口国变为净出口国。对发展中国家而言，直到第三阶段后期才由净进口国逐渐发展成净出口国。

（一）创新产品阶段

在创新产品阶段，创新国利用其拥有的技术垄断优势，开发新的产品。由于产品尚未定型，技术上也不十分完善，因此，在本国生产和销售这些产品是企业的最佳选择。此时，由于产品的质量不稳定，创新企业的工作重点放在产品的设计和功能的完善上，产品质量、成本、价格等尚未受到重视。同时，企业需要同原料供应商保持密切的联系，以便迅速适应市场需求的变化。所以，在这个阶段，企业所生产的新产品大部分在国内销售，当生产发展到一定水平后，有少量产品出口到其他发达国家。

之所以会出现这种技术上的差距，使各国企业创新机会不均等，是由于各国经济实力存在差距。经济实力强大的国家在产品开发上拥有相对的和绝对的优势，能够不断地开发出新产品。在这方面，美国、英国、日本等发达国家具有明显的垄断优势。所以，新产品往往在这些国家中先被研发出来，这些国家就成为创新国，在这个阶段就是产品净出口国。

（二）成熟产品阶段

在这个阶段，产品基本定型，对产品的需求量急剧扩大，需求的价格弹性逐渐增大，市场上开始出现产品的仿制者和竞争者，说明产品进入成熟阶段。由于市场竞争日益加剧，参与的竞争者增加，替代产品增多，创新国创新企业的技术垄断和市场寡占地位受到削弱，企业开始注重产品成本的节约，较低的成本成为其处于有利竞争地位的重要因素。其他发达国家竞争者的出现和国内面临的生产成本上升及国内市场日趋饱和的挑战，迫使企业作出进行对外直接投资、开拓海外市场的决策。于是，企业开始在发展中国家投资建厂，以便降低生产成本，提高经济效益，从而弥补出口的减少和抑制国内外仿制者的竞争。至此，其他发达国家纷纷效仿，在发展中国家投资设厂。随着国外竞争的加剧，创新国为了巩固海外市场，会放弃国内生产，其他发达国家和后来加入的发展中国家会向创新国出口产品。创新国开始逐步由净出口国转变为净进口国。接下来，发展中国家也开始向其他发达国家进行一定的出口，其他发达国家的出口量下降。

（三）标准化产品阶段

在标准化产品阶段，产品的生产技术、生产规模及产品本身已完全成熟，都已趋向标准化。这时，对生产者的劳动技能要求不高，原新产品生产企业的垄断优势已完全消失，成本、价格因素在市场竞争中起了决定性作用。此时，发展中国家已经具有明显的优势。创新国和其他发达国家为了进一步降低成本，开始在发展中国家大量投资生产，再将其生产的产品返销到母国或第三国市场。创新国和其他发达国家成为净进口国。这样就完成了一个产品生命周期。

弗农所创立的国际直接投资的产品生命周期理论反映了20世纪50年代至60年代美国制造业对外直接投资的情况，较好地解释了美国对西欧和发展中国家的直接投资。作为一种投资理论，弗农从企业垄断优势和特定区位优势相结合的角度深刻揭示了出口企业转向直接投资的动因、条件和转换过程。创新国的企业在产品进入成熟期以后，开始向国外直接投资，把垄断优势和区位优势结合起来，通过国际企业这种载体将投资国的比较优势扩大，提高国际竞争力。对外直接投资还可以确保原先产品出口业已占有的市场份额，有效地抑制当地厂商的仿制活动，压制潜在的竞争对手，确保创新国的垄断优势。同时，利用国家间的成本差异和跨国经营的优势，国际企业还可以获得对本国企业有利的比较优势。

二、产品生命周期理论的不足

当然，作为一种理论，产品生命周期理论也有自己的局限性：第一，它不能解释非标准化产业，如石油生产部门的对外投资；第二，它无法解释不具备技术垄断优势的企业对外投资的现象；第三，它所构造的发达国家→一般发达国家→发展中国家的投资流向的梯度模式，不能解释一般发达国家向最发达国家投资，以及发展中国家也对外投资的现象；第四，它的母国垄断优势消失导致对外直接投资的假设，无法解释现实中许多国际企业在保持母国技术优势的同时，又进行大规模海外直接投资的现象。

第四节　内部化理论

前已阐明，特定的技术和知识所形成的垄断优势，促使企业进行对外直接投资，形成了企业的跨国化。但是，为什么企业不把这些技术和知识当作商品在国际市场上出售，而要转让给自己的海外附属企业呢？换言之，为什么企业不在外部市场上转让，而要在内部进行交易呢？内部化理论正是要回答这个问题。1976年，英国雷丁大学学者皮特·J.巴克莱（Peter J.Buckley）和马克·C.卡森（Mark C.Casson）合著了《跨国公司的未来》和《国际经营论》等书，对传统的对外直接投资理论进行了批评，并从企业形成的角度出发，系统地提出了跨国企业的内部化理论，也称为市场内部化理论。

一、内部化理论的思想渊源

内部化理论的思想渊源可以追溯到20世纪30年代的科斯定理。1931年，罗纳德·H.科斯（Ronald H.Coase）在《企业的性质》一文中提出了市场交易内部化的设想，西方学者称其为科斯定理或新厂商理论。传统的厂商理论只是简单地把企业视为提供单一的、不可分割的产品或劳务的机构，其作用仅限于把"投入"转变为"产出"。科斯则强调企业是一个多功能的复杂体，与市场运行密切相关。但利用市场要付出代价，这就是交易成本。比如，物色交易对象、达成合适的价格、拟定合同并付诸实施等，均须支付费用。由于市场不完善，往往缺乏效率，因此，与其付出更高的代价，不如将各项交易纳入企业内部进行，即以统一的行政管辖取代市场机制，节省交易成本。因此，只要企业能在内部组织交易，并且其费用低于在市场上交易的成本，企业自然就会将各项交易纳入企业内进行，即以统一的行政管理取代市场机制。借用这一理论，巴克莱和卡森提出了内部化理论。科斯定理适用于当地或国内的多工厂企业，而内部化理论则是这一定理在国际范围内的应用。科斯定理针对的是所有的产品，用来说明国内企业组织形式的变化，即为了节约交易成本，企业日益成为内部协作、规模巨大的复合体；而内部化理论则主要针对中间产品，用来说明国际企业组织形式的变化，即由于内部化的动机，企业日益成为适应国际分工新模式的复合的生产体系。国际企业是内部化经营超越国界的产物。

二、内部化理论的基本内容

内部化理论的核心内容是：由于市场的不完全，企业如果要寻求经营利润的最大化，就必须跨越外部市场的交易障碍，将国际企业外部市场交易转化为在内部各所属企业间进行贸易的形式，这样就构建了企业的内部市场。当这种内部化超越国家时，即产生了国际企业。大量的中间产品，尤其是技术、专利等"知识中间产品"的存在，奠定了企业对外直接投资的经济基础。中间产品不只是实物形态的原材料、半成品，也包括体现在技术、专利权、人力资本中的各种知识。特别是一些与知识有关的中间产品的市场的不完全，使得其定价困难，市场交易成本增加，不能保证公司盈利；当企业的中间产品市场交易成本较高时，企业就有必要统一管理整个经营活动，以内部市场取代外部市场。

内部化理论的假定前提是：在不完全竞争的市场条件下，追求利润最大化的厂商经营目标不变；当中间产品市场不完全时，促使厂商对外投资建立企业间的内部市场，以替代外部市场；企业内部化行为超越国界，就形成了跨国经营。

内部化理论把市场的不完全归结为市场机制内在的缺陷，并从中间产品的特性与市场机制的矛盾方面来论证内部化的必要性，认为内部化（跨国化）就是企业内部化过程超越国界的表现，而国际企业就是在将其资源在国际范围内进行内部转让的基础上建立的。内部化的目的是克服市场不完全所造成的困难，内部化理论强调的是企业管理的重要性，要求不断提高企业的协调和管理能力，使交易成本最小和保持跨国经营的优势。

内部化理论认为国际企业实行"内部化"的动机源于以下三个方面：

（1）减少交易成本。对任何一家企业来说，进行某种类型的市场交易，都需要花费一定的成本。正是这种交易成本的存在，形成了一种"内部化"的动机，即交易在公司内部市场开展，而不是通过外部市场进行，从而减少交易成本。

（2）避免中间产品市场不完全。企业在跨国经营过程中面临各种市场障碍，如关税、配额、税收、资本汇出限制、汇率政策和政府干预等。由于存在这些"市场不完全"，交易中无法保证公司获益，使国际企业产生了创造内部市场的强烈动机。

（3）运用转移价格手段。国际企业运用转移价格手段是实行内部化的重要动机之一，通过转移价格可以达到多方面的目的，如使公司纳税减少；调控公司利润，使公司整体利润最大；转移资金，减少和避免各种风险。

正是由于存在内部化的动机，促使国际企业在跨国经营活动中进行对外直接投资。从某种意义上说，内部化理论实际上是寡占理论的进一步发展。但是，国际企业内部化是否产生，最终取决于内部化的净收益是否能满足决策者对预期收益水平的要求。内部化因使公司的优势增值从而给公司带来利益，但同时也要付出代价，特别是实行跨国生产时，交通、通信、控制成本等都会增加。另外，还涉及为政治风险和歧视等付出的代价。从增量分析角度看，卡森曾证明不论内部化的收益与成本孰大孰小，只要内部化成本小于市场交易成本，内部化即可实施。

三、对内部化理论的评价

（1）内部化理论的出现是西方对外直接投资理论研究的重要转折。海默等人的理论从寡占市场结构的角度论述了发达国家对外直接投资的动机和决定因素，内部化理论则转向研究各国企业之间的产品交换形式与国际分工、国际生产的组织形式。通过对中间产品市场缺陷的论述，内部化理论将海默的理论进一步延伸，在市场缺陷的讨论中加入了与交易成本相联系的一面（或称自然性市场缺陷）。

（2）内部化理论论证了只要内部化的利益超过了外部市场的交易成本和为实现内部化而付出的成本，企业就拥有内部化的优势，就可以实现跨国经营。内部化理论从利益和成本的角度解释了国际直接投资的动因，比较适用于分析企业跨国投资和经营，对发展中国家企业的跨国经营也能给出一定的解释。

（3）内部化理论用动态分析取代静态分析，强调企业优势的内部转移和应用，比较接近实际情况。

（4）内部化理论较有力地解释了国际企业选择对外直接投资、出口贸易或许可证安排等参与国际经济方式的依据。内部化理论还有助于解释二战后国际企业的增长速度、发展阶段和盈利变动等。

内部化理论说明了企业为什么要将技术、知识等中间产品在内部转让，而不通过外部市场转让给其他企业。然而，它未能充分说明企业为什么不在国内进行生产，然后将产品出口，而要到国外去投资生产，对复杂多变的国际投资和国际企业经营也缺乏具体分析。此外，内部化理论未能科学地解释国际企业对外直接投资的区域分布，从而经常被那些重视区位因素的西方学者所批评。

第五节　国际生产折中理论

从20世纪50年代起，西方经济学者从各个侧面为企业投资决策提供了各种理论依据。英国雷丁大学教授约翰·H.邓宁（John H.Dunning）采取折中主义的方法，克服了传统投资理论只注重资本流动而忽视其他方面的不足，将所有权、区位和内部化等因素综合起来考虑，提出了一种能系统解释企业国际经营活动主要形式的理论体系，即国际生产折中理论。邓宁在1977年发表的论文《贸易、经济活动的区位与跨国企业：折中理论的探索》中提出，在对国际企业国际经营活动的研究中，要把与国际投资有关的各种理论，包括区位理论、要素禀赋理论和内部化理论等综合起来考量。他本人经过这种综合初步形成了国际生产折中理论。1981年，邓宁出版了《国际生产与跨国企业》一书及一系列专著，并发表了多篇论文，将其理论系统化、动态化，形成了完整的国际生产折中理论。

国际生产折中理论有三个主要特点：第一，它吸收了以往各种国际生产理论的精华，形成了一种综合理论。折中理论继承了海默的垄断优势理论，巴克莱、卡森的内部化理论和区位优势理论，使其成为分析国际生产的综合理论。第二，它可以解释各种不同形式的国际直接投资。第三，它能够解释国际企业国际经营的三种主要方式，即出口贸易、国际技术转让和国际直接投资。

国际生产折中理论认为，国际企业开展对外直接投资是由三种因素决定的。这三种因素是所有权优势、内部化优势和区位优势。

一、所有权优势

所有权优势，也叫竞争优势或垄断优势，是指一国企业拥有或能够得到别国企业没有或难以得到的生产要素禀赋、技术创新能力、无形资产以及规模经济等方面的优势。之所以称为所有权优势，是因为这些优势要在国际企业对外投资、经营中发挥作用，必须为企业所特有和独占。所有权优势主要包括以下几个方面：

（1）技术优势。企业要打开国际市场，开展国外直接投资，必须拥有一定的技术方面的优势。技术优势包括专利权、专有技术、信息资源、生产诀窍、新产品开发能力优势等。

（2）管理优势。它同样是企业开展对外直接投资所必须拥有的优势。管理优势包括企业合理的组织结构、科学的管理技能和灵活的营销技巧等。

（3）规模经济优势。开展国外直接投资，要求企业有强大的研发能力和国外市场扩张能力。国际企业规模巨大，在国际市场开拓、生产费用节约、生产区域经济转型等方面，具有相当的优势，这种优势可以使国际企业绕开贸易障碍，克服其他不利因素，进行对外直接投资。

（4）金融和货币优势。国际企业实力雄厚，商业信誉较高，往往能以较低的利率获得资金，并且具有广泛的融资渠道，因此具有明显的融资优势。

二、内部化优势

内部化优势是指拥有所有权优势的企业为避免市场的不完全性，而把企业的优势保持在企业内部所形成的优势。由于外部市场的不完全性和市场失灵，企业只有通过内部化将其拥有的优势保持在企业内部，按企业的长期战略目标配置资源，才能使企业的垄断优势得到最大限度的发挥。

内部化使企业的各种所有权优势能够在企业内部自由转移，并且能够跨越一定的距离进行配置，这显然是开展对外直接投资的必要条件。内部化优势决定着国际企业如何选择对外投资的形式和规模。内部化优势越大，企业越容易开展对外直接投资。

三、区位优势

区位优势是指东道国所特有的、不可移动的要素禀赋优势以及社会经济环境等方面的有利条件，包括优越的地理位置、丰富的自然资源、巨大的潜在市场、良好的社会经济和投资环境以及相应的法规制度等。区位优势直接影响着国际企业投资项目的选址和跨国经营的战略部署。区位因素主要包括：

（1）劳动力成本。它是影响企业国际竞争力的一个重要因素。由于各国社会经济发展水平不同，且许多国家都实行严格的移民政策，劳动力成本在国际上的差距非常大，形成了一个不完全竞争的国际劳动力市场，从而使劳动力成本成为国际企业对外直接投资区位选择的一个重要因素。尤其是当产品生产技术标准化以后，成本成为决定企业市场竞争能力的重要因素时，劳动力成本的重要作用便更加明显了。

（2）市场潜力。生产要素的投入和市场潜力的大小密切相关。对外直接投资的一个重要目的是开拓国外市场，提升企业产品的国际市场占有率。因此，在许多情况下，只有当企业的产品能够进入东道国市场时，国际企业才会作出对外直接投资的决策。

（3）投资环境。它是影响国际企业对外投资的一个重要因素。投资环境既包括东道国的社会、经济、文化等宏观环境，也包括特定区位的地理位置、交通通信条件等微观环境。

（4）东道国政策。东道国的外资、外贸、金融和税收等政策，对国际投资的区位选择也有重要影响。

国际生产折中理论认为，所有权优势、内部化优势和区位优势是国际企业对外直接投资的必备条件，三个条件缺一不可。所有权优势是进行对外直接投资的必要条件，但不是充分条件。拥有所有权优势的企业可以通过出口或技术转让来发挥这些优势，而不一定进行对外直接投资。所有权优势只是说明企业拥有对外直接投资的能力，能否对外投资，还取决于其他因素。内部化优势是企业对外直接投资的现实依据，它决定了企业对外直接投资的目的和形式。但是，内部化优势只考虑了对外投资的可能性，缺乏明确的区位指向。区位优势才是企业对外直接投资的充分条件，它决定了对外直接投资的区位选择和战略部署。可见，三种优势的充分组合是对外直接投资的充分必要条件。这种关系可以概括为：

所有权优势+内部化优势+区位优势=对外直接投资

这种三位一体的表述被称为"三优势模式"。

国际生产折中理论说明了国际企业经营方式和优势组合之间的关系，同时，也说明了国际生产类型的决策因素，见表6-1。

表6-1   国际企业经营方式选择与优势组合

经营方式	所有权优势	内部化优势	区位优势
技术转移	√	×	×
出口贸易	√	√（×）	×
对外直接投资	√	√	√

注："√"表示具有某种优势，"×"表示不具有某种优势。

邓宁的折中理论虽然在西方受到好评并引起高度重视，但仍有许多不足之处。例如，威尔斯认为发展中国家之所以能对外直接投资，显然不是由于发展中国家在资金、技术、市场和经济水平方面具有绝对优势，而是由于它们在一些方面具有相对优势，如小规模制造、当地采购和特殊商品、接近市场等。邓宁的同事巴克莱就指出：这个理论"仍有若干未解决的问题。第一，对这三类优势（要素）的相互关系及其在实践过程中的发展未交代清楚，要素分类体系缺乏动态的内容；第二，把所有权优势单纯分离出来是否恰当令人怀疑，而且在逻辑上也是多余的，因为内部化理论已提出了产业、国别、企业三类特定因素，足以解答一切问题"。

第六节 小岛清模型理论

一、理论的产生

1978年，日本一桥大学教授小岛清在其代表作《对外直接投资》中根据日本国际企业的模式，系统地阐述了他的对外直接投资理论。

二、基本观点

小岛清在其模型中根据比较优势的理论，并针对日本国际企业的实践，提出了一个边际产业的概念。所谓边际产业，是指已经处于比较劣势的劳动力密集部门，以及某些行业中装配或生产特定部件的劳动力密集的生产部门。他认为，企业对外直接投资，应该从本国已经处于或即将处于比较劣势的产业（边际产业）开始。企业对外直接投资奉行这一原则，便可以拉开投资国与东道国之间比较优势的差距，使双方都因直接投资而获益，形成新的互补局面。

小岛清理论的主要内容包括三个基本命题、四种投资类型以及日美企业对外直接投资的三大差异。

（一）三个基本命题

（1）赫克歇尔-俄林-萨缪尔森的基本假定是合理的，问题是如果两国资本与劳动的比率存在差异的话，它们的强度同样会在商品上反映出来，必然导致比较成本的差异。此时，劳动与资本则可由劳动与经营资源代替。

（2）比较利润率的差异与比较优势的差异有关，国际贸易受这二者的综合影响。国际分工原则与比较优势或比较利润率的原则是一致的。所以，国际分工既能解释国际贸易，又能解释对外直接投资，日本的对外直接投资就是根据比较优势原则进行的。

（3）与日本国际企业对外直接投资的类型不同，美国国际企业的对外直接投资表现为寡头垄断的对外扩张。

（二）四种对外直接投资的类型

（1）自然资源导向型，形成制成品生产国与初级产品出口国的垂直分工。

（2）劳动力导向型，促使劳动密集型产业向劳动力丰裕的国家转移。

（3）市场导向型，又可进一步细分为两种类型：一类是为避开东道国贸易壁垒的贸易导向型；另一类是寡头垄断对外扩张的贸易替代型。

（4）生产与销售国际化型，这是大型国际企业为实现横向一体化或纵向一体化所进行的对外直接投资。

（三）日、美企业对外直接投资的差异

小岛清认为，日本国际企业的对外直接投资属于贸易导向型，其投资行业多为日本已失去或即将失去比较优势的行业。尽管这类行业（如纺织行业）在日本已经失掉比较优势，但在东道国由于其成本低廉等原因仍拥有相对优势。通过日本对该国的投资，东道国的这一行业可以获得技术、资本和管理支持，从而增加出口。与此同时，日本便可以在国内发展新兴行业，将资本与劳动力从相对不利的行业转到新兴行业中。这样，通过对外直接投资，改善了投资国与东道国双方的产业结构，促进了两国贸易的协调发展。此外，日本企业对外直接投资的主体多为中小企业，一般采用合资的形式进行投资。

美国国际企业的对外直接投资属于贸易替代型，其投资行业多为具有较强比较优势的行业（如计算机）。这类行业在进行对外直接投资之前，应加强其最终产品的出口，否则不利于发挥该行业的优势。但是，由于美国在这类行业上进行了对外直接投资，削弱了国内同类行业的优势，推动了海外同行业竞争对手的发展，最后导致要从东道国进口该行业的产品。这说明，美国国际企业的对外直接投资与其国际贸易是有矛盾的，会导致国际收支逆差与失业。

三、理论的应用与局限

小岛清的对外直接投资模型是对比较优势理论的发展，其特点是：第一，进行对外直接投资的企业与东道国相关企业的技术差距越接近越好，企业容易在发展中国家找到市场。第二，中小企业在制造业方面的投资往往比大企业更占优势，因为它们转移到东道国的技术更适合当地生产要素的结构。第三，无论是投资国还是东道国，都不需要垄断与寡头垄断市场。

小岛清的理论是从日本国际企业对外直接投资的实际情况出发的，只反映了日本国际企业在国际生产格局中发展的方式，不能成为具有代表性的理论；同时，该理论只片面强调了对外直接投资，而对发展中国家经济发展的作用没有提及，因此具有一定的局限性。

同步案例 6-1　　　　　韩国外商直接投资创新高，中国投资增长316.3%背后的秘密

在全球经济一体化的背景下，各国投资环境的变化愈发引人注目。韩国的外商直接投资（FDI）在2024年前三季度达到了历史新高，这无疑是一个引人关注的市场现象。韩国产业通商资源部的数据显示，2024年前三季度外国人对韩国的直接投资额累计达到251.8亿美元，同比增长5.2%，其中来自中国的投资同比激增316.3%，达45.7亿美元。那么，这一连串的数据背后，韩国的投资环境发生了怎样的变化？又是什么原因促使中国投资者如此青睐韩国市场呢？

一、数据透视：外商投资的新趋势

尽管全球经济面临各种挑战，韩国依然展现出强大的吸引力。以往，韩国封闭的市场结构和相对较高的运营成本，使得企业在考虑投资时趋于谨慎。然而，近年来，随着政策的逐步开放以及与国际市场的接轨，韩国的商业环境有了显著的变化。

1.吸引外商投资的政策加持

近年来，韩国政府制定了多项吸引外商直接投资的措施，包括税收优惠、创业扶持、简化审批流程等。这些措施为外商投资创造了更加友好的环境。在制造业领域，韩国政府对创新技术的支持与补贴，使得许多技术导向型企业决定在韩国设厂。此外，研究表明，韩国在半导体、电动汽车、绿色能源等领域日益成为全球投资热点。

2.制造业的强劲反弹

制造业作为外商投资的主要对象，2024年在整体投资中占据了重要部分。数据显示，制造业投资同比大增36.4%，达123.1亿美元。韩国以其高水平的研发能力和卓越的工艺水准吸引了大量外资，特别是电子产品和汽车产业。对大多数跨国公司而言，在韩国进行投资不仅能够获得优质的生产设施，同时能利用其技术优势获得更大的市场份额。

二、中国投资的蓬勃发展

针对中国投资的激增，不可忽视的是中韩两国间的紧密合作关系。中韩自2015年签署自贸协定以来，双边贸易关系不断深化，带动了投资流动。

1.中国企业的国际化战略

随着中国经济的持续增长，许多企业开始实施国际化战略，寻找新的市场机遇。韩国作为科技、文化的输出国，成了中国企业的重要投资目的地。尤其是在智能制造、5G通信和汽车等领域，众多中国企业选择在韩国设立研发中心和生产基地，以获取前沿技术和市场资源。

2.校企合作与人才交流

近几年来，中韩两国间的人才流动与技术交流愈发频繁。中国的企业通过与韩国高校及科研机构合作，获得了宝贵的技术支持，进一步增强了其在韩国市场的竞争力。这种合作不局限于资金投入，还包括创新能力的提高和市场的共同开发。

三、竞争对手的冷遇

与中国投资火爆形成鲜明对比的是，来自美国和欧盟的投资出现了下滑。数据显示，来自美国的投资同比减少39.9%，欧盟的投资亦小幅下降1.4%。这反映出全球地缘政治与经济环境变化对外商投资的影响，尤其是在中美贸易摩擦加剧的背景下，许多美国企业可能对在韩国投资持谨慎态度。

四、投资结构的变化

值得注意的是，投资方式也在悄然发生变化。2024年，购地设厂的绿地投资额同比增长12.9%，达到189.3亿美元，而跨国并购的棕地投资额则减少12.7%，降至62.6亿美元。这说明外商在选择投资手段时，越来越倾向于自主掌控产能与技术，表明它们对韩国市场未来发展的信心。

五、结论与展望

总体来看，韩国在吸引外商直接投资方面正处于一个前所未有的高位。这不仅为韩国经济的复苏和发展注入了活力，同时为世界经济的复苏奠定了基础。中国投资的快速增长则是中韩关系不断深化的体现，预示着未来中韩合作会向更广阔的领域发展。

然而，伴随投资热潮而来的竞争和挑战也不容忽视。韩国政府需要继续优化投资环境，吸引更多优质外资，以便在全球经济的变局中保持竞争力。此外，面对不确定的国际形势，各国企业也应采取灵活应变的策略，以适应快速变化的市场需求。

随着全球经济的不断变迁，韩国的外商直接投资是否还能继续保持增长势头？中国投资者又会在未来的市场竞争中扮演怎样的角色？让我们持续关注这一领域的发展动态，期待更多的合作与机遇的出现。

资料来源 佚名. 韩国外商直接投资创新高，中国投资增长316.3%背后的秘密 ［EB/OL］.［2024-10-05］. https://www.sohu.com/a/813957543_121956424.

讨论问题：运用区位优势的相关理论分析韩国外商直接投资创新高的原因。

本章小结

对外直接投资理论是指从理论上解释国际企业对外直接投资的动机、条件和流向。比较有影响力的对外直接投资理论有：海默的垄断优势理论、巴克莱和卡森的内部化理论、弗农的产品生命周期理论、邓宁的国际生产折中理论以及日本学者小岛清的小岛理论。

海默的垄断优势理论指出，一家公司之所以对外直接投资，是因为其拥有比东道国同类企业更有利的垄断优势。

巴克莱和卡森的内部化理论把市场的不完全归结为市场机制内在的缺陷，并从中间产品的特性与市场机制的矛盾方面来论证内部化的必要性，认为跨国化就是企业内部化过程超越国界的表现，而国际企业就是在将其资源在国际范围内进行内部转让的基础上建立的。

弗农的产品生命周期理论指出，产品的生命周期可分为创新、成熟和标准化三个阶段；产品生命周期的各个阶段在不同的国家有不同的特征，国际企业的对外直接投资与产品生命周期有关。

邓宁的国际生产折中理论可以归结为一个简单的公式，即所有权优势+区位优势+内部化优势=对外直接投资，该理论说明了国际企业经营方式和优势组合之间的关系，同时，也说明了国际生产类型的决策因素。

日本的小岛清教授提出的小岛清理论的核心是"对外直接投资应该从本国（投资国）已经处于或将处于比较劣势的产业（这也是对方国家具有显在或潜在比较优势的产业）——可以称为边际产业——依次进行"。

复习思考题

1. 画出国际资本移动一般理论图并进行分析，指出结论和不足各是什么。
2. 试述海默垄断优势理论的主要内容。

3.影响区位的因素有哪些？如何区别供给导向和需求导向的区位理论？

4.简述内部化理论的主要内容。

5.画出产品生命周期理论图并进行分析，指出结论和不足各是什么。

6.试用国际生产折中理论分析国际企业如何选择不同的国际化方式。

7.试述小岛清理论的主要内容。

第七章

国际企业的技术转移

■ 学习目标

[知识目标]

1.了解技术转移的含义、类型及特点;

2.了解国际技术转移的机制理论;

3.了解国际技术转移的战略与策略;

4.了解国际技术转移的实施方式、定价及支付。

[能力目标]

1.理解技术转移的战略与策略选择;

2.理解技术转移的类型。

[素养目标]

理解技术转移中的成本与费用构成、技术转移的定价原则与支付方式,引导学生树立成本意识;同时,技术创新已成为推动社会发展的核心动力,而培养能够适应未来挑战的创新型技术技能人才,对提升国际竞争力至关重要。

■ 引导案例

技术转移助力"大金砖合作"开创新局面

10月23日,国家主席习近平在俄罗斯喀山出席金砖国家领导人第十六次会晤发表重要讲话时强调,我们要建设"创新金砖",做高质量发展的先行者;要紧跟新一轮科技革命和产业变革的时代步伐,培育新质生产力。

金砖国家技术转移中心是中国在金砖国家合作框架下创新发展的重要成果之一,是金砖国家科技创新创业合作的重要组成部分。自2018年在中国昆明正式揭牌以来,中心建立了金砖国家技术转移中心协作会议机制,促成一系列国际合作项目落地,为推动金砖国家的深入合作发挥了显著作用。

“一站式”服务，便利技术转移

生物医药、低空经济、信息技术、新材料、节能环保……8月6日，来自南非、俄罗斯等金砖国家以及上海、安徽、昆明的诸多优秀科技成果，在云南昆明交替路演展示，还有一大批项目完成签约。

金砖国家作为全球重要经济体，需要通过共同携手、加强合作，共享科技成果，共谋创新进步。技术转移将科技创新的红利惠及更多人民，进一步缩小地区发展差距，实现可持续发展目标。

借助2024年度金砖国家技术转移中心协作会议召开的契机，专家学者、企业家通过现场对接，交流科技创新成果，探讨技术转移合作，催生出更多合作成果。

早在2019年，金砖国家技术转移平台就上线运营，为创新合作提供了无限可能。

“目前，平台具备了包括金砖国家、南亚、东南亚等国家在内的17种语言的自动翻译和实时交互功能。”昆明市科技局副局长朱燕介绍，这种交互让交流跨越了语言和空间的障碍。

科技成果展示、技术需求对接、技术转移人才培训、现场实训……自成立以来，中心以国际技术转移及科技成果交易会为主要形式，以技术转移线上对接服务为核心工作内容，推动金砖国家各技术领域、产业、行业协调合作，提供“一站式”服务。

“6年来，金砖国家技术转移中心高起点规划、高标准建设、高质量发展，围绕成果转化、人才培养、平台建设、项目推进4个方面开展了一系列工作，取得了阶段性成效。”昆明市委常委、副市长王亚说。

截至目前，金砖国家技术转移平台已积累了近10万项科研成果，汇总超过5万条各类技术需求，涉及生物医药、高原特色农业、绿色能源等多个领域。2023年，有23项科技合作重点项目在金砖国家技术转移中心集中签约，金额超过72亿元。

人才交流融汇，推动成果落地

金砖国家技术转移中心落地昆明后，促成的第一个实体合作项目，是北京康乐卫士生物技术股份有限公司与俄罗斯制药集团合作。双方围绕九价HPV疫苗的研发生产开展合作，到2030年，该疫苗在俄罗斯的市场规模将超过1亿美元。

同时，昆明龙津药业股份有限公司与印度Intelliscend药物研发咨询有限责任公司建立了“龙津康佑生物医药研发中心”，引进印度仿制药研发技术，开发依折麦布片和奥美沙坦酯苯磺酸氨氯地平片等仿制药。

“科技发展有助于增进民众的健康福祉，很高兴能与中方及其他金砖国家合作，在医疗健康技术领域共同进步。”印度-中国技术转移中心主席维贾伊·米什拉说。

2024年，金砖国家技术转移中心的桥梁作用更加凸显。中心与俄罗斯联邦技术转移协会（NATT）、印中技术转移中心、英格里亚商业孵化器、国际技术转移协作网络、清华四川能源互联网研究院等金砖国家其他官方技术转移机构的科技成果转移转化合作关系相继达成。

此外，中心还与指数科技公司（南非）、首都医科大学附属北京佑安医院、北京科创医学发展基金会、国际技术转移协作网络、上海健康医学院、中国医学科学院医学生物学研究所、云南省肿瘤医院、昆明市儿童医院等机构开展生物医药领域的合作。

"金砖国家技术转移中心为促进各国交流协作发挥了重要作用，是参与全球科技治理、开展国际科技创新合作的重要力量。"俄罗斯联邦技术转移协会主任阿列克谢·菲利蒙诺夫说，他期待未来金砖国家迎来更多合作机遇，实现互利共赢。

"我们发挥高校、科研院所的创新资源优势，加强与各金砖国家交流合作，推动创新链、人才链、产业链融合互促发展。"云南省科技厅副厅长尚朝秋表示，与此同时，云南省无私地分享科创成果，推动各方科技成果对接，做建设"创新金砖"的实践者。

资料来源 佚名. 技术转移助力"大金砖合作"开创新局面［EB/OL］.［2024-10-25］. https://www.thepaper.cn/newsDetail_forward_29152132.

第一节 国际技术转移概述

技术的创新与进步是世界经济增长的重要推动力，先进技术在生产中的应用常常会带来巨大的经济效益，并且日益成为国际竞争的主要动力，技术优势成为国际企业保持垄断优势的重要部分。国际企业对世界技术的进步和发展具有举足轻重的作用，它不仅是先进技术的主要发源地，而且在高精尖技术上占有垄断地位。世界上先进的生产技术绝大多数由国际企业开发、拥有和控制，世界上最大的500家国际企业垄断和控制了世界技术贸易的90%，美国目前的技术转移收入中有逾8成来自本国国际企业向海外子公司的技术转移。因此，国际企业被称为国际技术转移的"重量级选手"。

一、技术转移的含义

"技术"在不同的场合和不同的研究领域的含义不尽相同。根据世界知识产权组织（WIPO）的定义，技术是指制造一种产品或提供一项服务的系统的知识。这种知识可能是一项产品或工艺的发明、一项外观设计、一种实用新型、一种动植物品种，也可能是一种设计、布局、维修和管理的专门技能。而在国际企业海外投资中所涉及的技术，主要是指把投入转化为产出过程、完成某项任务所需的方法或技能。

技术转移（Technology Transfer）是指拥有技术的一方通过某种方式把一项技术

让渡给另一方的活动。技术转移行为，从技术供应方的角度来看，是技术的输出；从技术接受方的角度来看，是技术的引进。

技术转移可以发生在一国范围内，也可以发生在不同国家之间。一般来说，跨越国界的技术转移被称为国际技术转移（International Technology Transfer）。其中，跨越国界包括两个层面的含义：一是转移的技术必须是跨越国界而传递的，二是技术转移的供应方和接受方不在同一国内。将这种跨越国界的技术转移行为视为国际技术转移，无论是在发达国家还是发展中国家，观点上都是一致的。

开展国际经营活动的跨国企业为了取得竞争优势，时常要设法从国际上引进先进技术；同时，为了谋取最大利益，也可能考虑将本企业所拥有的技术让渡出去。因此，国际技术转移是企业国际经营活动的重要内容，是企业家必须重点关注的事项之一。

需要指出的是，技术的国际流动不是完全自由的，各国政府均设有政策限制。首先，技术转移要受母国政策的影响。任何国家为了保证自己的某些技术在世界上的领先地位，总是针对先进技术的输出作出种种限制性规定。其次，技术转移也要受东道国政策的影响。任何国家都会根据本国的国情，制定针对技术的引进或限制政策。

二、技术转移的类型

国际技术转移可以从不同的角度分为以下几种类型：

（一）贸易方式转移与非贸易方式转移

贸易方式转移是通过市场渠道的技术转移，即把技术作为商品，按一定的交易方式与条件有偿转移给国外的交易对象。非贸易方式转移一般是通过技术交流、技术援助、技术情报交换等多种形式无偿进行的技术转移。随着技术商品化趋势的加速，通过市场渠道进行的有偿的技术转移在国际技术转移中逐渐起到主要作用，占绝大多数比例。

（二）垂直转移与水平转移

技术可以沿着两个方向转移：一是垂直方向，二是水平方向。垂直方向的转移是从基础研究部门向应用研究部门，进而向工业生产经营部门的技术转移；水平方向的转移主要是指工业企业之间的技术转移。由于企业的技术开发活动更接近市场，提供的技术也更实用，因此，多数企业更喜欢从其他企业获得技术，这就使得国际上水平方向的技术转移比垂直方向的技术转移要活跃得多。

（三）内部转移与外部转移

当技术转移在国际企业本系统内部的母公司与子公司、子公司与子公司之间进行时，称为内部技术转移；相反，发生在国际企业系统之外的企业之间的技术转移称为外部技术转移。一般来说，内部技术转移比外部技术转移的价格更便宜，转移速度也更快。

国际企业在内部转移技术的方式有两种：一种为纵向转移，即国际企业内部母公司与子公司之间，以及母公司统率其子公司按其全球战略运营时发生的技术转移。这种技术转移一般通过技术培训的方式进行。另一种为横向转移，即通过各地子公司将本公司的某种技术转让给当地民族企业。比如，通过子公司直接投资建立新的产业，通过子公司输出技术，以及参与技术合作，在合作中进行技术转移等。从美国的国际企业技术转移实践来看，最受欢迎的技术转移方式是派出子公司进行直接投资，据统计，美国技术输出总额中的 82% 是由国际企业下属的子公司实现的。

外部技术转移有多种方式，具体方式的选择需要符合技术转让双方的利益，特别是国际企业的利益。

三、技术转移的特点

国际企业技术转移的标的是技术使用权。虽然货物和技术都是商品，但技术转移与货物贸易相比有很大区别，主要有以下几个特点：

（一）技术转移的标的是无形的技术知识

技术知识无法"计量"，难以进行质量检验，它可以多次交易而不需要多次生产。在实际业务中，人们习惯于将单纯的技术知识称为软件（Software），把作为技术交易中的组成部分的机器设备等称为硬件（Hardware），两者在交易中可以结合在一起，但技术转移必须含有无形的技术成分。若不带有技术知识的交易，只涉及机器设备的买卖，就不属于技术转移，只是一般的货物买卖。

（二）技术贸易转让的只是技术的使用权

在技术贸易中，技术的供应方只是把某种技术的使用权转让给技术的接受方，如制造和销售该项技术产品的权利，而不是该项技术的所有权。

（三）技术贸易的当事人既合作又竞争

技术贸易不同于一般商品买卖，一方交货，另一方付款，义务与责任买断；技术贸易是一种长期合作关系，靠双方真诚合作才能取得预期效果。技术合同的期限，少则三五年，多则十余年，各国都有不同的法律规定。因此，技术贸易通常要签订连续性较强的长期性合同，要求当事人彼此之间既合作又竞争。

（四）技术贸易的作价比较特殊

一般商品的价格以其价值为基础，是商品的生产成本加利润；技术贸易的作价通常以技术接受方从技术中得到的经济利益为基础，再考虑其他多种因素，决定价格和支付办法。通常，技术产生的经济效益高，技术的价值就大；相反，经济效益低，技术价值也随之降低。

（五）技术贸易合同比一般商品合同复杂

技术贸易涉及工业产权、非工业产权、技术风险、双方的权利和义务等多方面问题，还涉及投资、税法、外汇管理、劳动管理等方面的法律问题，同时关系到国家的经济发展战略和发展规划等宏观经济问题，签约难度较大。

（六）技术贸易要保持长期的技术优势

技术贸易的关键是要保持技术优势，而保持技术优势的关键是要保持技术在时间上的优势。技术容易消失，优势也容易消失。公司保持技术在时间上的优势的方法：一是严守专有技术的秘密，如可口可乐的配方严格保密，二是依靠商标，利用商标法给予长期的保护。

（七）公司规模与技术创新和技术贸易之间具有相关性

一般说来，企业规模大，在较小的发明中发挥着重要作用；而企业规模小，反而是重要发明的主要来源。人们把较大公司具有较小的技术创新动机，而较小的公司往往在技术创新的竞争中获胜称为"阿罗替代效应"（Arrow's Replacement Effect）。从技术创新到投入市场又有一个过程，较小公司无法承担技术走向市场所必需的市场营销投入，较大的公司依靠自己的市场优势能更顺利地使新技术被市场接受。新技术被发明之后，在投放于商业用途之前可能还需要较多的资金用作后期开发。然而，经过实际运用的创新技术，只有证明其商业价值，才会被技术市场所认可。在这一过程中，规模较大的公司具有得天独厚的优势。

（八）通过转让"截短"的技术来控制承受方

国际企业通常采用技术转让"截短"（Truncated）的方法，实现控制国外技术承受方的目的。世界500强企业往往通过转让"截短"的技术（即不完全的技术转让），以加深技术承受方的技术依赖，从而实现控制国外技术承受方的目的。例如，美国福特汽车公司在对巴西汽车生产线的技术转让过程中，扣除了有关引擎制造方面的技术，使巴西只能从福特汽车公司进口汽车引擎，从而被福特汽车公司牢牢掌控在手中。

第二节　国际技术转移的机制理论

随着国际技术转移的不断深入发展，它在国际经济活动中，特别是在国际企业的战略发展中，逐渐占据不可忽视的地位。于是，经济理论界便试图揭示国际技术转移的内在机制，以便更好地实施这种转移。

一、选择论

英国雷丁大学的邓宁教授认为，国际技术转移是对国际生产经营的一种选择。在企业内部市场还没有达到一定规模，国外的区位优势不明显，进行单一产品的贸易无利可图，而直接投资的条件又不具备时，企业只能选择技术转移，以技术优势获得最大利润。这种观点是将国际贸易、对外直接投资与技术转移作为一个有机整体，从中选择最优的国际化经营方式。

邓宁的理论是在产品生命周期理论的基础上形成的。它把国际技术转移的机制看成企业在产品生命周期某个阶段上对内外部条件权衡的结果，而不是周期循环的结果。

二、周期论

日本学者斋藤优从周期循环的角度出发，认为拥有新技术的企业在利用自己的新技术谋取最大利益时，基本上可以采取三种战略：一是将运用新技术生产出来的新产品出口；二是对外直接投资，就地产销运用该项新技术生产出来的商品；三是直接把新技术转让给另一方。这三种战略是按照一定周期进行循环的（如图7-1所示）。

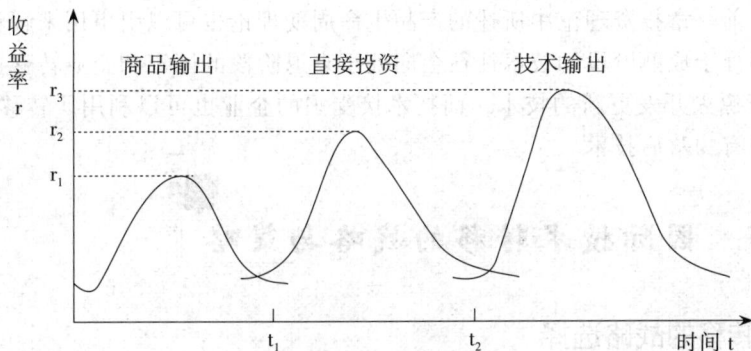

图7-1 周期关系

在这个循环周期中，拥有新技术的企业总是先出口运用该技术生产的产品。在出口过程中，产品销量在当地市场不断扩大，收益率由低变高。随着新产品的增加、销路的扩大，并且可以运用当地的生产要素生产出来该产品时，产品的出口与收益率开始逐渐下降。当收益下降到 t_1 这个时点时，企业开始把出口商品转为直接投资，以谋求收益率再次上升。由于对外直接投资多处于技术成熟阶段，一旦降低了成本，提高了竞争优势，企业的最高收益率 r_2 会大于单纯出口的收益率 r_1。随着直接投资的收益降到 t_2 时点时，企业便会采取技术转移的方式，以达到最佳收益率 r_3。

三、需求与资源关系论

1979年，斋藤优在其专著《技术转移论》中提出了国际技术转移的新理论"NR关系假说"。1986年，他又在新著《国际技术转移政治经济学》中把这一假说确立为一种理论。

斋藤优教授认为，一国经济和对外经济活动，受其国民需求（Needs）与其国内资源（Resources）关系（即NR关系）的制约。资源是否能够满足国民的需求是一个非常重要的问题。如果有足够的资源可以满足国民的需求，那么，NR关系便不成问题；如果资源不能满足国民的需求，形成"瓶颈"，NR关系便成为关键。

NR关系不相适应，就会产生技术创新的内在要求与动力。新技术的出现可以节约资本、劳动力、原材料，或者改用原材料，甚至创造出新的原材料。这样，新技术创造出来的资源便可以满足需求的各种不足，使需求适应资源。

NR 关系不相适应也是技术转移的原因。由于 NR 关系不相适应，技术创新产生了新的技术，原有的技术就有可能转移到其他需要该项技术的国家。这种情况不仅可以发生在发达国家与发展中国家之间，也可以发生在发达国家之间，或发展中国家之间。经过一段时间以后，需求与资源的关系又出现矛盾，产生了新的瓶颈，需要进行新的一轮技术创新与技术转移。因此，技术创新与技术转移总是处于一种不断循环上升的趋势。

此外，前一章投资理论中所述的产品生命周期理论也可以引申用来解释技术转移的机制，即处于成熟阶段的技术往往会向处于衰退阶段的国家和企业转移技术，以使用更多的资源去开发更新的技术；而技术接受国的企业也可以利用所转移来的技术，改造自己现有的落后技术。

第三节　国际技术转移的战略与策略

一、技术转移的战略选择

技术转移战略规定企业技术转移的方向，安排技术转移的领域、任务、目标和内容。国际技术转移不仅对国际企业是一个重要的收入来源，而且会对国际贸易和投资格局的变化产生影响。因此，无论是对技术许可方还是对技术接受方来说，都要做好技术转移的战略选择工作。

（一）延长技术生命周期战略

在技术发展日新月异的今天，产品更新换代的速度越来越快，技术的生命周期不断缩短。如何延长技术的生命周期从而给企业带来效益也是国际企业需要考虑的。国际企业可将在本国已处于成熟期的技术转移到还需要这种技术的国家或地区。这种战略对双方都有利。对技术让渡国来说，这种战略延长了所拥有的某项技术的生命，实际上等于延长了依靠这种技术获取利润的时间；同时，还可以为更新的技术腾出时间和空间，从而获得更大的利益。因此，这种技术转移不但不会影响母国在国际上的竞争地位，反而因促进更新技术的发展而增强了自身的实力和地位。对技术输入国来说，由于费时较短，没有研制风险，又能填补国内空白、缩短技术差距，因而有利于经济和技术的发展。

（二）扩大技术效用战略

这种战略是指国际企业在一项新技术问世之初，就立即以高价向外转移。采取这种战略的目的在于：①新技术可以索取高价，从而在更大范围内取得更多收益，及时收回研制成本；②可迅速占领技术市场，并可将利润转化为下一轮研制开发的资本，在技术领域保持领先一步的地位。但这种战略要冒被仿制的风险，且要得到母国政府的许可。这种战略只适用于梯度相同或相近的国家，这是因为在技术差距很大的国家之间，最先进的技术有时难以被东道国接受。不过，对于技术梯度相近的国家，这种战略有利于缩短技术差距、获得竞争优势。

（三）寻找出路战略

有些国际企业发现其拥有的技术在本国、本地区暂时无法转化为生产力，而在技术更新换代日益迅速的年代，若不能尽快转化为生产力，技术有可能在"闲置"过程中被淘汰。在这种情况下，不如尽快出手，收回研制成本，获得报酬，进行新一轮的技术研发。当然，这种技术转移的前提是对母国的经济、政治发展没有不利影响。

二、技术转移的策略选择

（一）技术转移方式的策略选择

国际企业进行国际技术转移的主要目的是尽快收回技术开发过程中的投资，并以技术换市场，赚取更多的超额利润。因此，在进行技术转移策略选择上，国际企业根据实际情况，通常采用以下三种策略：

1.技术转移的优先方案是技术投资和建立子公司

对于已有的技术优势，国际企业既要设法最充分地加以利用，使其给公司带来更多的超额利润，也要尽力加以保护。因此，国际企业的技术转移，相当一部分是以对外直接投资的形式进行的。通过对外直接投资，国际企业可绕过对方的关税壁垒进入该国市场，也可以实现技术转移内部化，即只向子公司转移其优势技术。

国际企业的内部技术转移大量采用纵向垂直方式，即母公司投入大量资金从事研究开发，发明的新技术除自己使用外，也转让给子公司。子公司只是技术接受方，仅将引进的技术消化、吸收，用于当地市场环境。这样就形成了具有技术产生、传递、应用、反馈、调整等多重机制的一体化内部技术转移系统，并且资金运动、技术运用和管理运动三者高度一体化。

在不同类型的对外直接投资中，国际企业转移技术的方式是有差别的。对于拥有全部股权的子公司，实行无偿或低价提供系统性技术，以提高其利润率；对于与东道国合营的企业，所提供的技术往往折算成股权投资，或索取较高的使用费。一般情况下，母公司拥有合资企业的股份越多，就越愿意转让其先进的、系统的技术。

2.技术转移的区位选择

国际企业对发达国家主要采取互换许可策略转移先进技术。随着当今世界范围内高新技术的迅速发展和高新技术产业的兴起，工业发达国家为保持自己在高新技术领域的优势，对一些尖端技术和高新技术往往采取保护性措施。国际企业为从某个发达国家获得先进技术，通常就采取交叉许可策略，以先进技术换先进技术，由此可使发达国家继续保持技术领先地位。

对于发展中国家，国际企业则着重转让其成熟的技术或过剩技术。这种策略所利用的是各国经济、技术发展不平衡等条件。一种技术在发达国家进入成熟期时，它在发展中国家可能还处于开发期。这一技术生命周期差异现象及由此形成的技术梯度，可使国际企业获得双周期、多周期的技术生命，为国际企业延长其技术寿命、继续从中谋利创造了机会。

3.技术、资本密集产业中的技术转移主要采取成套设备转移方式

成套设备的交易不仅包括巨额产品的出口，而且包括数额颇丰的技术转让费。目前，国际企业40%以上的销售额集中在化学工业、机器制造、电子工业和运输设备四大资本技术密集部门。业务集中度这样高的原因之一是这些部门中成套设备的交易量大。在许多新兴的工业部门，资本、技术密集化程度都很高，大多采用"整个工厂"或"整个实验室"技术转移的方式，除了成套设备外，还包括人员培训、试生产等许多项目，即所谓的"交钥匙工程"。

（二）技术转移时间的策略选择

一项技术的产生和发展，有其自身的规律性。雷蒙德·弗农的产品生命周期理论把产品分为创新、发展、成熟和衰退四个阶段。按照该理论，结合国际企业在竞争过程中所处的支配、优势、有利、维持、微弱五种地位，国际企业技术转移可采取不同的时间策略。

1.选择中的市场竞争地位因素

国际企业的竞争地位分为五类：①支配地位，即企业在经营中能左右其他竞争者的活动，在同行业中处于支配地位；②优势地位，即企业不受竞争对手行为的影响，可以长期保持稳定地位；③有利地位，即企业有较多的机会来改进自身所处的地位，在个别环节上还具有一些优势；④维持地位，即企业有足够满意的经营业绩，有一定的机会来改进自己所处的地位；⑤微弱地位，即企业目前的经营业绩不够理想，但还存在改进机会。

处于不同竞争地位的国际企业在产品生命周期的不同阶段，所采取的市场战略姿态、投资策略以及技术转移策略是不同的。

第一，当技术处于创新阶段时，无论是处于支配地位还是处于微弱地位的企业，一般都不转移技术。

第二，当技术处于发展阶段时，处于支配地位和优势地位的企业原则上不转移技术，而处于有利地位的企业则考虑适当转移技术，处于维持和微弱地位的企业则考虑转移技术。

第三，当技术处于成熟阶段时，居支配地位的企业考虑有选择地转移技术，但转移条件苛刻；居优势地位的企业比较愿意转移技术，但对地区、市场和对象有一定的考虑；居有利地位的企业愿意转移技术，挑剔条件较少；居维持地位和微弱地位的企业则主动寻找转移机会。

第四，当技术处于衰退阶段时，居支配地位、优势地位的企业分别采取有选择地转移和愿意转移的态度，处于有利地位的企业主动寻找机会转移技术，处于维持和微弱地位的企业则急于寻找机会转移技术。

2.选择中的非市场竞争地位因素

尽管多数企业按照上述时间策略选择转移技术，但也有少数企业的技术转移策略与其不同。出现这种情况的因素有：

（1）少数技术开发能力较强的大企业，由于其技术研制面广、成果多，且不能都在本企业形成新产品，也转移创新和发展阶段的技术。

（2）一些靠专利和专有技术获得收益的中小企业，由于资本实力较弱，生产能力受限制，市场开发不足，也会在产品技术早期转让技术。

（3）少数人组织的风险企业，尽管拥有先进的技术专利，但无力进行投资和市场开发，往往倾向于通过签订许可证合同来获得较多的利益。

第四节 国际技术转移的实施

一、技术转移的实施方式

拥有技术的企业一般通过技术专利、专有技术、商标、版权和商业秘密五种方式保持其对某项技术的产权。技术转移就是对上述五种产权的转让。国际技术转移由于所转移的具体项目的性质、水平、渠道不同而采取不同的实施方式。技术转移的具体实施方式很多，但可分为两大类：一类是单纯的技术转让，就是通常所说的技术许可证；另一类是通过贸易或投资方式附带进行的技术转让。

（一）技术许可证

与普通商品的交易不同，技术转让是使用权的转让。因此，在利用许可证进行技术转移时，必须在许可证合同中对技术使用权的权限、地域范围、有效期限和处理纠纷的程序、办法等进行确认。

1.使用权限

在技术许可证合同中，使用权限的限定是最重要的条款。技术使用权限的大小可分为：

（1）独家使用权，是指在许可证合同中规定的许可方允许受权人在合同有效期限内，在规定的地域范围内，对所许可的技术享有独占使用权。许可方不得在所规定的期限内在该地区使用该项技术制造和销售产品，更不得把该项技术转让给第三方。独占许可证合同所规定的地域范围，实际上是转让双方就该项技术所制造的产品的销售市场进行国际划分。很显然，这种转让卖方索价会比较高。

（2）排他使用权，是指许可方允许受权人在规定的地域范围内、在一定条件下享有使用某项技术制造和销售产品的权利；同时，许可方自己保留在上述地域对该技术的使用权，但许诺不得再将这一技术转让给第三者。

（3）普通使用权，是指许可方在合同规定的时间和地域内可以向多家买主转让技术，同时许可方自己也保留对该项技术的使用权和产品的销售权。

（4）转售权，是指受权人有权在规定的地域范围内，将其所获得的技术使用权转售给第三者。

（5）交叉使用权，是指交易双方以各自拥有的技术（专利或专有技术）进行互惠交换。因此，这种交易一般互不收费，亦即以技术换技术。双方的权利可以是独占的，也可以是非独占的。

（6）回馈转让权，是指许可方要求受权人在技术使用过程中将转让的技术的改进和发展反馈给许可方的权利。

2.地域范围

技术许可证合同中大都规定了明确的地域范围，在这个范围内，受权人被许可使用该项技术；在这个范围之外，受权人不得使用该项技术。

3.有效期限

技术许可证合同一般都规定有效使用期限，时间的长短因技术而异。技术服务合同可以是1年、2年，专利技术或版权的有效期限则要与该专利或版权的法律保护期相适应，商标的使用合同则可能超过20年。

4.纠纷仲裁

技术许可证合同是法律文件，是依照技术交易双方所在国的法律来签订的，因此受法律保护。如果一方毁约，另一方可依法律程序寻求保护，追回受损权益。某些许可证合同还规定了处理纠纷的仲裁机构、处理程序和办法等。

（二）依附贸易或投资的技术转让

除上述单独的技术许可证之外，技术转移也可以同其他贸易或投资安排一起进行。

（1）在承包工程和"交钥匙工程"后转让操作技术。"交钥匙工程"是一种特殊的承包，它由承包方提供包括技术、设备、厂房在内的全部的设计、安装、调试，甚至包括产品打入市场的一揽子转让。这种方式一般由大型国际企业承担，它们一般对这种形式比较热心，因为这种一揽子转让不仅可以获得比纯技术转让更多的收益，而且能够保证生产技术自然、完整地掌握在自己手中。这种方式对技术引进方来说虽然能够很快投产并形成生产能力，但花费巨大，且只是获得操作技术，由于缺乏对成套技术的了解，引进后仍有可能受到技术供应方的控制。

（2）通过合资、合作和联合开发的方式转让技术。这种方式使双方结成一个利益共同体。对技术受让方来说，在引进技术的先进性和适用性方面比较有保证，便于很快地消化、吸收，产生经济效益，而且可以节约引进费用；对技术转让方来说，由于可以在其他方面利用对方的优势，也将有较大收益，特别是联合开发，对方的技术也是可以广泛利用的。

（3）在购买商品的同时转让其中的全部或一部分技术。例如，在购买飞机时转让飞机操作和维修技术。

（4）在加工贸易中转让有关加工技术。

二、技术转移的定价和支付

技术价格和支付方式的确定是技术转移的核心问题，同时也是技术贸易、技术转让谈判的焦点，因为它们关系到技术出让方和接受方经济利益的分配。

（一）技术转移定价

技术是一种特殊的商品，技术转移的定价原则与一般商品的定价原则不同，技术转移一方面受价格、成本、需求和利润的影响，另一方面还受技术自身特殊性的影响。

1.技术转移中的成本与费用

国际企业常常把技术转移作为获取利润的基本途径，从而谋求技术转移的价格高于转移中的技术的成本。必须考虑的技术转移中的成本与费用包括以下五个方面：

（1）研究与开发成本。研究与开发是技术的生产过程。国际企业在技术的研发过程中，需投入人力、物力和财力进行科学试验、调查研究、理论论证、设计与优选、试制与鉴定等，于是形成了一项技术的研究与开发成本。

（2）技术转让税。国际企业技术转移通常是要纳税的。一般来说，东道国政府对国际企业取得的技术转移费用要征收一定的所得税，而国际企业母公司在收到技术转移收入时也可能需要向母国政府缴纳所得税。在这种情况下，国际企业通常会把这部分税负转嫁给技术接受方。

（3）交易费用。技术转移过程本身也是要付出代价的，一般包括联络沟通、项目设计和准备技术资料等方面的费用。一部分交易费用是由技术提供方支付的，随着技术提供方责任的增加，这部分交易费用也会增加。

（4）产权保护费。技术转移中最大的风险就是产权失去保护，如专利技术被盗用，商标被假冒，专有技术被泄密，这些都会削弱国际企业的技术优势。国际企业要设法进行产权保护，如在多个国家申请专利和注册商标，并且广泛收集信息，检查是否存在侵权现象，在技术转移过程中强调保密条款等，为此需付出一定的产权保护费。

（5）市场机会成本。技术转移大多在同行业内进行。国际企业向东道国企业转让技术，实际上是要让出部分市场给对方，并把对方培养成强劲的竞争对手。因此，国际企业要计算出出让市场的机会成本。

2.技术作价原则

技术转移价格实际上是技术引进方从应用技术而获得的新增利润中分配给技术供应方的份额。由于信息的不完全性，准确评估技术的价值很困难，因此，国际上往往遵循利润分成原则（Licensor's Share of Licensee's Profit，LSLP）来制定技术的转移价格，即技术转移价格应当来自对应用技术而新增的利润的分成。其核心是确定利润分成率，计算公式为：

利润分成率（LSLP%）=（许可方得到的费用/接受方得到的增值利润）×100%

技术价格=接受方的利润总额×利润分成率

根据联合国工业发展组织对印度等发展中国家引进技术价格的分析结论，利润分成率16%～27%比较合适。但不同国家、不同行业及具有不同适用性和先进性的技术，采用的利润分成率不尽相同。

（二）技术转移支付

按照国际惯例，对于专利和专有技术的使用费，目前主要采用一次总付、提成支付、入门费加提成三种支付方式。

1.一次总付

一次总付（Lump-sum）是指在许可协议中规定技术转让的一切费用，在签订合同时一次清算，然后一次支付或分期支付。该办法对技术供求双方各有利弊，对技术接受方弊多利少。一般来讲，当接受方有能力吸收、利用全部技术，不需要供应方提供技术协助和服务，且有一定的资金实力时，采用该方式比较好。

2.提成支付

提成支付（Royalty）是指按引进方应用技术后在某一时期内获得收益的比例来计算和支付这一时期的技术使用费。其特点可归纳为八个字："事后计算，按期偿付"。提成支付的最大好处是技术引进风险小，在整个协议期间，技术转移双方的利益或风险都捆在一起，因而可约束技术供应方尽心尽责地传授技术，帮助引进方迅速进入正常生产阶段。

提成支付的金额计算主要涉及提成基价和提成率两个因素：①提成基价指的是以什么为基础计算提成费，国际上普遍采取按销售价格提成的做法，也有按产品数量或利润提成的；②提成率，即按提成基价的多大比率来计算提成费，国际上采用的提成率有固定提成率和滑动提成率两种。

3.入门费加提成

入门费（Initial Payment）是指许可方为约束接受方严格履行合同而收取的定金，也是对许可方提供资料、披露技术机密、传授技术的报酬。入门费加提成支付方式是指引进方在所签订的技术转移合同正式生效后，或确认供应方已开始执行合同后，先向供应方支付一笔入门费，待项目投产后再按商定的办法逐年支付提成费。入门费加提成实际上是一次总付和提成支付这两种方式的折中。入门费一般占技术转移价格的15%左右。在这种方式下，提成率相对较低，但可约束技术供应方共担风险，并设法提高项目的实际经济效益，保证技术引进方的利益。

同步案例7-1　　　　借进博会举办契机，四川集中签约一批代表性项目
——跨国公司"投资账本"里的新信号

2024年11月5日，第七届中国国际进口博览会在上海开幕。这是一届被寄予期

待的盛会：129个国家和地区的3 496家展商参加，国别（地区）数和企业数均超上届；参展的世界500强和行业龙头企业达297家，再创历史新高。

借进博会举办契机，开幕前一天，由四川省经济合作局、四川省人民政府驻上海办事处主办的跨国公司投资四川恳谈会暨外资项目签约仪式在上海举行。赛诺菲、住友商事、三菱重工、法国邮政、汉高、马勒、艾默生、雅保等全球70余家大型跨国公司和知名商协会负责人出席，其中境外世界500强企业达51家，中国区副总裁以上级别高层51人，含金量为近年之最。

企业的投资动向，亦是市场前沿发展动向。在这场恳谈会上，跨国公司的"投资账本"释放出了哪些信号？

从签约项目看"新"意 新技术新模式新产品加速入川

11月4日，上海花园饭店。带着整个管理层团队提前一小时抵达投资四川恳谈会现场，美国优宝药业（ACEBIOS INC）成都项目CEO王飞已做好所有准备。

这场恳谈会，是影响优宝药业未来在中国投资发展的一个重要节点。根据合作计划，优宝药业将在成都投资30亿元，建设优宝国际生物医药生产基地及优医保西南总部数字经济平台项目。通过该项目，优宝药业将在川引入一家世界500强药企，进一步加大引进国外原研制剂和专利药品力度，加快提升中国创新药物的研发生产能力。

王飞介绍，该项目得益于国内外头部医药企业的群策群力，由多方共同推进产学研医药一体化发展。把先进的生物医药制造技术和数字经济的创新应用进行捆绑，既能助力创新药物双向开拓国内外市场，又能进一步满足国内老百姓对专家资源和进口应急专利药品的需求。"斥重金在四川打造优宝新发展模式的'试验田'，我们曾进行过充分的市场调研和评估。随着成都项目的落地，我们将开启拓展中国市场的又一扇大门，未来还将把成都模式复制到全国更多省会城市。"王飞介绍说。

同样在现场签约的蜀道丰田（成都）氢能产业合作项目，则计划在氢燃料电池、储氢、制氢、加氢站、氢能分布式发电等领域展开合作。根据合作协议，蜀道集团、丰田汽车等多方将分别发挥在技术、市场、场景等方面的资源优势，在氢能全产业链展开高水平、高层级、全方位合作，在成都打造南方氢能产业基地。

当天，还有美国雅保（眉山）5万吨氢氧化锂增资、中国香港英雄科技（成都）INS新乐园、中国香港欧亚美（达州）智能互动玩具制造等多个具有示范性、引领性的项目签约落地，总投资额近70亿元，一批新技术、新模式、新产品将加速入川。

从长期投资看优势 多重机遇吸引跨国公司落地四川

深耕中国大市场，跨国公司均坚守一个核心原则——做长期投资。这意味着，投资者对中国未来几年甚至几十年的发展，都必须有十分清晰的投资规划以及足够长远的战略眼光。

眼下，法国最大医疗健康企业赛诺菲正在做这件事。作为长期扎根中国市场的跨国企业，赛诺菲已在中国发展40年，最近其大中华区管理高层正和董事会讨论在中国实施下一个40年发展规划。

赛诺菲大中华区总裁施旺介绍，赛诺菲在四川建立的全球临床数据运营中心，正发挥着越来越重要的作用。"赛诺菲在全球开展的相关临床试验所取得的数据，都是在四川进行处理后再返回到世界各地，以用于各种项目关联工作的开展。"

近年来，四川医疗健康产业的创新能力大幅提升，引起赛诺菲的高度关注。就在不久前，赛诺菲明确，每年举行一次的"全球管委会"明年将在成都举行，这也是该公司年度大会在中国首次走出北京、上海。"我们希望公司决策层能够更加深入地了解四川这个中国医药创新方面的新高地。"施旺表示。

德国汉高集团的投资计划则更进一步。"当前，中国先进制造业高质量发展，给汉高带来了更多的市场机遇。"汉高大中华区总裁、汉高黏合剂技术亚太区汽车OEM事业部负责人安娜表示，希望通过创新黏合剂解决方案，在中国新能源汽车、消费电子、先进制造等领域开展更深入的合作，而四川则是其瞄准的重点。

位于成都经开区的汉高成都工厂，是汉高目前在中国西部建设的唯一工厂，正持续为相关整车制造商及上下游企业提供配套服务。安娜介绍，除了成渝地区双城经济圈的汽车制造业为汉高提供了强大的市场支撑外，当前四川正积极发展的低空经济、人工智能、航天航空等高新技术产业，也持续吸引着像汉高这样的跨国企业入川发展。"汉高正计划在成都进一步追加投资，尽快引入新产品生产线，在新能源汽车和储能等方面率先发力。"

作为全球领先的工业气体公司和工程公司，德国林德集团每年都会参加四川在进博会期间举办的跨国公司投资四川恳谈会。合作年年有，在川投资发展的步子也越迈越大。在恳谈会现场，林德公司大中华区副总裁易岷透露，林德在成都投资建设的两个重点供气项目，已成为公司在中国中西部地区大规模投资气体项目的新里程碑。"我们希望以此为起点和平台，共同参与四川产业发展，实现共享共赢。"易岷表示，将加快在川建立面向中西部地区的区域总部，同时大力推动全球氢能技术在川落地应用。

尽管各跨国公司的投资计划、合作方向截然不同，但有一些观点得到广泛认同：当前，中国对外开放正向纵深发展，既有沿海沿边的"传统"开放城市，也有像四川这样的新开放窗口。随着加快构筑向西开放战略高地和参与国际竞争新基地等机遇在四川不断叠加，广阔的市场空间、宜业宜居的环境、相对较低的生产要素成本、浓厚的创新氛围等，都转化成了投资发展的优势，吸引跨国公司与四川共同成长。

从"双向奔赴"看成果 外商在川累计设企突破1.7万家

一个小时的恳谈会，不仅谈合作，还要谈问题。作为活动主办方，四川省经济合作局相关负责人表示，四川省市两级多个政府职能部门"组团"赴沪参会，不仅要搭建跨国公司与四川各级地方政府合作交流的平台，更是要靠前提供服务，帮助企业解决生产经营过程中遇到的实际问题。

其实这样的对话场景，对许多跨国公司而言已十分熟悉。近年来，四川省经济合作局建立了常态化政企沟通机制，在一个多月前，在2024中外知名企业四川行活动中就组织了跨国公司圆桌对话会，当时参会的部分企业家也是此次恳谈会的座上宾。

不断提升政务服务"软实力"，当好企业发展"服务员"。在此助力下，四川与跨国公司"双向奔赴"的成果显著：目前，外商在四川累计设立企业突破1.7万家，直接投资额从2019年的24.7亿美元增长至2023年的35亿美元。2023年外资企业在四川的进出口额近4 500亿元，占四川全省外贸总额的46.7%。2024年前三季度，四川新设外商投资企业接近700家，平均每天落户外资企业2.5户。

"以高通、戴尔、美敦力、波士顿科学、丰田、星巴克等为代表的一大批外商加大在川投资力度，持续有力地带动四川六大优势产业蓬勃发展。同时，外商企业通过不断研发新技术、新产品，也源源不断为四川引进先进技术、管理经验和高端人才。"四川省经济合作局相关负责人表示，2023年外资企业在川设立的研发中心达75家，研发投入超过170亿元，成为四川经济高质量发展不可或缺的重要力量和不可替代的宝贵资源。

这场恳谈会下来，更多的机遇信号被跨国公司记录在"投资账本"新的一页上

这里有科技创新的投资机遇。当前，四川正持续打造科技创新产业生态，跨国公司来川设立研发中心、科创中心，与内外资企业、高等院校、科研院所合作开展技术攻关，实施协同创新，加大成果转化力度，携手助力传统产业转型升级，机遇良多。

这里有产业建圈强链的投资机遇。近年来，四川以新型工业化为主导，大力实施六大优势产业提质倍增行动，着力培育壮大新兴产业和未来产业。跨国公司围绕相关产业链上下游强链补链延链，积极布局区域总部、生产基地等重大项目，加快构建各自在川的产业生态体系，大有可为。

这里有内外市场融通循环的投资机遇。四川作为全国重要的市场腹地和内陆开放门户，近年来大力建设国际消费目的地，市场规模稳步扩大，对外贸易持续提升。跨国公司积极发挥链接全球资源的优势，助力四川融通全球资源、推动要素集聚、深化产能合作，空间巨大。

释放投资机遇，抓好外资招引，四川省经济合作局也有更多谋划

（1）积极促进开放空间再拓展。将更加突出发展新质生产力，推动重点产业领域对外开放合作，引进更多战略性产业项目和标志性外资企业来川发展，打造产业集聚新高地。

（2）积极构建招商引资新模式。将深化招商引资与产投基金、应用场景、科技创新等的互动，全面提升招引质效。

（3）积极推动投资环境大提升。将实施优势产业登峰、新兴产业壮骨、未来产业孵化和外商外资突围"四大招商行动"，确保项目引得进、落得下、发展好。

资料来源　陈碧红．借进博会举办契机，四川集中签约一批代表性项目——跨国公司"投资账本"里的新信号［EB/OL］．［2024-11-11］．https://www.sc.gov.cn/10462/10464/10797/2024/11/11/87f5afc6dacb479b91df6ae86cbb2d30.shtml.

讨论问题：

1. 这些跨国公司为什么要投资四川？
2. 技术转移对产业链各环节企业集聚的模式有何意义？

本章小结

技术转移是指拥有技术的一方通过某种方式把一项技术让渡给另一方的活动。跨越国界的技术转移被称为国际技术转移。国际技术转移的具体实施方式很多，但可分为两大类：一类是单纯的技术转让，就是通常所说的技术许可证；另一类是通过贸易或投资方式附带进行的技术转让。

国际企业技术转移的内在机制理论分为三种，分别是选择论、周期论和需求-资源理论。

技术转移战略规定企业技术转移的方向，安排技术转移的领域、任务、目标和内容。国际技术转移战略主要包括延长技术生命周期战略、提升技术效用战略和寻找出路战略三种类型。

在技术转移方式的策略选择上，国际企业通常采用以下三种策略：第一，技术转移的优先方案是技术投资和建立子公司；第二，技术转移的区位选择；第三，技术、资本密集产业中的技术转移主要采取成套设备转移方式。处于不同竞争地位的国际企业在产品生命周期的不同阶段所采取的技术转移策略是不同的。

技术价格和支付方式的确定是技术转移的核心问题。国际企业必须考虑的技术转移中的成本与费用包括研究与开发成本、技术转让税、交易费用、产权保护费与市场机会成本五个方面，并遵循利润分成原则来制定技术的转移价格。按照国际惯例，对专利和专有技术的使用费，主要采用一次总付、提成支付、入门费加提成三种支付方式。

复习思考题

1. 简述国际技术转移的含义及类型。
2. 简述国际技术转移的特点。
3. 国际技术转移的机制理论。

4.简述国际技术转移的实施方式有哪些？

5.应如何选择国际技术转移战略？

6.简述国际技术转移的策略选择。

7.简述国际技术转移中的成本及费用构成。

第八章

国际企业人力资源管理

学习目标

[知识目标]

1.了解国际企业人力资源管理模式；

2.了解国际人才的招聘、选拔、培训与开发；

3.了解国际绩效评价与报酬决定；

4.了解国际企业的人才激励。

[能力目标]

1.理解国际企业人力资源管理的含义及其复杂性；

2.了解国际企业人员招聘的意义、程序；

3.了解国际企业人员培训的目的、基本方式、对象及内容。

[素养目标]

掌握国际企业三种基本的人事管理策略、国际企业人员的考核方法、国际企业人员激励的基本理论，引导学生树立正确的世界观、人生观、价值观。

引导案例

引导案例：华为的人力资源管理

华为作为全球唯一一家用好中国人才和非中国人才的公司，在人才管理上有着独特的哲学，而这种哲学的源头便是华为的创始人任正非。任正非认为，人才并不一定要完美才能发挥出其价值，而是需要企业有能力对人才进行有效的管理。在华为早期的发展中，任正非邀请了中国人民大学的几位教授帮助起草公司的基本法，其中一位教授问道："人才是不是华为的核心竞争力？"任正非的回答出人意料："人才不是华为的核心竞争力！对人才进行管理的能力才是企业的核心竞争力。"这个观点无疑颠覆了传统人才管理的方式。

在华为的人才管理中，不完美的英雄也有机会成为英雄。任正非常常提到两位"不完美的英雄"，一个是美国的"宇航之父"克劳金，一个是苏联的"宇航之父"科罗廖夫。这两位都曾是死刑犯，但最终却在自己的领域作出了巨大的贡献。任正非在华为人力资源委员会干部沟通处的人员座谈会上表示："我们真正的干部政策是灰色一点，桥归桥，路归路……干部有些想法或存在一些问题很正常，没有人没有问题……"这种灰色的干部政策体现了任正非对人才选拔的宽容和包容。

在华为的早期阶段，一些员工的情况并不完美。有的员工大学没有毕业，有的被原单位开除，有的甚至是从原单位偷偷跑到华为的。就连华为的副董事长余承东也是在这个时候加入华为的。他被任正非批评最多，但也是任正非非常器重的人之一。余承东自己也认为自己是个"侠客派、激进派、不安分分子、鲇鱼，不大讨领导喜欢，与中国文化的和谐与中庸精神相悖"。然而，正是凭借华为的宽容和包容，余承东得以在华为发展并成为华为最赚钱的终端业务的负责人。

此外，华为还在人才吸引方面展现出了自己的魄力。华为董事会曾经通过一项决议，即"团结一切可以团结的力量"。华为曾给出顶级待遇招揽国外的顶级人才，但很多人并不愿意离开自己的家乡。对此，华为将研究所建在这些人的家乡附近，为他们提供最适宜的发展环境。例如，在爱尔兰的科克小镇，华为建立了一个研究所，专门为全球知名商业架构师马丁·克里纳提供工作机会。华为还在其他国家设立了多个研发中心，吸引了大量的海外人才加入公司。这种以人为本的人才战略使得华为在全球范围内拥有丰富的人才资源，并在技术创新和市场竞争中取得了成功。

华为奋斗者文化的基石——人性洞察和驾驭

有学者认为，华为的成功不仅来源于技术、市场和资源，更源于对人性的洞察和驾驭。这种对人性的洞察和驾驭能力源于华为的创始人任正非。任正非认为，对人才的管理需要建立在对人性的理解和认知的基础之上。

华为的奋斗者文化是基于人性的，其核心在于将每个员工都作为一个独立的个体来对待，并给予其应有的尊重和关爱。华为始终将员工的价值和尊严放在首位，对员工进行激励和培养，使其能够充分发挥自己的潜力。华为一直秉持着"以奋斗者为本"的原则，鼓励员工不断进取、勇于拼搏，同时给予他们应有的回报和荣誉。

华为还有一个特点是绝不亏待"雷锋"。这意味着华为会正确评价员工的工作成果，给予他们应有的认可和回报。华为认为，每个员工都有自己的特长和才能，只需找到适合他们的位置，给予他们发展的机会，就能够激发他们的潜能和积极性。华为通过对人性的洞察和驾驭，建立起了一种能够激励和激发员工潜力的管理模式。

华为以任正非为代表的领导层也用自己的行动践行人性洞察和驾驭的理念。任正非经常在公司的各种场合和员工交流中，分享自己对人性的思考和发现。他会鼓励员工勇于追求梦想，同时警示他们要保持清醒的头脑和积极的态度。任正非认为，每个人都有自己的故事和经历，应该学会理解和尊重他人，用心去感受他人的喜怒哀乐。

华为的人才培养和晋升机制

华为注重人才培养和晋升机制，为员工提供广阔的发展空间和良好的职业发展平台。华为的人才培养模式主要包括两个层面：技术能力和管理能力。

在技术能力方面，华为提供了多种培养和晋升渠道。首先，华为鼓励员工积极参与技术创新和研发工作，为他们提供了丰富的科研项目和实验平台，提供锻炼和展示自己才华的机会。其次，华为建立了严格的人才评估和晋升制度，根据员工的技术造诣和贡献评定职级和薪酬水平。此外，华为还鼓励员工参加各种专业培训和技术交流活动，提高其技术能力和创新意识。

在管理能力方面，华为注重培养员工的领导力和团队协作能力。华为通过内部选拔和培养，将优秀的员工培养成为管理人员。华为还建立了一套完善的培训和发展体系，为员工提供成长和晋升的机会。此外，华为还制定了一种轮岗制度，使员工有机会在不同的岗位和部门之间轮换，开阔他们的视野。

总的来说，华为的人才培养和晋升机制兼顾了技术能力和管理能力的培养，为员工提供了广阔的发展空间和机会。

资料来源　佚名. 利用好中国人才和非中国人才，华为是全球唯一［EB/OL］.［2023-10-07］. https:／/baijiahao.baidu.com/s?id=1779068686892119634&wfr=spider&for=pc.

从引导案例可以看出，更多的国际企业正在全球寻找具有国际经验的管理人才，以管理其全球业务。随着经济的全球化，更具全球性的跨国战略正日益受到欢迎，而成功实施跨国战略的一个关键因素是运用适当的人力资源管理政策。在国际企业管理中，人力资源管理是一个极其重要的方面。合格的、有一定知识储备的人员是一个组织中最基本的资源。企业所拥有的设备、技术、资金和信息，归根到底要由人来发挥其作用。企业的竞争实际上是人才的竞争。安排合适的人在适当的工作岗位上，并最大限度地发挥他们的积极性，是国际企业取得成功的关键所在。人力资源管理对国际企业而言尤为重要。国际企业的人力资源管理与一般企业相比，在管理上涉及的面更广。

第一节　国际企业人力资源管理模式

一、国际人力资源管理

（一）人力资源管理

国际企业要完成某项重要工作，必须将实物资产（如建筑物和机器）、金融资产以及工艺和管理过程结合起来。然而，没有人组织就不能存在。人力资源管理的主旨是管理和开发人力资源。因此，人力资源管理涉及人和组织之间的全部关系。人力资源管理的基本功能包括招聘、选拔、培训与开发、绩效评估、薪酬与福利等。

（二）国际人力资源管理的定义和类型

1.国际人力资源管理的定义

当将人力资源管理的功能应用于国际环境时，就变成了国际人力资源管理。当一个公司进入国际舞台时，所有人力资源管理的基本活动仍然保留，但却面临着更复杂的局面。对跨国管理者而言，导致这种复杂性的因素主要有两个：首先，国际企业的雇员是不同国籍的雇员组合；其次，跨国管理者必须调整公司的人力资源管理政策，以适应东道国的社会制度、法律制度、国家文化、商业文化等。

2.国际企业中雇员的类型

通常，国际企业中会有以下几种不同类型的雇员：①母国公民，是指来自母国的海外雇员；②东道国公民，是指来自东道国当地的雇员；③第三国公民，是指来自东道国和母国之外的外派人员；④外派人员，是指由母公司派出，来自工作所在国之外的国家的雇员。一般来讲，外派人员主要包括母国和第三国海外雇员，他们多属于管理雇员和专业雇员，而不是低层次的劳动力。

二、国际人力资源管理的一般模式

为实施跨国战略，国际企业通常采用以下四种国际人力资源管理模式：

（一）民族中心的国际人力资源管理模式

民族中心的国际人力资源管理模式建立在总部的看法和问题应该优先于当地的看法和问题，而驻外人员可以更有效地代表总部的观点的假设上。这意味着在人力资源管理的各个方面，公司都倾向于遵循母公司的人力资源管理习惯。公司的人力资源管理工作主要是为海外业务挑选并培训人才，开发合适的补偿方案，并在这些人才回国时处理有关协调事项。其具体管理方式表现在：

1.招聘和选拔

在招聘和选拔过程中，重要的管理雇员和技术雇员来自母国，海外任职的标准取决于其在母国的业绩和技术专长；当地雇员仅占据低层次和辅助性职位。这对提高海外组织的可控性和忠诚度十分有利，但制约了当地雇员的积极性。

2.评价和报酬

采用与母公司相同的标准和手段来评价外派管理者的业绩，并支付额外的报酬和奖励。然而，由于国别环境的差异，在对东道国当地管理者进行评价和支付报酬时，公司可能不得不进行适当的调整。

3.适应性与培训

对于采用民族中心国际人力资源管理模式的企业，其大多数外派人员的国际任职都是短期的，且对外派人员国际任职的培训常常是有限的，或根本就没有。这严重阻碍了外派人员的文化调整，使得许多来自母国的外派管理者很少懂得东道国的语言和文化。

4.国际任命与职业发展

由于采用民族中心国际人力资源管理模式的企业通常将重要决策集中在母国，海外管理者很多时候难以就当地的需要成功地与总部进行沟通。此外，他们常常感觉被排斥在圈子之外，几乎没有什么机会与高层管理者联络。因而，尽管外派人员通常能够得到较为可观的额外报酬和津贴，但国际任职仍然被视为有害于职业发展而无法吸引优秀人才。而东道国公民在公司中的发展通常面临着一个上限或障碍，这既造成了人才浪费，又降低了其对母公司的忠诚度。

（二）多中心国际人力资源管理模式

多中心国际人力资源管理模式是建立在东道国国民更善于应对当地市场环境这一假设基础上的。运用这一模式的组织通常在每一个海外分支机构中都有一个功能齐全的人力资源管理部门，负责遵循当地习惯处理所有当地人力资源问题。公司的人力资源经理主要关注与在各海外业务部门的同行如何就相关活动进行协调的问题。其具体管理方式表现在：

1.招聘和选拔

在招聘和选拔过程中，多中心的国际企业在高层管理职位和技术职位上通常采用母国标准选拔使用母国公民，选用母国管理者控制海外经营与管理。而大多数其他员工则按当地标准招聘、选拔东道国公民；公司通常要求东道国管理者具备使用母公司国家语言的能力。采用这种方式可以有效地帮助公司树立起对东道国负责的形象，而不仅仅是设立一个海外业务部门。

2.评价和报酬

与民族中心的国际人力资源管理模式一样，多中心的国际企业对母国外派人员的管理仍保留在总部，因而，对其评价依然采用母国标准，并支付额外的报酬和奖励；而对于大多数东道国管理者及员工的考核和报酬安排，则倾向于采用当地的程序和标准进行。

3.适应性与培训

多中心国际人力资源管理模式因更多地选用了东道国公民而减少了语言障碍和调整适应问题，也节约了外派人员的培训费用。但文化、语言及忠诚方面的差别又带来了与总部相协调的问题：即使东道国籍管理者使用国际企业总部所在国的语言，沟通仍存在困难，仍会产生误解，而且东道国管理者可能对当地子公司比对国际企业母公司更忠诚。

4.国际任命与职业发展

由于母国管理者有限的国际经验以及国际经历并不被看重或奖励，对其评价、晋升依然采用母国标准，因此，并不能吸引最优秀的管理者。与采用民族中心人力资源管理的公司情况相似，东道国管理者的晋升与发展可能被限制在国内，而这种挫折和职业生涯障碍会阻碍当地人才的发展。

（三）地区中心国际人力资源管理模式

地区中心国际人力资源管理模式与多中心的国际人力资源管理模式相似，都对东道国在人力资源管理习惯上存在的差异反应强烈，强调适应各国的文化与制度差异。它们的差别仅表现为多中心的公司按国别调整国际人力资源管理方式，而地区中心的公司则按地区调整。但地区性分支机构作为一个单位会反映出组织的战略和结构。

1.招聘和选拔

在招聘和选拔过程中，地区中心的国际企业在高层管理职位和技术职位上通常从母公司物色已掌握了该地区文化和语言的重要人选；而大多数中低层管理者及其他员工则按当地标准招聘和选拔。

2.评价和报酬

采用地区中心国际人力资源管理模式的公司对地区内管理者及员工的考核和报酬安排，倾向于采用当地的程序和标准。对母国外派人员的管理则依然采用母国标准，但由于任期较长，额外报酬趋于减少。

3.适应性与培训

大多数情况下，不论是母国公民、东道国公民还是第三国公民，都被要求使用商业语言，通常是英语，因而该模式的采用减少了语言障碍；同时，大量聘用东道国公民和第三国公民也减少了适应问题和国际企业针对外派人员的适应性培训，从而降低了成本。

4.国际任命与职业发展

对于采用地区中心国际人力资源管理模式的公司，地区在其决策制定方面有一定程度的自主权，晋升在地区范围内是可能的，因此对地区内国家公民的事业没有影响或有正面影响，但极少可能从地区晋升到总部。在该模式下，母公司外派人员的国际任期一般较长，除非总部重视国家和地区特有的国际经验；否则，国际任职依然会对母国公民的管理职业生涯有负面影响。

（四）全球国际人力资源管理模式

全球国际人力资源管理模式是一种全球整合经营战略指导下的人员配置方式。真正具有全球国际人力资源管理导向的国际企业总是试图为每一个岗位雇用最优秀的人，而不考虑那个人是从哪里来的。这种模式最有可能被真正的全球性公司所采纳和使用。通常，以全球为中心的公司的人力资源管理职能是最复杂的，因为在全球环境下，人力资源管理的每一个问题都必须考虑到，并且处理好。

1.招聘和选拔

全球国际人力资源管理导向的国际企业总是将其最优秀的管理者委以国际职位，并在世界范围内招聘和选拔优秀的雇员；招聘和选拔以是否符合职位要求为标准，而淡化对个人国籍或任职国家的考虑。这一方面扩大了可供选择的人才范围，另一方面也有利于建立国际组织文化。

2.评价和报酬

采用全球国际人力资源管理模式的企业按照全球统一的标准，即对公司贡献的大小来评价其员工。同样，报酬、奖励也在全球范围内采用相似的标准，只是在不同地区做一些适当的调整。

3.适应性与培训

在全球国际人力资源管理导向的公司，选拔出的管理者通常精通两种或多种语言，精干的管理者大多具有较强的适应不同文化的能力。但组织内的雇员拥有不同的文化背景，而且公司全球化区位资源配置还导致顾客、供应商等也存在文化差异，因此，培训管理者来适应公司内外的文化差异变得十分重要。除了文化冲突外，全球管理者还必须与总部协调一致，故又应开发其平衡当地需求与公司整体目标要求的技能。

4.国际任命与职业发展

在全球国际人力资源管理导向的国际企业中，国际任职是一个管理者职业生涯成功发展的先决条件，因此国际任命不仅提供了培养其全球管理能力的绝好机会，而且对其未来的职业发展十分有利。

以上四种国际人力资源管理模式，每一种都有自身的优缺点，国际企业应当根据自身的跨国战略选择不同的国际人力资源管理模式。

三、国际人力资源管理可能遇到的障碍

（一）政治与法律障碍

政治与法律系统的性质和稳定性在世界各地是不同的。在许多发达国家，尤其是在欧美，政治和法律体系相对完善、稳定，因此，个人和组织的行为在很大程度上可以预测。然而，在其他一些国家，政治和法律系统很不稳定。一些国家社会动荡、政权更迭，这些不稳定因素实质上改变了法律环境，也改变了商务环境，进而影响到人力资源管理的方方面面，使国际企业无所适从。如南美洲和非洲的一些国家政权更迭频率较高，而每一届政府都有自己新的规则。还有一些国家政府对国际企业的干预较多，腐败现象严重，国际企业在选人、用人、报酬政策等方面会受到来自外界的较大压力。另外，各个国家的人力资源规则和法律有很大不同，如在均等就业、性骚扰、妇女孕期保护等法律方面，各国间有相当大的差异。在许多西欧国家，工会和雇佣法律的存在和成熟使解雇员工变得很难。在某些国家，宗教或伦理差异使就业歧视成为一件可以被接受的事。更有甚者，一些国家的法律常常被惯例所取代，或故意被忽略掉。此外，东道国的移民法有时也会限制外籍雇员的聘用。总之，由于政治和法律的差异，在开始全球性业务之前，对东道国的政治和法律环境有一个全面的认识是非常必要的，否则会在某些问题上出现障碍。

（二）文化障碍

在第三章我们阐述了各国之间存在着文化差异，相应地，在人力资源管理实践上也存在差异。民族文化是指一个国家内部指导人们行为的一套价值观、信仰、语言和准则。例如，亚洲的文化准则推崇忠诚和团队协作，这些准则影响着员工的工作方式。日本是一个典型，在日本，人力资源管理的重点在工作团队上，员工通常期望用忠诚换取终身雇用；而在美国，人力资源管理的重点放在个体身上。显然，这种文化差异有特定的人力资源管理内涵，人力资源管理活动必须与当地的文化准则相适应。然而，要获得不同国家文化差异的信息并不容易，主要原因是当地居民很难向外国人解释本国独一无二的文化特征。此外，东道国公民的受教育程度与状况也直接影响着国际企业的人力资源管理。当然，一定的文化准则具有约束力的事实并不意味着国际企业不应该尝试改变，但最为关键的是，在保持母公司文化性质的同时更要适应当地文化。

（三）经济障碍

首先，国际企业对经济系统的差异必须进行详细研究。在一个资本主义社会系统中，对效率势不可当的需求推动着人力资源管理政策和实践向着强调生产率的方向发展；而在一个社会主义社会系统中，人力资源实践注重防止失业，通常以牺牲生产率和效率为代价。其次，在制定人力资源管理政策和实施办法之前，经济因素对即将开展的全球性业务的影响必须被充分地理解和说明。最重要的经济因素之一可能是东道国与母国之间劳动成本的差异，这种差异会造成人力资源管理政策与实践的真正差异。高劳动成本可能会鼓励公司招聘和选择更有技能的员工，并且更强调效率；低工资比率可能会形成一支需要进行进一步培训和开发的员工队伍。另外，各国经济发展水平的差异，也导致了人们择业观念和报酬期待上的差别。

（四）劳资关系障碍

各国员工、工会和雇主之间的关系差异非常大，这种差异显然会对人力资源管理活动产生巨大的影响。在美国，大部分涉及补偿和利益的人力资源管理政策是由雇主决定的，有时会受到劳动工会的干预；在欧洲，工会的力量非常强大，并和政党紧密联系，各国通常要求有工会或工人代表在董事会中；而在非洲等一些国家，工会要么根本不存在，要么非常软弱。据预测，随着全球竞争力量的变化，在未来的十年中，工会在欧洲的影响力会进一步下降。然而，在一些不发达的国家，如巴西、墨西哥、波兰和罗马尼亚，工会的影响力会上升。另外，像通用电气、大众汽车和沃尔沃汽车这样的公司正试图促成国际谈判，要求全球各公司采纳一个全球性行为准则，这一全球性行为准则将保护全球所有雇员的权利。再者，各个国家集体谈判的差异也值得关注。在美国，当地工会与每个企业谈判确立工资和工作条件；在斯堪的纳维亚地区，工会通常与企业协会签订全国性的协议；在法国和德国，通常是签订行业性或地区性协议；在日本，地方工会在与雇主进行谈判以后再汇总决定全国工资的标准。除了这些差别，工会在全球范围内在雇佣和福利方面的作用是相似的。

（五）健康与安全障碍

随着越来越多的外派人员到国外工作，特别是到一些不发达的国家，健康和安全问题变得越来越重要，成为人力资源管理工作的重要组成部分。在一些国家，医疗设施较落后，医疗护理和药物都较难获得。再一个问题就是能否提供紧急撤退服务。例如，如何撤回和照顾在塞拉利昂因车祸而受伤的外派人员可能会是一个重要的问题。一些跨国公司会为他们的全球员工从全球救助网络（Global Assistance Network）等组织那儿购买紧急救助服务。另外，随着越来越多的国际企业在海外开展业务，针对这些公司和他们的员工的恐怖行动的威胁也在增多，绑架、谋杀、私闯住宅、抢劫和劫持汽车等案件在一些地方相对较多。因而，住在国外的员工个人和他们的家庭必须经常注意安全问题，并接受安全方面的培训。同时，对于处在战火纷飞的国家中的国际企业，如何保证其员工的安全问题成为重中之重。

第二节 国际人才的招聘、选拔、培训与开发

一、国际人才的招聘

（一）国际人才招聘过程

国际人才招聘过程主要经过以下几个步骤：

（1）制订人力资源招聘计划。根据国际企业拓展经营的需要确定需要多少雇员、什么时候需要；雇员应具备什么样的知识、素质和技能。

（2）确定招聘策略。国际企业要确定是由企业人力资源部门或其他部门负责招聘，还是由外部的猎头公司或职业中介公司等负责招聘；同时要明确国际人才来源。

（3）确定招聘渠道，主要有内部招聘、外部招聘和互联网招聘。

（4）实施招聘。

下面我们重点就国际人才来源选择和国际人才招聘的国别差异等问题进行探讨。

（二）国际人才的主要来源及选择

国际企业在选聘国际人才时通常有以下三种途径：一是从母公司挑选那些经过教育和培训，并且取得丰富经验的本国公民；二是从东道国招聘符合条件的东道国人才；三是从第三国选拔跨国人才。如图8-1所示，一般来讲，国际企业的上层主管主要由母公司派出；中下层管理者从东道国或第三国选拔；其他人员尤其是普通员工，则由东道国配备。至于具体的人员配备方式和比例，不同的国家或企业一般都根据自身的具体情况来决定。

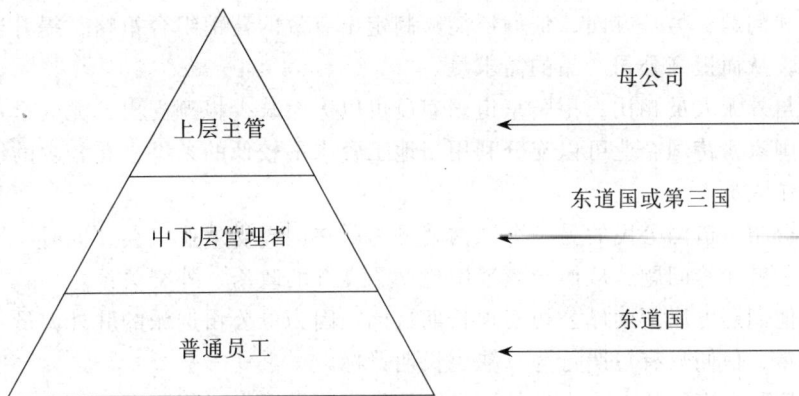

图8-1 国际企业中人才的来源

1.由母公司选派驻外人员

由母公司选派管理人员到海外机构工作，对初期在国外开设新机构的国际企业而言是最理想的选择，因为这些人员对母公司的意图和想法都很了解，而从东道国或第三国中选拔人才就很难做到这一点。同时，母公司对这些外派人员的能力、素质往往比较了解，降低了人才选聘的盲目性。许多跨国公司都通过外派员工来保证国外机构

和母公司之间的有效联系。通常，外派员工也被用来培养母公司的国际经营能力。熟练的外派员工为公司提供了人才储备，当公司在更多的国家建立更多的子公司和企业的时候，这些人才就可以得到利用。

国际企业选派驻外人员时必须考虑到派遣成本，外派管理者的总收入通常是国内雇员薪水和福利的3~4倍，但即使如此高的成本也不能保证外派任职的成功。调查显示，美国国际企业海外任职管理者的失败率通常是10%~40%。而这里的失败率仅统计了那些由于业绩差而被调回国内的管理者，或那些由于自身或其家庭不能适应当地的文化而选择回国的管理者。此外，还有未在失败率上体现出来的，那就是海外管理者的业绩水平普遍低于期望水平。

2.从东道国招聘员工

目前，世界上有些国家尤其是许多发展中国家，把招聘当地管理人员作为国际企业入境经营的条件之一，特别是当跨国公司将当地的企业吞并或买下来后，常常要对原有员工重新选聘。例如，墨西哥法律规定，在墨西哥经营的外国跨国公司，90%的员工必须从墨西哥公民中招聘。因而不管愿意还是不愿意，当今许多跨国公司几乎都是从东道国招聘大部分人员，人力资源本土化正成为国际企业人员招聘的一个新特点。

从东道国招聘人员有许多好处，主要体现在以下几方面：

（1）因为不存在语言上的障碍，故减少了培训费用，解决了外派经理人员及其家庭其他成员适应文化差异的问题。

（2）东道国雇员更了解当地文化、政治、法律和商业习惯。一方面，他们可以利用非正式的关系网帮助国际企业避免那些官僚机构的烦琐手续，并更快地解决公司遇到的困难和问题；另一方面，他们还能够制定出有效的营销组合策略，提升当地市场的购买力，从而提高公司产品的需求量。

（3）与外派人员相比，招聘东道国雇员可以大大减少报酬支出，尤其是在一些不很发达的国家，跨国企业可以充分利用当地工资水平较低的条件，花较少的钱招聘高质量的工作人员。

（4）选聘东道国公民的另一个原因就是为所在国提供就业机会；同时，因为帮助当地解决了就业等问题，从而与东道国建立了良好的政治、外交关系。

（5）他们还可以帮助母公司实现长期目标。因为母公司选派的驻外人员一般在国外只待几年，他们只有短期行为，缺乏长期目标。

但是招聘东道国的人员也有其不足之处，主要体现在以下两方面：

（1）当地的经理人员往往很难在母公司和子公司之间起到桥梁作用。他们已习惯本国的工作方法，有时难以适应总公司的要求。因此，从东道国招聘人员后，先要对他们进行培训，让他们了解母公司的方针、政策和要求，使他们尽快适应。

（2）跨国公司如在发展中国家兴办企业，在当地招聘合格的经理人员和技术工人会很困难，跨国公司得事先做好培训当地雇员的准备。招聘第一批当地雇员可能会是一个挑战，最早的一批雇员帮助组织创造了一种文化，然而出现严重错误的可能性还是很大的。

3.从第三国选聘雇员

随着世界市场和跨国公司规模的扩大，跨国公司的营业额和资产在国外的比例越来越高，其高层管理人员也越来越国际化，不少跨国公司的无国界化趋势更加明显了。现在，许多跨国公司在招聘经理级人员时，更多考虑的是他们的经营管理能力和创新精神，而不是他们的国籍。选聘第三国的人才的好处是，他们精通外语，了解其他国家的文化，因此他们从一个国家到另一个国家去工作不受多少影响，从而减少了国际企业针对雇员的语言培训和解决文化适应问题的成本。这样做还可以使企业有效地利用当地较低工资的优势，用有限的代价来吸引高质量的人才。欧洲的一些跨国企业尤其如此，以瑞士的雀巢公司为例，其最高层管理者有一半都不是瑞士人。一些管理专家认为，采取这样的人事政策是与国际企业的经营优势相一致的，跨国公司不但应该在全球范围内合理地调配和利用自然资源、财政资源和技术，也应该在全球范围内合理地调配和利用人力资源。这样做能克服企业过分注重经理人员国籍的缺点，避免"近亲繁殖"和高层管理者的狭隘，从而使企业更好地挖掘其跨国经营的潜能。

从第三国选用人才有许多好处，但这种招聘方法需要花大笔费用和大量时间，公司还要组织他们进行培训。再者，公司也要对经理们和他们的经营业务采取一些集中控制措施，以便对分公司进行有效管理。另外，若选用拥有东道国国籍的母国人，或具有母国国籍的东道国人，或选用到母国留学、工作的东道国人，或到东道国留学、工作的母国人等具有跨文化背景和思维方式的人担当跨国公司的管理人员，他们会更容易理解和领会两国间文化的差异，也就更能起到一个管理沟通的桥梁和文化翻译的作用，进而实现有效的跨文化管理。

（三）国际人才招聘的国别差异

大部分招聘方面的国别差异体现在不同招聘策略的偏好上，国家文化对寻找雇员的"正确方式"有着重要影响。在以个人主义价值观为主导的国家，如美国，人们相信公开和面向公众的广告是最有效的招聘策略，公开的招聘广告可以扩大可供选择的人才范围，而且这种做法能使所有人都针对空缺职位展开竞争，体现了人人平等的准则。学校招聘被认为只对专业和技术工作有效。管理者们认为，雇员推荐只会招聘到与现有雇员有相似背景的人，因而成功率很低。在以集体主义价值观为主导的社会，招聘则倾向于注重作为组织内人员的家庭和朋友所形成的内部群体。韩国虽属集体主义导向的国家，但驱动韩国企业招聘的却是儒家价值观和西方实用主义的综合，从而形成了一种混合式的招聘体系。在韩国，大多数公司是通过后门招聘（Back Door Recruitment）即雇员推荐的形式来招聘蓝领工人的，尤其是小公司和处于农村地区的公司。社会制度如教育体系也影响招聘，与日本招聘体系相似，韩国企业对管理者的招聘也倾向于利用与原先学校的老关系在有声望的大学寻找候选人，而且更偏爱刚刚走出校门的毕业生，而不是有经验的管理者。公司认为年轻人更容易塑造，以适应特定的企业文化。

二、国际人才的选拔

（一）国际人才的选拔标准

由于在国际人才的选拔中，外派管理者的选拔是极其重要的组成部分，因此一些国际人力资源管理专家列出了管理人员国际任命成功的关键因素。他们认为，尽管专业与技术能力是国际任职成功的先决条件，但其他因素对成功而言，也是同等重要的。这些关键因素主要包括：

1.技术与管理技能

相对于母国国内类似层次的任职，海外任职通常赋予管理者更多的任务、更大的责任和更大的决策自主权，因此只有具备优秀的技术、管理与领导才能的管理者才会有更大的成功可能性。

2.社交能力

社交技能强的人员有能力适应陌生的或模糊无序的环境，他们对不同的文化标准、价值和信仰十分敏感，能够灵活地调整其行为和态度来适应新的文化环境。他们更喜欢同心协力的谈判形式，避免正面冲突。

3.家庭状况

对国际任职人员的选择还必须考虑其家庭状况。有利于海外任职的家庭因素包括：配偶愿意到国外生活的程度、可能派遣的地区对配偶的职业生涯和子女教育的影响以及配偶的交际能力。

4.国际化动力

为了克服更复杂的工作、文化差异以及家庭压力这些困难，管理者必须受到激励以接受外派职位。这些动力可能来自于对企业国际使命的责任感、对任职国家文化的兴趣以及与外派人员职业生涯的发展阶段的契合。优秀的管理者往往不太愿意接受那些他们认为有损其职业前程的任务。

5.语言技能

用东道国语言听、说、读、写的能力是另一个关键的成功因素。具备良好的语言技能的管理者会更容易、更好地发挥其技术与管理技能，并在与当地同事、下属和顾客打交道的过程中获得成功，同时也会增进对当地文化的了解，减缓适应一种新的文化环境的压力。

除了注意这五方面的因素外，跨国企业在挑选海外高层管理者时，越来越重视其海外工作经验和跨国经营管理的才能。当前，跨国公司往往把有培养前途的年轻经理人员派遣到国外工作，使他们及时获得跨文化的管理经验，以便他们在年富力强时能担任需要这种经验的高级管理职务。当前，国际企业总部的高级经理人员中有国外工作经历的人越来越多。

（二）国际人才的选拔方法

大多数成功的跨国公司都会综合运用若干种选拔方法来识别具备海外职位所需才能的人员。常用的方法包括：面谈、标准化的智力测验或技术知识测验、评估中心

（用于测试候选人解决模拟管理问题的能力）、个人资料、工作样本和推荐信等。表8-1列示了外派成功因素和选拔方法。

表 8-1　　　　　　　　　　　　外派成功因素和选拔方法

关键性 成功因素	选拔方法					
	面谈	标准测试	评估中心	个人资料	工作样本	推荐信
职业/技术技能						
·技术技能	√	√	√		√	√
·行政技能	√		√	√	√	√
·领导技能						
交际能力						
·沟通能力						
·文化容忍力和接受力	√		√			√
·对模棱两可的容忍度	√		√			
·灵活适应新的行为和态度	√			√		
·强调适应能力	√		√			√
国际动力						
·愿意接受外派职位的程度	√					
·对派遣区位文化的兴趣	√				√	
·对国际任务的责任感	√					
·与职业发展阶段吻合	√					
家庭状况						
·配偶愿意到国外生活的程度	√	√				
·配偶的交际能力	√					
·配偶的职业目标	√					
·子女的教育要求	√					
语言技能						
·用当地语言沟通的能力	√	√		√	√	√

另外，有些跨国公司还用一些特殊的招聘方法选拔不同类型的人才，如日产公司的方法是请你吃饭。日产公司认为，那些吃饭迅速的人，一方面说明其肠胃功能好，身强力壮；另一方面说明他们做事风风火火，富有魄力，而这正是公司所需要的。因此，对于每位来应聘的员工，日产公司都会进行一项专门的"用餐速度"考试——招待应聘者吃一顿难以下咽的饭菜。主考官一般会"好心"叮嘱你慢慢吃，吃好后再到办公室接受面试，但那些慢腾腾吃完饭的人得到的都是离开通知单。再如，美国电话电报公司有一个招聘方法是整理文件筐。面试官先给应聘者一个文件筐，要求应聘者将所有杂乱无章的文件从文件筐中拣选出来并整理好，规定在10分钟内完成。一般情况下应聘者不可能完成，公司只是借此观察应聘者是否具有应变和处理能力，能否分得清轻重缓急，以及在处理具体事务时是否条理分明，那些临危不乱、作风干练者自然能获高分。

（三）国际人才选拔的国别差异

在国际人才选拔标准和方法方面，要注意各国不同的文化背景。如在典型的以个人主义价值观为主导的美国，其人才选拔的目的在于收集与候选人职位相关的品质信息，因此，理想的选拔是使求职者的特定技能与具体的工作要求相匹配，以往的工作经验、测试成绩以及通过面试观察到的品质都有助于人事管理者或雇用管理者掌握候选人的有关信息。同时，他们注重个人成就（如教育、天赋、经验），而不是像家庭这类的群体联系，许多美国公司抵制裙带关系，禁止雇用亲属。在选拔雇员时，集体主义文化准则更看重潜在的可信度、可靠性和忠诚度，而不是与业绩有关的特征。然而，较大的和技术导向的公司可能更需要具备一定技能的专业管理者和技术人员。在这种情况下，选拔过程更注重的是个人特征，而非技术特征。同时，较年轻的男性应聘者一般更受偏爱，因为他们尚未受到其他公司价值观的侵蚀，并且，他们往往比带孩子的妇女更能投身于工作中。对于日本的国际企业，管理者人选多直接来自大学，由于日本很多公司必须向管理者作出终身雇用的承诺，所以它们选聘的标准主要是个人品质和适应企业文化的潜能。除了技术性很强的工作外，其他大部分工作的招聘都很少考虑大学所学的专业。

三、国际人才的培训与开发

（一）外派人员的培训与开发

国际企业招聘的国际人才一般都要进行上岗前的培训，尤其是外派人员，必须向他们介绍所去国家的文化、风土人情以及出国工作的注意事项，让他们从思想上做足充分的准备，使他们对异国的不同文化背景、工作环境、职业生涯发展机会、生活上可能遇到的不便以及两国间在其他方面的基本差异等有一个深刻的了解。如果不重视对跨国人员的培训，将给跨国企业带来严重的损失。美国学者的研究显示，99.9%的驻外人员不能适应海外公司工作的原因，主要是不能适应海外不同的文化和工作方式。美国人在英国伦敦工作的有18%不能适应，在比利时布鲁塞尔这一比例达到27%，在东京有36%，在阿拉伯国家比例更高。由于美国人很不理解阿拉伯国家的文化背景，100名美国人派到阿拉伯国家就有68人提前回国。除了提前回国外，驻外的美国人还有30%~50%不能高效率或有效地在外工作。从经济上看，对于每一个不成功的驻外美国人，所在公司要损失大约4万美元到25万美元，这还不包括公司形象的损失以及今后公司的贸易合作损失等。由此可见，对到海外公司工作的人员进行培训非常重要。根据相关经验，对外派人员的培训与开发应包括以下几个方面：

1.启程前的指导与培训

临行前对外派人员及其家人的指导和培训，对外派任务的完成有重要的影响，培训的主要内容包括以下几方面：

（1）所在国的情况介绍及课程培训，即向驻外人员及其家属系统地介绍所在国的政治制度、政府机构、经济体制、历史背景、文化传统、生活条件、医疗状况、服饰与住房情况以及签证的申请办法等。其中，要特别加强文化差异的培训，可以通过录像、电影等介绍所在国的文化和价值观，促使驻外人员认识到文化上的差异，正确处理好与外国同事的关系。

（2）敏感性训练。这是跨文化培训的一种重要方式，是为了提升人们对不同文化环境的反应和适应能力，促进不同文化背景的人之间的沟通和理解。敏感性训练的目标一般包括：①使一个人能更好地洞悉自己的行为，了解自己在他人心目中是如何"表现"的；②更好地理解他国文化特征；③在集体活动过程中，培养跨文化的判断问题和解决问题的能力。其具体做法包括把具有不同文化背景的员工或在不同文化地区工作的经理和职员集中在一起进行专门的文化培训，通过实地考察、情景对话、角色扮演、小群体讨论等方式，打破每个人心中的文化障碍和角色束缚，加强具有不同文化背景的员工之间的合作意识和联系。

（3）所在国的语言训练。其主要是加强口语和听力训练，可以请大学教师或所在国语言专家对拟驻外人员进行培训，使他们能够在短期内提高口语和听力水平，以便于开展工作。

（4）工作职责与待遇。应向驻外人员讲明公司的政策，驻外人员的岗位职责、权限；在外的期限；休假、工资、奖励和补贴，所得税的缴纳；回国后的待遇等。

2.抵达后的帮助与培训

外派人员到达所要去的国家后，公司应安排接待，让他们休息好，尤其是让他们适应时差、饮食习惯，然后对其进行抵达后的培训，其内容包括以下两方面：

（1）所在地环境介绍。首先介绍公司所在地的基本情况，包括语言特点、文化差异、风俗习惯、交通状况、商店和银行的分布、如何获得住房、开立银行账户、获得驾驶执照、安排孩子入学以及建立医疗关系等。这种介绍可以使刚抵达的外派人员和他们的家庭很快熟悉周围环境。

（2）公司的情况介绍及相关培训。公司应派专人向新来者介绍公司的基本情况，他们今后工作的部门与地点、岗位职责、合作的同事、公司对他们的要求等，并就公司文化、管理制度等进行相关培训，使其尽快了解公司情况，有效、有针对性地开展工作。如果能请有经验的人给他们介绍在海外公司工作的亲身体会，可以使他们少走弯路，更快地适应当地的工作环境。

3.就职期间的培训与开发

（1）提升技能。外派人员刚到所在国开展工作，肯定会遇到各种各样的问题和困难，母公司应调动已有的资源和信息，帮助其提升跨国工作技能，以顺利完成工作任务。

（2）职业计划。员工去国外工作最担心的就是：他们不被注意，影响他们持续的事业发展。所以，外派人员的国外工作经历，应被看成对公司和外派人员自身的事业都是有好处的。解决这一问题的一种方法就是，定期邀请外派人员回国，进行互动，并邀请经理人员和专家参与外派人员的职业发展规划。另外一个有用的方法就是建立监测系统。在这个系统中，外派人员与公司总部的一名经理建立一对一的联系。这名经理和外派人员经常交谈，讨论外派人员在公司总部的升迁和职业发展等问题，并解决外派人员在该公司总部遗留的问题。持续的就业机会是国际员工保证职业发展的另一种方法。

4.归国培训和发展

归国指的是将外派人员调回国内。不少外派人员发现，回国后他们要面对对母国文化和生活环境的重新适应问题。对许多跨国公司而言，将外派人员调回国内并重新使其融入公司是一个很困难的问题。一项调查指出，61%的外派人员觉得，他们没有机会运用他们的国际经验。在多年充满挑战的国际化任职后，3/4的归国人员认为他们目前的工作级别降低了，有25%的人想离开公司。在归国后两年内，流动率可能高达50%。管理者在返回母国重新从事原来相关工作时所面临的困难被称作"归国问题"。这些难题可以通过以下方式得到解决：

（1）为归国提供培训和帮助。该项工作可在外派人员归国前6个月开始，首先是向其提供母公司的信息，通报公司当前的变化和存在的工作机会，针对其下一项任职所安排的特定培训。另外，为了克服归国初期的困难，公司可帮助其寻找住房，如有必要还可以调整薪酬体系。

（2）职业规划设计。人力资源管理部门和外派人员的上级可帮助其规划归国后的相关工作，充分利用外派人员的经验推进组织的目标，使其归国后能够顺利发展。

（二）开发新型国际专门人才：国际骨干

所谓国际骨干（International Cadre），是国际企业创立的，专门从事国际任职的独立管理者群体。国际骨干有永久的国际任职，他们聘自任何国家，被派往世界各地担任跨文化沟通工作，同时开阔公司的全球视野。他们的主要工作是促进所有组织区位和所有国籍的跨国雇员的信息共享和学习。

与国家的外交官相似，国际骨干的职业生涯就是不断地接受国际任职。他们通常致力于发展他们自己的国际组织文化，这种文化与其公司的主流组织文化有一定的差别。例如，科尔盖特-帕尔莫利夫公司将国际骨干称为Globalites。在大多数美国公司，管理者在第一次国际任职前一般都有10年以上的工作经验，而科尔盖特-帕尔莫利夫公司第一次国际任职的管理者都是刚刚走出大学校门的毕业生，他们将有长期的全球范围的职业生涯。欧洲的国际企业比美国国际企业更为普遍地选用永久性的国际骨干，他们认为有必要发展一种能增强各级组织的国际意识、忍让与合作的组织文化。

（三）国际人才培训与开发的国别差异

国际人才培训与开发方面的国别差异主要指各国教育制度和文化上的差异。通常来讲，美国的国际企业最普遍的培训主题是国际管理技能、技术技能和语言能力，而且为了培养真正的全球管理者，在员工管理生涯的早期就提供全球培训和派遣机会，并提供语言与跨文化培训，为在全球环境下开展相关业务做准备。通用公司认为，具有全球视野至关重要，即使一些管理者永远没有可能被派往海外任职。宝洁公司的培训主要是对新管理者和中层管理者强调国际事务。高露洁棕榄公司的一些管理者在他们最初的5年职业生涯中有3次国际任职的机会。而日本国际企业的管理培训，除了一些与公司有关的技术因素外，还包括对公司文化的忠诚和精神教育，即强调性格开发，如困难时刻的忍耐力、承担社会责任以及合作的习惯。在管理开发方面，日本的国际企业也经常选派管理者到美国或欧洲的名牌大学去攻读MBA或其他管理学位，公司的目的并不是开发管理者个人的管理技能，而是希望这些管理者学习外国的语言和文化，以及了解竞争对手的商业习惯，然后学成回国报效公司。

第三节　国际绩效评价与报酬决定

一、国际绩效评价

（一）海外管理人员的绩效评价

1.影响海外管理人员绩效评价的因素

对国际企业来讲，如何对员工进行绩效评价是一个很重要的问题，因为企业很难用一个统一的标准和方法对处于不同国际环境下的雇员进行有效的评价，尤其是海外管理人员。通常来讲造成海外管理人员业绩考核难的主要因素有以下三个：

（1）总公司的战略目标。国际企业进入某个特定的国际市场常常是出于战略方面的考虑，而不是其国际经营所带来的直接利润。了解、开拓新市场或应对挑战、追随国际竞争对手的战略目标可能会使一些子公司陷入亏损状态，在这种情况下，如果依然采用像投资收益率这样的业绩考核指标来衡量，那么当地管理者的业绩就会很不令人满意，尽管他们为实现总公司的总体目标作出了很大的贡献。

（2）环境因素。首先，国际环境常常是瞬息万变的，政治、经济及其他环境因素的快速变化经常会使外派管理者难以实现总部所制定的合理的业绩目标。其次，由于制度、文化差异等原因，各国的人力资源管理有很大的差别。比如，假期的天数、可接受的工作节奏、当地的平均工作效率、对当地工人培训的类型及时间长短等都会直接影响管理者的业绩。

（3）信息的可靠性。一方面，当地组织与母公司之间地理上和时间上的差别，使得外派管理者和当地管理者与总部之间的有效沟通大大降低，总部无法随时、全面了解海外管理者的情况，从而影响到业绩考核。另一方面，由于会计准则的不同，用以衡量当地企业业绩的数据可能与母国有较大的差别，因而失去了可比性。

2.海外管理人员绩效评价的标准与方法

为了提高对国际管理者业绩考核的有效性与可靠性，应对评价的标准与方法进行适当的调整。

（1）评价标准与战略目标相适应。母公司应认真考虑其国际经营目标与各海外分支机构目标间的关系，进而确定恰当的评价标准。

（2）根据环境不同对评价标准进行适当的调整。好的国际绩效评价要求高层管理者采取各种有效的方式，及时、全面地了解外派管理者和当地管理者所处的环境与面对的问题，并根据与工作有关的当地环境状况而作出合理调整。

（3）采用全面合理的评价标准与方法。国际环境的复杂性要求国际评估要比国内评估掌握更多的信息，采用更恰当的评价方法，如目标管理评价法及360度评估法。另外，在评价标准方面，除了一系列经济指标及基本指标外，还应包括子公司目标实现情况、跨文化沟通能力、谈判技能、团队建设情况等。

（二）绩效评价的国别差异

不同国家的制度体系和文化价值导致了其绩效评价标准与方法上的较大差异。如美国的绩效评价体系代表着一种信奉个人的权利、义务与报酬之间联系的文化价值观，同时还代表着一种提倡机会平等的法律体系。这样，理想的美国绩效评价体系是具有高度理性、逻辑性和合法性的。业绩标准反映了管理者可接受的工作产出的质量或数量目标。这些标准包括与工作有关的知识、质量、数量和创造性。例如，一名秘书被期望每分钟能打一定数目的单词，而不仅仅是一天工作几个小时。业绩评价是按照业绩标准对雇员进行客观的和比较性的评估，最常用的方法是使用某种评分标准。业绩评价结果一般通过上下级之间的正式面谈进行反馈。在集体主义文化中，绩效评价与员工年龄和群体内成员身份（通常是家庭或社会地位）密切相关。也就是说雇主和雇员都认为，人力资源决策应当更多地考虑个人背景特征而不是成就，这才是正确的和公平的。由于重要的是为群体利益工作，所以群体成员会根据工作业绩而含蓄地赞扬或惩罚他人。管理者也可以采取间接方式惩罚业绩差的员工，如取消正常的关爱或通过中间人（通常是亲属）采取行动是很普遍的。通常，各级管理者依据年龄和资历都能得到相应的薪资和晋升，对他们来讲减少管理者之间的竞争、保持群体内的和谐比确定和开发业绩优胜者更为重要。

二、国际报酬决定

（一）有效的国际报酬政策应具备的特点

国际企业能否为其国际雇员提供适当的工资待遇，对于企业能否充分发挥国际人力资源的作用，进而增强其国际竞争力起着十分重要的作用。根据一些学者的研究，有效的国际报酬政策应该具有以下三个特点：一是能使海外分支机构的工作对国际雇员有足够的吸引力，从而留住合格的人才。二是要使本跨国企业的报酬政策与其主要竞争者相比有较强的竞争力。三是母公司与各子公司的薪酬制度之间应有一个稳定的关系，使企业国际雇员能十分便利地在母公司与子公司之间或者子公司与子公司之间进行调动。总之，国际企业应该考虑到本国的国情和企业的实力，制定一套既符合国际标准又适应东道国国情的、具有竞争力的国际薪酬制度。

（二）外派人员的报酬决定

1.基于母国标准的报酬体系

基于母国标准的报酬体系的特点是：所有的外派人员，无论在哪一国分公司工作，均按母国的报酬政策支付报酬。这使得外派人员能用其本国的标准去衡量自己的工资收入的高低，使他们在回国时不至于感到太大的差别。这种方法对高工资国家国际企业人员比较适用，而对低工资国家的国际企业人员就很难做到，因为按照本国的工资水平到海外根本无法生活。因此，跨国企业必须根据所派人员要去的国家的工资福利水平来考虑工资福利制度。

2.系数法报酬体系

系数法报酬体系又被称作平衡表法报酬体系，它将跨国人员的工资分解为一些"工资因素"，然后根据本国和所在国有关法律条文对"工资因素"进行调整，使外派人员的工资水平保持一致。最后用"工资的系数"值来对整个工资进行综合平衡调整。外派人员的报酬一般可分为货币形式及非货币形式两类，其中以前者为主。

货币形式的报酬主要由以下几部分组成：

（1）基本工资。这部分收入与其所任职务相联系，通常是确定奖金、津贴等的基础。多数跨国公司让其海外职员的基本工资保持不变，主要是为了方便他们返回国内的公司工作。

（2）海外任职津贴。这是为鼓励雇员到国外任职而发给的额外报酬，为基本工资的5%～30%，只要在海外工作就有任职津贴。这种奖金毫无疑问可以吸引并保留雇员在海外任职。

（3）生活费津贴。这种"生活费"包括购买食品、衣物、日用品、医疗、住房等方面的生活开支。到国外任职的雇员，尤其是举家迁移的雇员，往往要支付一笔不小的安家费。另外，移居之初，多数人原来的生活习惯、方式及消费偏好一时难以改变，而要在不同国家维持这种习惯可能要增加开支。例如，一位欧洲雇员被派到中国工作时，会因不习惯中式餐饮而到当地西餐厅进餐，而相同档次的西餐的费用在中国往往高于中餐。

（4）艰苦条件津贴。为鼓励雇员到条件艰苦的东道国任职，公司会发给他们艰苦条件津贴。所谓"艰苦条件"可以指地理位置不好或自然条件恶劣，也可以指经济发展落后，生活条件差或政治、社会环境不好。

（5）子女教育津贴。跨国公司的海外任职人员的子女在东道国上学时，可能要比他们在母国交更高的学费；还可能由于语言、教育体制等原因不得不去第三国或留在母国上学，这都会增加雇员的经济负担，因而，跨国公司往往会付给雇员子女教育津贴。

（6）税负调节津贴。如果海外任职人员的总税负超过他们原来在母国的纳税负担，跨国公司一般都会通过税负调节津贴加以补偿。研究显示，税负调节津贴一直是美国跨国公司驻外人员报酬中仅次于基本工资和奖金的一笔开支。

除货币形式的报酬外，各种非货币形式的报酬也能鼓励雇员去海外任职并影响他们的作为。主要有：免费旅游、带薪度假、保险、住房等方面的福利，以及上级的器重与认可、来自顾客或下属的肯定评价与尊重、职务的提升、令人羡慕的工作岗位的同级调动、事业机会的获得、学习新知识与培养新技能的机会、出色完成艰巨工作的心理满足感等。

3.基于东道国标准的报酬体系

尽管系数法报酬体系有许多优越性，但外派人员报酬的成本过高问题一直困扰着许多国际公司，因此，许多公司开始逐渐降低外派人员对这种津贴和补助的依赖。这些公司认为，作为外派人员，特别是长期任职的外派人员，并没有什么特别之处。在任职一段时间后外派人员应当适应当地的生活方式和消费水平，相应地减少对他们的各种补贴，并根据当地或地区市场来决定报酬水平。这被称作基于东道国标准的报酬体系。一些公司通过提供可选择的津贴来加快这种调整，外派人员在一定的财务界限内可以选择最符合其需要的津贴。如惠普公司将短期（1～2年）外派人员的报酬与母国人员的报酬水平相联系；对长期外派人员则将其报酬转换成当地报酬水平。对于从高收入国家调到低收入国家的员工，则临时发放过渡薪金，以减轻对调整的不适。

4.全球性报酬体系

全球性报酬体系采用世界范围的工作评价和业绩考核方法来评价国际雇员的工作对公司的价值，并采用世界范围的报酬标准，合理地支付其报酬。全球性报酬体系与系数法报酬系统在某种程度上具有相似性，通常仍然保留由于生活费用、税收、居住方面的费用差别而支付的补贴，但并未对报酬加以平衡以保证外派人员维持母国的生活方式。对这一标准做必要的调整，目的是减少对外派人员进行额外补贴造成的浪费，消除造成接受任职前后报酬差异的因素，促进所有长期国际骨干的报酬平等，使管理者在国与国之间迁移时其生活方式只受到最低限度的影响。拥有1 000多名国际骨干的跨国公司 The Seagram Spirits and Wine Group 公司开发了一种源于全球工作评估的国际骨干报酬系统，以保证同工同酬。为了在不同地区间平衡这个报酬体系，它将管理者置于地区报酬的最高级别。但是，管理者为维持这种报酬级别，必须实现利润绩效目标，而且所有奖金都计算在基本工资之内。

（三）报酬政策的国别差异

不同国家以及国内不同企业之间在员工报酬政策上存在着广泛差异。其中当地工资率、文化传统、法律制度和工会地位等国家因素，以及工作在组织中的重要性、雇员对企业的相对价值、组织的能力等内部因素都直接影响着其报酬政策。如美国劳动力市场人员流动性极高，其个人主义文化决定了他们的职业生涯具有个人属性，晋升和高工资的诱惑往往导致雇员离开一家公司。因此，94%的美国公司利用有关薪资比较的调查资料来决定报酬，并利用富有竞争力的工资来维持一支合格的劳动力队伍。同时，美国公司报酬的增加主要取决于员工业绩，法律也保证了人们获得与其所从事的工作类型相符的公平报酬。美国雇员的福利主要包括退休金计划、医疗保险、社会保障保险、失业保险、职业补贴、病休和有薪假等。尽管如此，美国企业的福利水平仍落后于欧洲国际企业的福利水平。

在集体主义价值观导向的国家，如日本，公司在很大程度上是根据职位等级来决定底薪的。职位都存在对技能和教育程度的要求，对那些急需用人的职位会给予较高的工资，而奖金则取决于职位的分类。日本、韩国等国家的雇员经常将对公司的忠诚看得比高报酬的机会更重要，这些国家的企业强调资历与团队和睦精神，且将其作为影响工资构成的因素。除了基于年龄、晋升和功绩的提薪外，日本公司报酬体系的另一个重要部分就是奖金体系。许多韩国公司也采用类似的体系。在通常一年两次的传统的送礼季节，雇员会得到相当于基本工资30%的奖金收入。另外，日本工人的工资远远高于其他东亚国家和地区的工资，而且通常男性比女性更有可能晋升到高薪职位。

总之，在多个国家经营的国际企业可能需要多种不同的报酬体系，特别是对东道国人员更是如此。对每个东道国公司来讲，员工的报酬水平都必须同当地劳动力市场的工资水平相匹配，不能达到当地工资标准会导致雇用低素质的工人，并可能恶化与东道国政府的关系。除此之外，跨国管理者还必须考虑到各国国内的地区差别，从而制定出符合当地标准的报酬体系。

第四节 国际企业的人才激励

最优的战略、最优的组织设计以及最优的人力资源等管理政策都不能保证国际企业在全球竞争中的成功。国际企业的管理者还必须懂得怎样激励处于不同的文化背景并对工作怀有不同期望的各国员工。因此，本节围绕国际企业的激励问题展开论述。

一、工作动机、工作价值与工作激励

（一）工作动机

众所周知，动机是指人们为了满足一定的需要、达到一定的目标而付出努力的愿望。其中，需要是指尚未满足的需要，是人们对某种事物或目标的渴求和欲望。当人有了动机之后就会导致一系列寻找、选择、接近和达到目标的努力行为。而对于组织来讲，只有当员工的需要和目标与组织的目标相一致时，这种努力才是有价值的。因此，管理者的职责就是结合员工的需求，激发诱导其恰当的动机，使其朝着组织期望的目标努力，并通过合理的反馈来强化这种需求、动机和努力。

实质上所谓工作动机讲的是人们为什么要工作。关于这个问题，一个名为"世界

价值观调查和欧洲价值观调查"（WVS/EVS）的机构，在拥有世界人口大多数的50个国家和地区进行了调查，每个被调查人都被问到为什么工作，可供选择的答案有：提供必需的收入、安全感、和别人交流以及一种成就感。该调查发现，来自不同国家的人对这些选项给予了不同程度的重视。大多数处于经济转型期的国家（如阿塞拜疆和立陶宛）和许多发展中国家（如印度）认为取得必需的收入比其他职能更重要，这大概反映了在许多这样的国家里工作收入对生存至关重要的实际情况。许多来自集体文化和社会民主意识强烈国家的人（如日本、挪威）则认为和别人交流及成就感更重要。因此，当制定激励策略时，国际企业管理者们绝对不能想当然地认为来自不同国家的人对为什么工作拥有一致的原因解释。

（二）工作价值

由于不同的文化背景，不同国家的员工需要不同，工作价值也大有区别。美国学者乔治·英格兰领导的研究小组曾对8个国家的员工工作价值进行了研究和分析，试图区分和理解在工业社会中群体及个体的工作价值观。下面我们通过"工作中心性"这一变量来了解一下研究的结果。

工作中心性被定义为：在任一时点上，在个人生活中工作所具有的重要性的程度。它显示了工作与闲暇、家庭、团体、宗教相比的重要性。表8-2显示了8个国家工作中心性的差别。

表8-2　　　　　　　　　　　　　各国工作中心性指标表

工作中心性得分	国家	年工作时间 N
7.78	日本	3 144
7.54	塞尔维亚	521
7.10	以色列	893
6.94	美国	996
6.81	比利时	446
6.69	荷兰	976
6.67	德国	1 276
6.36	英国	409

（左侧：工作是生活中心；右侧：工作是生活中心）

那些工作中心性高的国家的人们通常工作时间更长。例如，日本员工比其他工业化国家的相当级别的工作人员投入更多的工作时间。通常高水平的工作中心性会造就献身事业的员工和高效率的组织。

（三）工作激励

激励实质上是一种对人的行为的强化过程。所谓工作激励，就是从员工未满足的需要出发，激发其恰当的工作动机，从而使其表现出积极主动、富有创造性的工作行为，进而达到组织目标，并满足其个人需要的过程。美国哈佛大学心理学家威廉·詹姆士通过对员工激励的研究发现，在计时工资下，一个没有受到激励的员工仅能发挥其能力的20%~30%；如果受到正确而充分的激励，其能力就能发挥到80%~90%，甚至更高。

虽说所有人都有一定的基本需要（如对食物和住所的需要），但是国家环境（文化和社会制度）影响激励过程的每一步。图8-2右边列出了国家环境对工作激励过程的影响，括号内以美国和日本为例，举例说明这两种典型的个人主义文化与集体主义文化的差别。

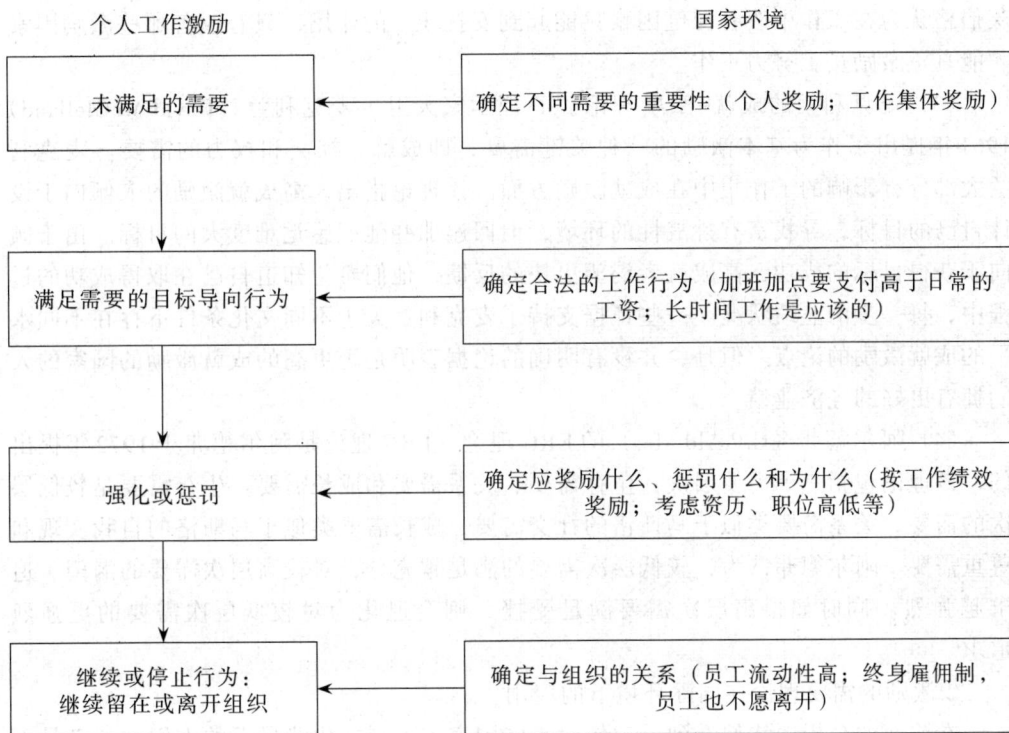

个人工作激励　　　　　　　　　　　　　　　　国家环境

| 未满足的需要 | ← | 确定不同需要的重要性（个人奖励；工作集体奖励） |

| 满足需要的目标导向行为 | ← | 确定合法的工作行为（加班加点要支付高于日常的工资；长时间工作是应该的） |

| 强化或惩罚 | ← | 确定应奖励什么、惩罚什么和为什么（按工作绩效奖励；考虑资历、职位高低等） |

| 继续或停止行为：继续留在或离开组织 | ← | 确定与组织的关系（员工流动性高；终身雇佣制，员工也不愿离开） |

图8-2　工作激励过程与国家环境

二、在国际环境下应用激励理论

（一）在国际环境下应用激励的需要理论

1.四种有关激励的需要理论

在考察国际企业应用激励的需要理论之前，我们首先简单回顾一下四种需要理论。

（1）马斯洛的需要层次理论。美国心理学家亚伯拉罕 H. 马斯洛（Abraham H. Maslow）在1943年提出了著名的需要层次理论。该理论指出人类有五种基本类型的需要：生理需要、安全需要、社交需要、尊重需要和自我实现的需要。他认为这五种需要是由低到高依次排列的，只有较低层次的需要得到了满足，才能产生更高一级的需要，一旦一种需要得到满足，那么就不再产生激励作用。现在关于马斯洛理论的观点是：尽管存在两种分别表示较高和较低层次的需要，需要层次并不是依次起作用的。

（2）弗雷德里克·赫茨伯格（Fredrick Herzberg）的双因素理论。该理论是由美国心理学家赫茨伯格于20世纪50年代末提出的。该理论假定工作有两种基本属性：激励属性和保健属性。激励属性包括具有使人们满足较高层次需要的工作特性，如有提升机会的工作。保健属性包括具有使人们满足较低层次需要的工作特性，如良好的收益和工作条件。同其他的需要理论假定满足任何类型的需要都能产生激励不同，赫茨伯格认为在工作中改善保健因素只能起到安抚职工的作用，只有改善那些激励因素才能真正激励员工努力工作。

（3）麦克利兰的成就–激励理论。心理学家大卫·麦克利兰（David McClelland）1961年提出了作为基本激励的三种关键需要，即成就、社交和权力的需要。麦克利兰大部分有影响的工作集中在成就激励方面。该理论指出，高成就激励的人倾向于设计自己的目标，寻找富有挑战性的环境，但回避那些他们感觉难度大的目标。由于倾向于获得目标的成功，高成就者渴望更快的反馈，他们希望知道自己在取得成功的过程中，每一步的业绩状况。一些证据支持了麦克利兰关于不同文化条件下存在不同水平的成就激励的论点。但是，并没有明确的论据表明是否更高的成就激励的国家的人们拥有更好的经济业绩。

（4）阿尔德弗（C.P.Alderfer）的ERG理论。ERG理论是阿尔德弗于1972年提出的，该理论包括三个需要层次：生存需要、关系需要和成长需要。生存需要是较低层次的需要，关系需要类似于马斯洛的社交需要，成长需要类似于马斯洛的自我实现和尊重需要。阿尔德弗认为，较低层次需要的满足越充分，对较高层次需要的渴望、追求越强烈。同时如果高层次需要满足受挫，则会退化为对较低层次需要的更强烈追求。

2.激励的需要理论在国际环境下的应用

在前面的分析中我们看到，工作对不同国家、不同文化背景下的人们的意义是不同的。人们在寻找工作时，是根据兴趣、受尊重程度还是报酬来确定工作类别，表明了人们工作需要的不同。根据需要理论的观点，工作需要的不同，导致激励的行为和手段也大不相同。

（1）不同国家的人们对与工作相关的满足需要的来源并未赋予相同优先级，但一般来讲具有相似文化背景、地理位置较近的国家在工作需求方面常常有相似性，如日本和韩国，中东地区国家等。因此，管理者应识别在工作中存在的潜在的满足需要的不同文化差异，重点提供满足这些需要的工作。

（2）即使不同国家的人们具有相似的需要，这些需要的重要程度也是不一样的。例如一家跨国公司发现，工作兴趣（某些满足成长需要的工作）对日本、英国和比利时的工人来说，是最重要的，但工作兴趣对比利时工人来说比对日本和英国的工人相对更重要一些。对于同样程度的需要，不同文化背景的人们满足需要的来源也不同。例如，不同文化背景的人们都认为感兴趣的工作最重要，但是，他们对什么是感兴趣的工作却持有大相径庭的观念。

（3）一个国际企业管理者怎样识别在那些缺乏信息的国家里存在的工作需要的差异呢？老练的国际企业管理者应该能够预见基于不同文化背景和价值标准条件下的员工需要的差异。如在高权力距离的墨西哥，可利用遵从标准和规则来进行工作激励；而在高不确定性回避的比利时，增加工作安全性则极为重要等。

（二）在国际环境下应用期望理论

1.期望理论

期望理论是美国耶鲁大学教授、心理学家维克托·弗鲁姆（Victor H. Vroom）首先提出的。其基本观点是人之所以能够积极地从事某项工作，是因为这项工作或组织目标会帮助他们达成自己的目标，满足自己某方面的需求。所以，弗鲁姆认为某项活动对某人的激励力取决于该活动结果给此人带来的价值以及实现这一结果的可能性。公式可以表示为$M = V \cdot E$，其中：M为激励力，表示个人愿意为达到目标而努力的程度；V为效价，即活动的结果对个人的价值大小及满足需要的程度；E为期望值，即个人对实现这一结果的可能性的判断。这里的期望值包括两个方面：一是个人经努力后能达到组织目标的概率；二是组织目标能实现个人目标的概率，期望值是这两个概率的乘积。

2.期望理论在国际环境下的应用

国际企业在运用期望理论时，一般来讲可以主要从以下两个方面入手：

（1）满足被激励人的迫切需要，提高活动结果的效价。如东欧一些国家的工人将工作保障置于比奖金等其他需求更重要的位置上，此时管理者就可以以工作保障上的承诺来换取其更努力地工作。因此，国际企业管理者必须对特定国家和当地文化环境中的主导型需求具有敏感性，进而采取最恰当的激励方式。

（2）关注目标实现的期望值，既要使个人有信心达成目标，同时也要提高个人对组织满足其需求的期望。国际企业管理者必须注意由于不同的文化背景所产生的人们对自己能力评估的不同。比如，在东方文化中，员工倾向于低估自己的能力，即使他们有能力完成目标，往往也会表现出信心不足。因而，管理者应找到在文化上适合说服他们的方式，使他们相信其努力将会达到所希望的目标。同时，公司也应准确传递其有能力和诚意促成个人目标实现的信息。

（三）在国际环境下应用公平理论

1.公平理论

公平理论是美国心理学家亚当斯（Adams）于20世纪60年代首先提出的。其基本观点是，当人们获得成绩并取得了报酬之后，他不仅关心报酬的绝对量，还关心报酬的相对量，即只有当$O_p/I_p = O_x/I_x$时才会感到公平。其中O_p为自己对所获报酬的感觉；I_p为自己对所付出的感觉；O_x为对参照系的报酬的感觉；I_x为对参照系的付出的感觉。这里的报酬可能包括工资福利、被尊重程度、职位的升迁、人际关系的变化及其心理上的报酬（如感到被承认、更安全、更快乐）等；所谓的付出不仅包括工作的质量和数量，还包括教育、经验、努力程度等。但是应该特别强调的是，这里的报酬和付出都是个人的主观感觉，由于各人感知的精确度不同、判别的标准不同，因而对同一种报酬和付出可能会产生不同的感觉。

2.公平理论在国际环境下的应用

心理学家区分了三种在不同文化环境下应用的报酬分配原理，即公平原理（基于贡献）、平均原理（基于报酬平均分配）和需要原理（基于人的需要）。在对这三种报酬分配原理的跨国考察报告中，这三种原理具有如下关系：

（1）在个人主义文化中盛行公平原理。如在美国的奖金报酬、目标管理和大多数业绩评价系统的管理实践中采用公平原理，报酬是根据业绩确定的，努力工作就能得到好的报酬，经理等高级管理人员的经营业绩奖励可通过持股、分红等方式体现出来。相比之下，在另一些社会文化中，年龄、社会地位和成员资格也许会比实际努力和工作业绩更重要，如在一些亚洲国家，大部分人会认为一名年轻的员工比年长的员工得到更多的报酬是不公平的，即使他们做相同的工作。

（2）在集体主义文化中，平均原理比公平原理盛行。在平均意识很强的社会中，至少对群体和团队的成员来说，平均报酬更受欢迎。例如，一项有关以色列公司的研究表明，40%的工人认为奖金体制是不公平的，即使因此而增加他们的收入，他们建议公平报酬应贴近群体而不是个人。

（3）在一定条件下需要原理比公平原理盛行。一项研究表明，印度的管理者宁愿选择基于需要的报酬，而不是基于平均和公平的报酬。特定的集体主义文化赋予人们需要的价值高于个人贡献价值的观念。

（四）在国际环境下应用目标设定理论

1.目标设定理论

目标设定理论是由美国马里兰大学心理学教授洛克（E.A.Locke）通过实验室研究和现场试验结果提出的。目标设定理论的原理是：具体明确、有一定难度的目标，一旦能被执行者接受，便会产生强烈的为达到目标而工作的愿望；同时，通过提供工作反馈和目标实现后的内在、外在报酬，增强其实现目标的动力。目标设定理论在管理实践中的实际应用是通过目标管理法（MBO）实现的。

2.目标设定理论在国际环境下的应用

研究发现，无论在哪个国家，目标设定在某种程度上都是有效的，设定目标确实能从正面影响行为。但是，有关下属是否会参与并同管理者一起设定目标，以及为群体设定目标和为个人设定目标哪个更优，这些都存在着文化上和期望上的差异。

（1）在个人主义的文化环境中，如在美国，设定个人目标比设定工作群体目标更为有效。在微软，首先为每个员工制定个人目标，然后将绩效评分与个人的工资、持股和奖金挂钩。在这种文化环境中，人们不愿意为群体成果承担责任。

（2）相对于个人主义文化环境中的人，集体主义文化环境中的人更愿意参与目标设定的过程，反应会更积极，因为参与会加强员工的主人翁意识和责任感，这与集体主义文化价值观是相符的。在这种国家，通过制定团队目标和团队激励将更有效。

（3）在集权性较强的文化环境中，员工参与设定目标不会产生任何正面影响，员工希望领导者设立目标，然后告诉他们如何去做。

（五）在国际环境下应用强化理论

1.强化理论

强化理论是美国著名的心理学家斯金纳（Skinner）提出的，该理论着眼于通过强化引导人的行为，使其朝着组织所期望的方向行进。强化是指对一种行为的肯定或否定的结果（奖励或惩罚），它在一定程度上决定该行为是否重复，管理人员只要控制行为的后果（奖惩），就可以达到预测和控制人行为的目的。一般来讲常用的强化手段有：正强化（如奖励）、负强化（如惩罚）、不强化（如冷处理）等。但大部分管理人员在运用强化理论时，经常使用正强化来鼓励所希望发生的行为，而慎用惩罚手段。

2.强化理论在国际环境下的应用

不同国家的人们对工作期望不同的回报，因此，不同的群体会对不同的强化方式产生不同的反应。跨国公司管理者在进行奖惩时，要考虑这种奖惩措施的可行性。国家文化和社会制度限定了认可和合法的回报。比如在德国，工资利益在国家中是固定的，并且不可以作为特定目标行为的组织回报。在日本，员工通常认为公开的表扬是令人为难的，这暗示了某人比他（或她）的同事要强一些。这种窘迫和被工作群体的潜在排斥会使公开表扬成为惩罚而不是一种回报。然而，当国际企业在管理中找到文化上和制度上认可的强化方式时，强化理论是有效的。例如，墨西哥的公司通常采用惩罚手段来控制迟到，如在30天的时间里每迟到3天就扣一天的工资。有家公司则对准时上班的员工给予奖金，以这种方式进行正面强化，代替惩罚迟到，其迟到率由9.8%降至1.2%。

（六）在国际环境下应用工作设计理论

1.工作设计理论

工作设计是通过改变工作职能和任务的性质而使工作更富有激励性的一种方式。早期的关于工作设计的理论集中于通过时间和动作程序的研究，使工作更有效率，但几乎不关心员工的心理状态。现代工作设计的理论考虑到了与工作相关的任务类型对员工心理所产生的影响，提出了怎样使工作特征满足其激励需要，以产生高水平激励的职业设计方法，其中较为流行的方式之一是工作特征模型，如图8-3所示。它确定了五种主要的工作特征，并表明了它们之间的关系以及对员工生产率、工作动力和满足感的影响。

核心工作特征	关键的心理状态	人员和工作的成果

```
技能多样化 ┐
任务完整性 ├──────→  体验到的工作意义          ·高度的内在工作动机
任务意义   ┘
                                           ·高质量的工作绩效
工作自主性 ────────→  体验到的对工作结果的责
                      任感                 ·对工作的高度满意感

反  馈   ────────→  对工作活动实际结果的了解   ·低缺勤率和离职率
```

员工成长需要强度

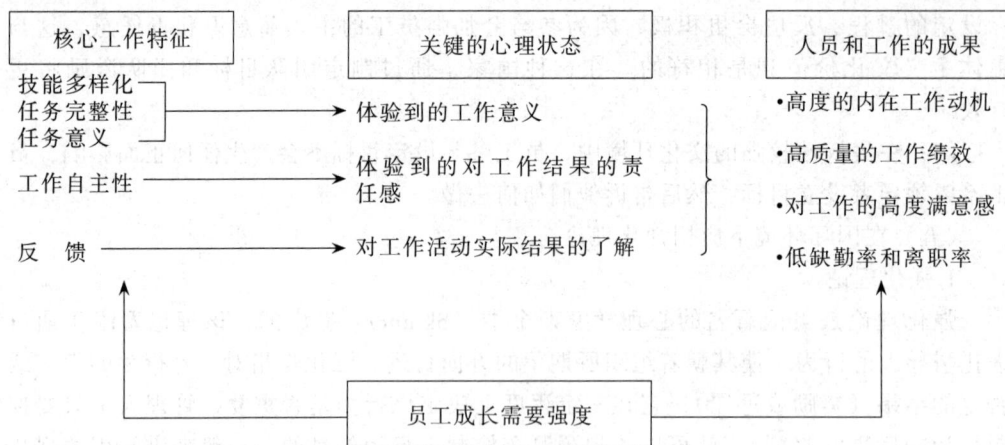

图8-3　工作特征模型

技能多样化是指要求员工使用各种技术和才能，以完成多种不同类型活动的程度；任务完整性是指要求完成一项完整的和具有同一性的任务的程度；任务意义是指一项工作对员工或其他人的工作和生活具有实质性影响的程度；工作自主性是指给予任职者在安排工作内容与进度、确定工作程序方面提供的自由度和独立自主的程度；反馈指员工在完成任务的过程中，可以直接而明确地获得的有关其工作绩效信息的程度。当管理者通过工作轮换、工作扩大化、工作丰富化及建立工作团队的模式使工作具有以上五项特征时，就会大大激发员工的积极性。实践中发现，工作设计的实施使那些具有强烈的个人成长需要以及具备一定知识技能的员工在工作业绩方面提高较快。同时，在不同的文化背景及价值观中，由于工作的动机、意义不同，人们主动承担责任的意愿不同，工作设计对员工的激励作用也表现出极大的差异。

2.工作设计理论在国际环境下的应用

一些专家建议，国际企业的管理者在选择最好的技术来设计激励工作时，应区分个人主义文化和集体主义文化环境来分别做决定。个人的职业丰富化应适合个人主义文化环境，团队的职业丰富化应适合集体主义文化环境。一项对中国、美国和以色列经理单独工作与集体工作的比较研究表明，美国经理在单独工作时的业绩要比集体工作时高得多；而同为来自集体文化的以色列和中国，经理进行集体工作时的业绩要明显高于单独工作。

为什么在个人主义文化倾向较高的环境中进行团队工作业绩会降低呢？一些专家解释说，这是由于在个人主义文化环境中的人们经常处于社会闲置状态。社会闲置发生于人们在小组工作中投入较少的努力时。他们这样做有三个原因：第一，在小组工作中，人们对小组的工作缺乏责任感和业绩的压力感；第二，员工在小组中工作通常认为小组会忽视他们个人的努力；第三，在特别高的个人主义文化倾向的国家，如美国，人们赋予个人工作和兴趣的优先级高于小组。因此，在进行工作设计时应根据不同的文化特征选择合适的工作模式，以期起到激励作用。

同步案例8-1 可口可乐公司的国际化人力资源管理战略

可口可乐公司在其100多年的发展历史中，绝大多数时间都是作为国际化公司在全球范围内进行经营活动。该公司在世界160个国家拥有分公司，在全球雇用了大约40万人。可口可乐公司的名言之一是：我们不仅仅需要对资金的投入，也需要对人的投资。可口可乐公司国际人力资源管理战略的核心是，雇用全球最优秀的管理人才，以保证公司全球经营绩效。为适应经济全球化发展的要求，可口可乐公司每年都要将300多名专业人员及管理人员从一个国家调往另一个国家，而且这种跨国调动的人数正逐年增长。

可口可乐公司的一位人力资源经理对公司的这种战略作了如下的评价："最近我们得出的结论是，我们的人才必须多国化，再多国化……"为保证公司拥有足够的、可以适应全球竞争的优秀管理人才，可口可乐公司建立了独具特色的管理人才"蓄水池"。公司要求其21个业务部门中的每一个部门，都必须寻找、招聘和开发这样的管理人才，即使他们可能现在并不是急需的，但是他们未来必然是公司最需要的管理精英。一旦由于业务发展的特殊要求，在全球某个地区需要管理人才的话，公司可以马上将这些管理人才安排到所需要的管理岗位上去。

可口可乐公司的人力资源经理这样说："用一句体育行话来说，我们公司必须有大量的强有力的'板凳队员'，他们随时可以被委以重任。"在可口可乐公司的经营战略中，对未来人力资源来源状况的预测是整个战略的重要组成部分，其中也包括公司制定的人员招聘与雇佣甄选标准。例如，公司期望应聘者一般能熟练掌握两门以上的语言。因为公司认为，这样的雇员可以随时被调往其他国家或地区工作。这种对国际化的强调，在可口可乐公司高层管理机构中也表现得非常明显。例如，公司总裁罗伯特·戈伊苏埃塔（Roberto Goizueta）就是一位出生在古巴的美国人，在公司21人的董事会中，只有4个人是美国人。

大学毕业生招聘计划是可口可乐公司国际人力资源管理战略的重要内容之一。可口可乐公司不仅在美国本土之外招聘大学毕业生，而且特别注重招聘那些在美国大学中学习的外国留学生。这些学生一旦在美国被可口可乐公司聘用，公司便会对他们进行为期一年的培训，然后再把他们派回到他们自己国家中的可口可乐分公司工作。可口可乐公司还专门为那些对公司感兴趣的外国留学生提供假期实习的机会。这种实习可能是在美国进行的，也可能是在这些留学生自己的国家进行的。这种实习通常按小组进行，公司为每个实习小组制定研究课程，实习结束后，每一个参加实习的外国留学生都要向公司经营管理人员汇报研究结果。在这种研究课程的结业报告中必须说明公司的经营绩效如何，特别是公司在经营过程中存在哪些问题。同时，可口可乐公司也对每个学生的报告作出评估，以便确定他们未来在可口可乐公司工作的可能性。可口可乐公司确信，这种方法有助于公司在全球范围内物色到出色的未来经营人才，公司通过这种方法，可以获得大量可能被别的公司挖走的经营人才。这就是可口可乐公司在国外的销售收入要比在美国本土的销售收入多得多的原因。

资料来源 鲁格曼，霍杰茨．国际商务：一种战略管理方法［M］．李克宁，译．北京：经济科学出版社，1999：3-5.

讨论问题：

（1）可口可乐公司是从什么样的角度看待人力资源管理的？公司为什么要这样做？

（2）可口可乐公司是以什么样的基本标准来选择全球管理者的？请描述其中的两种标准。

（3）可口可乐公司的管理者要熟练地掌握两门以上的语言，这对可口可乐公司有什么作用？为什么？

本章小结

人力资源管理的基本功能包括：招聘、选拔、培训与开发、绩效评估、薪酬与福利等。当将人力资源管理的功能应用于国际环境时，就变成了国际人力资源管理。其复杂性主要来源于：不同国籍的雇员组合；公司的人力资源管理政策必须适应经营所在国的社会制度、法律制度、国家文化、商业文化等。

国际企业通常采用以下四种国际人力资源管理模式：建立在总部的看法和问题应该优先于当地的看法和问题，而驻外人员可以更有效地代表总部的观点的假设上的民族中心管理模式；建立在东道国国民更善于应对当地市场环境这一假设基础上的多中心管理模式与地区中心管理模式；在全球整合经营战略指导下的全球国际人力资源管理模式。

国际人力资源管理中可能遇到的障碍有：政治与法律障碍、文化障碍、经济障碍、劳资关系障碍、健康与安全障碍等。

国际企业在选聘国际人才时通常有以下三种人才来源：一是从母公司挑选那些经过公司教育和培训，并且取得经验的本国公民；二是从东道国招聘符合条件的东道国人才；三是从第三国中选拔跨国人才。国际人才常用的选拔方法包括：面谈、标准化的智力测验或技术知识测验、评估中心（用于测试候选人解决模拟管理问题的能力）、个人资料、工作样本和推荐信等。

考察一个外派管理者是否具备相应的素质与条件，应着重从技术与管理技能、社交能力、家庭状况、国际化动力、语言技能、海外工作经验和跨国经营管理的才能等几个方面进行。对外派人员的培训与开发应包括以下几个方面：启程前的指导与培训；抵达后的帮助与培训；就任期间的培训与开发。

为了提高对国际管理者业绩考核的有效性与可靠性，应对评价的标准与方法进行适当的调整：评价标准与战略目标相适应；根据环境不同对评价标准进行适当调整；采用全面合理的评价标准与方法，如目标管理评价法及360度评估法。

外派人员的报酬通常有以下几种确定方式：基于母国标准的报酬体系；系数法报

酬体系；基于东道国标准的报酬体系；全球性报酬体系等。

　　国际企业管理者应该能够预见在国际环境下应用激励的需要理论时基于不同文化背景和价值标准条件下的员工需要的差异：不同国家的人们对与工作相关的满足需要来源赋予了不同优先级；即使不同国家的人们具有相似的需要，这些需要的重要程度也是不一样的。

　　在国际环境下应用期望理论时应主要从以下两个方面入手：提高活动结果的效价，使其能够满足被激励人的迫切需要；关注目标实现的期望值，既要使个人有信心达成目标，同时也要提高个人对组织满足其需求的期望。

　　在国际环境下应用公平理论时应懂得：在个人主义文化中盛行公平原理；在集体主义文化中盛行平均原理；在一定条件下需要原理比公平原理盛行。

　　在国际环境下应用目标设定理论时应注意：在个人主义文化环境中，人们不愿意为群体成果承担责任；在集体主义文化环境中，通过制定团队目标和团队激励将更有效；在集权性较强的文化环境中，员工希望领导者设立目标，然后告诉他们如何去做。

　　在国际环境下应用强化理论时，不同国家的人们对工作期望不同的回报，因此，不同的群体会对不同的强化方式产生不同的反应。

　　在国际环境下应用工作设计理论时，应区分个人主义文化和集体主义文化环境来分别做决定。个人的职业丰富化应适合个人主义文化环境，团队的职业丰富化应适合集体主义文化环境。

复习思考题

　　1.人力资源管理与国际人力资源管理有哪些差别？国际企业中通常有哪几种不同类型的雇员？

　　2.四种国际人力资源管理模式的特点如何？各有哪些优缺点？各支持哪一种跨国经营战略？

　　3.国际人力资源管理中可能遇到哪些障碍？

　　4.国际管理者的人才来源有哪些？各有哪些优缺点？

　　5.作为一名外派管理者应具备哪些素质？如何进行选聘？

　　6.相比使用短期外派管理者，开发国际骨干有哪些积极与消极因素？

　　7.国际企业应如何培训和开发外派人员？

　　8.在进行外派人员的绩效评估时应注意哪些问题？不同的报酬体系各适用于何种情况？

　　9.管理者应如何在国际环境下有效应用激励理论？

主要参考文献

［1］卡伦，帕博蒂阿. 国际企业管理［M］. 6版. 崔新健，闫书颖，等译校. 北京：中国人民大学出版社，2018.

［2］彭玲，古广胜. 国际企业管理［M］. 北京：清华大学出版社，2024.

［3］卢森斯，乔纳森. 国际企业管理：文化、战略与行为［M］. 周路路，赵曙明，等译. 8版. 北京：机械工业出版社，2024.

［4］乐国林. 国际企业管理［M］. 北京：机械工业出版社，2018.

［5］曹洪军. 国际企业管理［M］. 北京：科学出版社，2006.

［6］曹群. 经济全球化与发展中国家可持续发展问题［J］. 学术交流，2005（6）：83-86.

［7］陈向东，魏拴成. 当代跨国公司管理［M］. 北京：机械工业出版社，2007.

［8］崔日明，徐春祥. 跨国公司经营与管理［M］. 北京：机械工业出版社，2005.

［9］丁宁，穆志强，闫红，等. 企业战略管理［M］. 北京：清华大学出版社，北京交通大学出版社，2005.

［10］范晓屏. 国际经营与管理［M］. 北京：科学出版社，2002.

［11］方虹. 国际企业管理［M］. 北京：首都经济贸易大学出版社，2006.

［12］蒋瑛. 跨国公司管理［M］. 成都：四川大学出版社，2006.

［13］金润圭. 国际企业管理［M］. 北京：中国人民大学出版社，2005.

［14］李秀平，韦海燕. 跨国公司经营与管理［M］. 重庆：重庆大学出版社，2006.

［15］刘松柏. 国际管理［M］. 北京：中国经济出版社，2003.

［16］罗云平. 发展中国家与经济全球化［J］. 甘肃科技，2005（6）：9-11.

［17］马春光. 国际企业管理［M］. 北京：对外经济贸易大学出版社，2005.

［18］马述忠，廖红. 国际企业管理［M］. 4版. 北京：北京大学出版社，2019.

［19］波特. 国家竞争优势［M］. 李明轩，邱如美，译. 北京：华夏出版社，2002.

［20］秦辉. 跨国经营与跨国公司［M］. 杭州：浙江人民出版社，2005.

［21］谭力文，吴先明，陈立敏，等. 国际企业管理［M］. 武汉：武汉大学出版社，2004.